徐州乡村文化丛书

村之简谱

——中国·铜山

主　编　李长洲
副主编　范继刚　尚庆迎　魏朝星
编　委　李　阳　陈　斌　张世龙
　　　　　周　亚　张家银　耿　健
摄　影　冯尚礼　等

中国矿业大学出版社

图书在版编目(CIP)数据

村之简谱：中国·铜山／李长洲主编．—徐州：中国矿业大学出版社，2018.2

ISBN 978-7-5646-3904-4

Ⅰ．①村… Ⅱ．①李… Ⅲ．①村史—徐州 Ⅳ．①K295.35

中国版本图书馆 CIP 数据核字(2018)第 027876 号

书　　名	村之简谱 ——中国·铜山
主　　编	李长洲
责任编辑	姜　翠
出版发行	中国矿业大学出版社有限责任公司 （江苏省徐州市解放南路　邮编 221008）
营销热线	(0516)83885307　83884995
出版服务	(0516)83885767　83884920
网　　址	http://www.cumtp.com　**E-mail**:cumtpvip@cumtp.com
印　　刷	虎彩印艺股份有限公司
开　　本	700×1000　1/16　**印张** 18.75　**彩插** 8　**字数** 378 千字
版次印次	2018 年 2 月第 1 版　2018 年 2 月第 1 次印刷
定　　价	69.00 元

留住美丽乡愁

举世瞩目的十九大刚刚闭幕，习近平总书记关于实施乡村振兴战略的雄伟声音尚在耳边回荡，一卷《村之简谱——中国·铜山》的样稿摆在了我的案头。

这卷30多万字的有关铜山村庄的故事，图文并茂、亦庄亦谐、铺陈叙事、娓娓道来，恰似一部简明的乡村史，一张精美的导游图，一幅自然蕴藉的乡村画卷。翻开此书，只觉一股浓浓的乡情扑面而来，一缕回味悠长的美丽乡愁让我陶醉。读后让我回忆起家乡的那山、那水、那淳朴的声音和那四季的色彩，也勾起我对这些年来在铜山走过的村庄、拜访过的村民的思念，思绪中既有对环境变美、生活更好的欣慰，也有对土房栅院、上学就医的牵挂，还有对那古桥、老树、宅屋的眷恋。这些都使我心绪难平，让我感到：人，一旦生长或工作在什么地方，那里的一草一木、一山一石、一人一事，便会像山泉一样深深地渗透在他的心窝里，镌刻在他的记忆中，使他一生一世都会与之结下浓得化不开的乡情，时时刻刻都在怀念着、向往着、追忆着。我想，这就是所说的乡愁吧。

铜山，是个古老、美丽而又特殊的地方。自从远古时期彭祖率族群聚于此，建立大彭氏国，古彭城的根就扎在这里。古黄河的逶迤、大运河的繁忙、660余座山头的壮美、4 000多年历史的沉积，无不在诉说她的辉煌灿烂。地理上与徐州市区的环绕交叉，管辖上与徐州建置的分隶无常，让不同时期的铜山有着不同的范围、不同时期的铜山人有着特殊的含义。然而，无论时代如何变迁，文明有其源头、文化有其依托。村庄的形成和发展，村名的沿袭和演进，正是铜山悠长绵亘历史的见证、深沉丰厚文化的彰显、美好生活向往的寄托和艰苦卓绝奋斗不息精神的丰碑。

近年来，铜山区委、区政府十分重视乡村和乡土文化建设，按照“农村绝不能成为荒芜的农村、留守的农村、记忆中的故园”的要求，大力推进农村现代化建设，积极探索乡村振兴路径，加快省特色田园乡村试点建设。为了让人们的乡愁有源头、有依靠，找到“回乡之路”，铜山区委、区政府通过多种方式加强对村名、地名、古老村落、历史街巷、传统民居和自然山水的保护，组织多方力量对全区所有村名的由来、故事传说进行搜集整理，对文物古迹进行勘察记录。经过区委农工办等部门大量卓有成效的工作，如今《村之简谱——中国·铜山》一书终于成稿。此书是我们在乡土文化传承上的重大成果，是我们在乡村振兴道路上的重要一步，此书的出版至少有三个方面的意义。

一是挖掘和传承了铜山历史文化。铜山悠久深厚的历史文化与地名、村名紧紧相连，密不可分。大彭镇与烹饪养生鼻祖彭祖有关，圣人窝村与孔子观洪问道有关，汉王村与大汉开国皇帝刘邦有关，利国镇与中国冶炼史有关，而马坡镇三义村取名于情义精神，汉王镇北望、南望村的来历彰显的是孝老美德，即使那些普通的王楼、张集、李庄等村名也留下了先人聚族而居、励精图治的历史印记……通览全书，感觉铜山的每一个地名、村名都沉淀着深厚的历史文化，一山、一水、一路、一桥都有着美丽的故事和传说，能给人带来情操的陶冶和精神的愉悦。

二是保护和弘扬了铜山乡土文化。村落是中国传统社会承载文化记忆的载体，大量带有民俗印记、文化传统、历史记忆的东西都保留在村落里。把村名、地名、古迹等整理成书，等于留下了珍贵的乡村符号的“标本”，哪怕多年之后，远方的游子翻开这本书，依然能找到故土的记忆和精神的归属。同时，这本书也时刻警醒我们，要更加珍惜自然和历史的馈赠，更加注重文化的传承和保护。

三是包装和推介了铜山乡村旅游文化。铜山区，区位优越，生态优美，山水俱佳。台上摘草莓、马集采金杏、微山湖尝湖鲜、棉布吃地锅鸡等旅游项目已成为乡村旅游品牌。铜山区是“全国休闲农业与乡村旅游示范县（区）”。全区当前正在积极推动全域旅游发展，大力构建以吕梁山、汉王镇、故黄河、微山湖和环市区休闲农业观光带为主要内容的“一山一镇一河一湖一圈”旅游格局。《村之简谱——中国・铜山》一书中有大量关于文物古迹的描述、地理方位的介绍、民风民俗的记录、土特产品的说明、旅游景点的推介，这也正是旅游者心之向往的内容。一书在手，行走铜山，访古探幽，寻珍品奇，感受生态之美和人文魅力，一定不虚此行。

在加快推进农业农村现代化的道路上，我们一直在努力。丁塘村的绿水白墙、江南水韵，倪园村的石径通幽、宁静安然，潘楼村的清水蜿蜒、人家枕河等等，无不在彰显铜山“淮北深处小江南”的美景，无不在诉说“绿水青山就是金山银山”的生动实践。现在，在习近平新时代中国特色社会主义思想的指导下，在实施乡村振兴战略的伟大号召下，我们还要不忘初心、牢记使命、继续努力。让我们携起手来，共同肩负起乡村振兴的重大历史使命，共同建设好记得住乡愁的美好家园，共同谱写出“强富美高”铜山建设的绚丽篇章！

是为序。

中共徐州市铜山区委书记 

2017 年 10 月

铜山的由来

铜山得名于铜山岛。铜山岛位于微山湖东南部，坐落于徐州市铜山区利国镇境内。全岛面积约1平方公里，海拔标高73.6米，因岛中地下产铜而得名。据史料记载，清雍正十一年(1733年)，徐州升格为府，因府治彭城县境内有铜山岛，彭城县始更名铜山县。清朝同治年间的《徐州府志》里表述："城东北八十里(1里＝0.5公里)曾产铜，岩皆绿锈，顶有大石数丈，似凿山而出者。县以此取名，其地原为彭城废县"。

铜山岛因产铜而颇具盛名。早在汉代，这里的铜矿已声名远扬。汉初，诸侯王国私铸钱币的情况非常普遍，徐州一带尤甚，起因就是铜山岛盛产铜矿。当时，徐州产铜主要用以铸镜，在我国辽阳三道濠出土的一枚铜镜，其上就有"吾作铜镜真是好，铜山徐州清且明兮"的铭文。在日本，也发现了十余枚带有"铜山徐州"字样的铜镜。这些铜镜上刻有神兽图像，直径都在20厘米以上，铸造的年代相当于中国的曹魏时期。宋代元丰年间，北宋朝廷还在铜山一带设立"宝丰监"，专门铸造铜钱。明代时，这里地表可采铜矿已开采殆尽，仅留下"铜山"一名。《明史・地理志》记载的"州有铜山岛"即指此而言。

铜山岛原为陆地上的小山，自明代微山湖逐渐形成后，铜山岛才成为水岛。明、清两代，微山湖是南北漕运的必经之地，文人墨客常常来铜山岛泛舟观赏湖光山色，并留下许多诗文传世。其中，最著名的是清代文人常安的一诗、一文，即《游微山湖登铜山远眺》和《游铜山记》。进入21世纪以来，铜山区不断加大微山湖旅游开发的力度，修建了微山湖快速进湖通道，兴建了万亩(1亩≈666.666 7

平方米)荷花观赏区、水产养殖区,来此乘船观景、品尝湖鲜的游客日益增多,铜山岛已成为微山湖旅游观光带的重要组成部分。

铜山历史悠久,相传在原始社会晚期,尧封颛顼玄孙篯铿(彭祖)于此,称大彭氏国,距今4 000余年。大彭氏国历经夏代,至商武丁四十三年(前1208年)被灭,纣王封其臣崇侯虎改建为崇国。周初,武王灭崇国,在今徐州市东南30公里建吕国,改崇国为彭城邑属吕国辖制,即为称彭城之始。据《周史》载"吕旋亡"后,改设彭城邑和吕梁邑属楚国。春秋时,吕亡于宋,为宋彭城邑,周简王十三年(前573年),楚、郑伐宋,占领彭城,封鱼石于彭城。次年,鲁、晋围彭城,诛鱼石,彭城复归宋。周赧王二十九年(前286年),齐、楚、卫联合灭宋,彭城再次属楚。故谓春秋战国时期,先属宋,后属楚。

前221年,秦统一六国,实行郡县制,改彭城邑为彭城县,隶属泗水郡(驻沛县)。楚汉之际,楚怀王熊心及西楚霸王项羽皆建都彭城。汉灭楚后,仍称彭城县,属楚国(刘邦弟楚元王刘交封地)。汉武帝元封五年(前106年)全国置13刺史部,楚国属徐州刺史部。汉宣帝地节元年(前69年),废国设郡,彭城县属彭城郡。汉元帝黄龙元年(前49年),彭城郡复为楚国,新莽时期,彭城县属和乐郡,郡守驻彭城。东汉建立,废和乐郡,光武帝建武二十年(44年),光武帝刘秀封其子刘英为楚国诸侯王,都彭城,彭城县属楚国。明帝永平十四年(71年),刘英自杀,楚废。章帝章和元年(87年)改国为郡,第二年改楚郡为彭城国,领彭城等8县。

三国时,曹魏占据中原,划分12州,曹操迁徐州刺史部由郯城移治彭城,彭城自始称徐州。彭城县为彭城国六县之一。西晋时分全国为19州郡,徐州刺史治彭城,彭城县属彭城国七县之一。西晋"永嘉之乱"后,徐州一带人民及士族南迁避乱,相聚而居,不隶当地州郡。东晋安帝义熙七年(411年),在京口(今镇江市)侨立"徐州",原徐州则称"北徐州"。南朝宋武帝永初二年(421年),改侨置的徐州为南徐州,北徐州复为徐州,治彭城。彭城郡领彭城等5县。北魏占领淮北后置徐州,徐州治彭城,辖彭城等7郡,彭城县为彭城郡六县之一。东魏、北齐承北魏建置。

隋文帝开皇三年(583年)废郡,彭城县直隶徐州。炀帝大业三年(607 年),改州为郡,全国分 19 郡,彭城县为彭城郡所领 11 县之首。唐高祖武德四年(621 年),全国置 10 道,彭城县属河南道徐州。玄宗天宝元年(742 年),徐州复为彭城郡,仍辖彭城等 7 县。肃宗乾元元年(758 年)再改为徐州。五代时期仍称徐州为彭城县。

北宋太宗至道三年(997 年),分全国为 15 路,实行路、行、县三级制,徐州属京东路,领彭城等 5 县。1127 年宋室南迁,淮北为金占领,彭城县仍为徐州所辖。

元代在全国设行省。徐州属河南省汴梁路,领彭城、萧、永固 3 县。元世祖至元二年(1265 年),彭城县并入徐州,降徐州为下州,属河南省归德府汴梁路。元顺帝至正八年(1348 年),升徐州为总管府,亦称徐州路。至正十三年(1353 年),改徐州为武安州。

明初,武安州复改称徐州,属中立府(即凤阳府)。洪武十四年(1381 年),徐州直隶京师(南京)。明代徐州辖丰、沛、萧、砀等 4 县。

清初,分全国为 18 省,徐州初属江南布政司(即省)。康熙六年(1667 年),属江苏布政司。雍正十一年(1733 年),升徐州为府,增置铜山县,因当时境内微山湖中的铜山岛而得名。

民国初年,废府留县,铜山县直隶江苏省。民国三年(1914 年)江苏省分 5 道,徐海道尹公署驻铜山县,辖铜山等 12 县。民国十七年(1928 年)废徐海道,铜山等 8 县直隶江苏省。民国二十年(1931 年),设徐州行政督察区,治铜山县。民国二十二年(1933 年),江苏省划分为 13 个行政区,原徐属 8 县(丰、沛、萧、砀、邳、宿、铜、灵)除宿迁外,均划归第 12 行政区,行政区督察专员由铜山县长兼摄。

民国二十七年(1938 年)5 月徐州沦陷后,铜山境内有国民党铜山县政权、日伪铜山县政权和抗日民主县政权,三方政权并存。从民国二十七年(1938 年)5 月至 1949 年 10 月,铜山境内分 4 片先后建立中国共产党领导下的县级民主政权。

1948 年 12 月 1 日,铜山全境解放,境内有铜山、邳睢、萧宿铜、铜北等 4 个县的建置和徐州市郊区。1949 年 4 月,铜山县划归徐州市所辖,隶属山东省。新中国成立后,铜北县隶属山东省台枣专区,1950 年 5 月台枣专区撤销后,隶属滕县专区。1952 年 5 月铜山县撤销。1953 年 4 月撤销铜北、华山、邳睢 3 县,以铜北县为基础恢复铜山县建置，归隶江苏省徐州专区。1960 年 5 月，铜山县划归徐州市领导，1962 年 6 月 25 日铜山县复归隶徐州专区。1983 年 3 月实行市管县新体制，徐州专区撤销，铜山县隶属徐州市至今。2010 年铜山县改为铜山区。

铜山区现辖 18 个镇（场）、11 个街道、1 家国家级高新区、1 家省级经济开发区及 1 家省级旅游度假区。

18 个镇（场）：何桥镇、黄集镇、马坡镇、郑集镇、柳新镇、刘集镇、大彭镇、汉王镇、棠张镇、张集镇、房村镇、伊庄镇、单集镇、大许镇、茅村镇、柳泉镇、利国镇、沿湖农场。

11 个街道办事处：义安、利国、张集、垞城、电厂、张双楼、三河尖、拾屯、铜山、新区、三堡。

1 个国家级高新区：徐州国家高新技术产业开发区。

1 个省级经济开发区：铜山经济开发区。

1 个省级旅游度假区：吕梁山旅游度假区。

全区有 321 个村（居）委会，其中村委会 293 个，居民委员会 28 个。

微山湖风光

铜山历史悠久，文化底蕴深厚，是烹饪、养生鼻祖彭祖建立大彭氏国的地方。孔子曾到这里的吕梁地区观水，发出“逝者如斯夫，不舍昼夜”的千古浩叹。楚汉相争时，刘邦在铜山汉王镇拔剑得泉，留下了汉文化的最初记忆。苏东坡在利国驿大兴炼铁，为中国的冶炼史写下浓重一笔。渡江战役中，总前委把指挥部设在汉王镇大北望村，运筹帷幄，指挥南北，从此改写了中国的命运。而清代评点《金瓶梅》的张竹坡、民国书法大家张伯英、现代工笔花鸟画大师喻继高等文人雅士，则垒筑起铜山人文的高地。今天，到“吕梁访古，汉王听泉，微山湖上荡渔船”已然成为铜山自然人文之旅的集中体现。

彭祖

近年来，铜山区装备制造、汽车及核心零部件、电子电气、冶金、食品、能源等主导产业发展迅猛，铜山因此荣获“中国工程机械之都”称号。维维集团被誉为“中国豆奶大王”。安全科技产业走在全国前列。2012 年高新区成功晋级，成为苏北第一个国家级高新区。铜山的设施蔬菜、食用菌、优质林果、奶牛奶业等农业主导产业强势发展，铜山因此荣获“中国蔬菜之乡”称号，2010 年 8 月被国家农业部认定为首批国家现代农业示范区。

2010年，铜山在苏北率先建成全面小康社会，实现了“总量进苏南，均量进苏中，综合实力江北5强、江苏15强”的历史性新跨越。

2017年，铜山实现地区生产总值1 040亿元，成功跨过千亿元台阶，领跑苏北，位居全国综合实力百强区第30位、全国投资潜力百强区第31位、全国工业百强区第25位。

铜山先后获得“全国生态建设先进县”“全国平安建设先进县”“全国科技进步先进县”“全国阳光体育先进县”“全国休闲农业与乡村旅游示范县”等荣誉称号，荣膺全国社会治安综合治理优秀地市奖中公安领域的最高荣誉“长安杯”。

目　录

何　桥　镇

何桥镇位于苏皖两省以及铜、丰、萧、沛4县交界处，南邻安徽萧县，西接丰县范楼，北靠沛县敬安镇，距徐州市区35公里，总面积72平方公里。徐丰公路南线横跨镇区，交通便利。镇政府驻地何桥自然村。何桥镇下辖何桥、双楼、金安、袁寨、宗庄、庄里寨、付村、土楼、叶庄、苗庄、肖庄、西张集、马行、段庄、赵台等15个行政村，共有78个自然村。

何桥镇是铜山农业大镇之一，全镇经济以种植小麦、玉米、设施蔬菜为主，生态优良，特产富饶；食用菌、富士苹果、土豆、黄冠梨、西瓜、大蒜等品牌名声远扬；何桥全羊宴名杨徐西。

何桥行政村　下辖曹楼、包楼、岗叉楼、新庄、马路口、何桥等6个自然村。2002年由原何桥、曹楼和岗叉楼3个行政村合并而成。

曹楼：清代，曹姓人家由山西太原迁来此地定居，后盖有楼房，此村得名曹楼。曹楼西瓜是当地出名的土特产。

包楼：清代时期，包姓人逃荒到此，后盖有二层小楼，此村得名包楼。

岗叉楼：明代，由山西太原迁来的周姓人家在此盖一叉形楼，故此村取名钢叉楼，后演变为岗叉楼。

新庄：清咸丰年间，从后矬楼迁来几户人家定居于此，此村取名新庄。

马路口：清初，古黄河的水旱码头通往古镇敬安后，此村取名马路口。

何桥：明末清初，有何姓人由山西迁居于小河的石桥处，故此村起名何桥。何桥全羊宴是何桥当地的美食之一。

双楼行政村　下辖双楼、后郝庄、前郝庄、小楼子、蒋楼、二新庄、四楼、赵庄、蒋庄、季楼、许楼等11个自然村。2002年，由原双楼、四楼两个行政村合并而成，位于何桥镇北2公里处。

双楼：清代，由山西迁来李姓人家在此定居，富裕后盖楼房两座，故此村取名李双楼。

后郝庄：清代，郝姓人家从外地迁来，分居两处，前后相距200多米，本村在后，取名后郝庄。

前郝庄：清代，郝姓人家从外地迁来，分居两处，前后相距200多米，本村在前，取名前郝庄。

小楼子：明末清初，此地为大户李元太的寄庄子，庄内盖有小楼一座，因此村庄得名小楼子。

蒋楼：新中国成立前，有蒋姓人家搬到此处居住，周边名为“楼”的村庄居多，故此村也取名蒋楼。

二新庄：清代时期，李姓迁来此处建村，因庄东南有大新庄，故此村取名二新庄。

四楼：明朝时期，该村有大户盖有楼房四座，故此村取名四座楼，现名四楼。

赵庄：清代，赵姓从外地迁此定居，取村名为赵庄。

蒋庄：清代，蒋姓迁此定居，取村名为蒋庄。

季楼：清代为李姓寄庄子，庄中盖有小楼一座，故取村名为寄楼，现称季楼。

许楼：清代，许姓迁来定居并盖楼，故取村名为许楼。

金安行政村　下辖金安、前香铺、李楼、常庄、大新庄、洛天庄、夏口、后香铺等8个自然村。2002年由原金安、大辛庄两个行政村合并而成，位于何桥镇东3公里处。

金安：据传清代文人金圣叹获罪逃此，搭一草庵隐居，后发展成村庄，取名金安。

前香铺：清代，魏姓在此建庄设铺，以做香为生，故称香铺。后发展成前后两庄，此庄在前，故称前香铺。

李楼：清代李姓人家从山西迁此定居，相传李姓人多，盖了99座楼，故此村取名为李楼。

常庄：清初，相传此庄人居住分散，东西居住较长，因此取村名为长庄，后“长”演变为姓氏“常”。

大新庄：清代，敬安西南的新安集一老人家有4个儿子，其大儿子在此安庄，取村名大新庄。

洛天庄：明末，该庄原名南楼，后来因财主李洛天有钱有势，遂改村名为洛天庄。

夏口：传说周朝太子的奶妈姓夏，居此庄，此处河岸有停船处，此村故称夏口。

后香铺：清代，魏姓在此建庄设铺，以做香为生，故称香铺。后发展成前后两村，此庄在后，故称后香铺。

袁寨行政村 下辖袁寨、汪阁、丹楼、芦楼等4个自然村。2002年由原袁寨行政村、卢楼行政村合并而成，位于何桥镇西2.5公里处。

袁寨：清初，曾任山西太原总兵袁彪，在家乡建村筑寨，称村名为袁寨。

汪阁：清初，汪姓人在此盖有楼阁，取村名汪阁。

丹楼：清初邓姓在此建村盖楼，原村名为邓单楼，现俗称丹楼。

芦楼：唐朝卢明月、卢明星于此建楼，故取村名卢楼。后“卢”误称为“芦”，现称芦楼。

宗庄行政村 下辖宗庄、总府楼、王楼、鹿楼等4个自然村，位于何桥镇东南，距镇区5公里。

宗庄：清朝时黄集大户宗家来此安庄，故称宗庄。

总府楼：相传，清朝两广总督为了治理黄河，来到此地建设了一个指挥部，指挥部有两层楼高，占地几百亩。两广总督在治理黄河期间为当地百姓做了很多好事，修路、建桥、减免苛捐杂税，赢得当地百姓的赞许。在黄河治理结束后总督离开，当地很多百姓入住指挥部，后来聚集的人越来越多，就形成了一个村落。指挥部为两层楼，形似总督府，此后得名总府楼。

王楼：清朝时刘姓在此建村，后刘姓迁走，王姓迁来，改称王楼。

鹿楼：相传，明朝鹿姓从外地迁此定居，取名鹿楼。后鹿姓迁走，其他姓氏迁来此地，仍用原村名。村中原来有座庙，每年农历三月二十八日有庙会，后废。

庄里寨行政村 下辖庄里寨、小庄、后孟、单庄、李集等5个自然村，位于何桥镇东南，距镇区4.5公里。

庄里寨：清朝道光年间，庄里寨称为窑台子。当时村里有一寺庙，方丈名为吕北条，每年农历正月十五庙会，方圆几十里地的百姓来此烧香拜佛，并由此形成集市，取名吕北条集。那时无人偷盗，夜不闭户、路不拾遗。据说：有卖粮食的人家卖不完时，就在原地画个圈，粮食放在圈内，第二天再回来时发现粮食一粒不少。咸丰初，黄河发大水，寺庙被水冲塌，寺内钟也被冲走。水退后，寺庙选址重建，吕北条觉得此处位置好、地势高，便将寺庙建于此。在搭钟的地方又立个石碑，起名乐庆寨。光绪年间，社会混乱，当地大马子（土匪）成群结伙抢劫财物，闹得民不聊生。为了保家护院，寨里的人冬闲时便全民挖月河，筑土墙围子，并四角建炮楼，东西两头有寨门，寨门白天开，晚上关，晚上有乡丁巡逻、专人打更。至此，寨内百姓安乐太平、早集买卖兴隆，于是寨名由乐天寨改名为庄里寨。平日小集，逢农历初三、初六、初九大会，经常吸引周边几十里的商户、百姓前来赶会。周边乡民为避乱，纷纷迁至寨里居住，并自发打井以取水（现地井仍在）。当时寨子里人口大增，最多有 40 多个姓氏，形成一个人口众多的大寨。庄里寨有安清帮帮会，会内弟子有 300 多人，分布在徐州以西，萧县以北，沛县以东地区。帮会每年两次香堂会，弟子全到，并招收新弟子。堂会期间举办唱大戏、划旱船、踩高跷、狮子滚绣球等民间文艺活动。

小庄：清朝，庄里寨西南角有个仅有几户人家的小村庄，故此村称小庄。

后孟：清朝，张姓购买孟姓的宅地，此地在庄里寨后边，故称后孟。

单庄：清朝，有山东单姓大户迁来定居，此村取名单庄。

李集：清朝，有八县人迁到此处集居成庄，李姓居多，故取村名李集。

付村行政村　下辖付村、卜庄两个自然村，位于何桥镇区南，距镇区 2.5 公里。

付村：明末清初，从山西迁来付姓人家定居此处，后取村名付村。

卜庄：新中国成立前，卜庄原为黄集卜家的寄庄子，故称卜庄。卜庄后卖给宗庄的宗家，而庄名未改。

土楼行政村　下辖土楼、杨杜楼、油坊、郎庄、朱集、大庄等 6 个自然村，位于何桥镇区南，距镇区 3.5 公里。

土楼：清朝时期，该村原有一个土楼，取村名土楼。

杨杜楼：清初，从外地迁来杜姓人家，并盖有楼房，谓杜楼，后杜姓渐少，杨姓增多，村名改为杨杜楼。

油坊：明末，从山西迁来侯姓人，在此开办油坊，故得村名油坊。

郎庄：相传，清朝以前有个京官郎千，失宠遭贬，落户此村，故称郎庄。

朱集：清初，该村朱姓大户曾设集市，故取村名朱集。

大庄：清朝，该庄原为宗台子的寄庄子，因村很大，得村名大庄。

叶庄行政村 下辖叶庄、小南庄、邓楼、前矬楼、后矬楼、朱楼、小圩子等7个自然村。2002年由原叶庄、矬楼二行政村合并而成，位于何桥镇西南，距镇区3.5公里。

叶庄：清朝时期，村中叶姓地主土地众多，为显自己实力强大，而改村名为叶庄。

小南庄：新中国成立前原为朱楼村南场，后来住了人家，户数不多，故称小南庄。

邓楼：清末，邓姓从丰县迁来，并盖有楼房，故取村名邓楼。

前矬楼：清代该庄原是丰县大财主的寄庄子，因楼矮小故叫矬楼。黄河改道后，李家让佃户在堤南建立两庄，为前后矬楼，该庄在前面，故称前矬楼。

后矬楼：同前矬楼，因在前矬楼后，故称后矬楼。

朱楼：清代从外地迁来朱姓人家，建有高楼，故称朱楼。

小圩子：清朝道光年间，包楼村前有个前包楼，后因遭抢劫，庄子被烧。住户搬此，建有土圩子，故名小圩子。

苗庄行政村 位于何桥镇区西南，距镇区4公里，下辖苗庄、祝口、袁集3个自然村。

苗庄：明末，苗姓人从山西迁此定居，故取村名苗庄。

祝口：清代，此处为河岔之口，因靠近祝姓的寄庄子，故名祝家口，后简称祝口。

袁集：清代时，此处是一位姓袁的总兵的寄庄子，百年前梁中山在此起过集市，故取村名袁集。

肖庄行政村 下辖肖庄、朱窑、朱酒店3个自然村。位于何桥镇区西南，距镇区5公里。

肖庄：清朝时代，肖姓从山西迁此定居，以姓氏取庄名，故此村称肖庄。

朱窑：明朝，朱姓从山西太原迁来此处，开办砖窑，故取村名朱窑。

朱酒店：明朝，朱姓从山西太原迁来此处酿酒，设有酒店，故取村名朱酒店。

西张集行政村 下辖西张集、秦庄、宋庄、朱马庄、杨庄、黄庄等6个自然村，位于何桥镇西南，距镇区9公里。

西张集：最初一户张姓人家逃荒来到此处，见地势高亢、平坦，且前面有一条月牙状河套，是人居住的好地方，遂安庄住下。此后不久，外地逃荒人群不断迁来，开荒垦地，打鱼摸虾。因方圆十几里内没有集市，附近居民的农牧副渔产品就在河边交易，自然而然就形成了一个小集市，名为张集。后因战乱，张氏族人建寨防止侵扰，取名为张集寨。民国十一年(1932 年)，张桂山兴建张集小学，成为当时何桥、黄集等黄河故道沿岸一带最早的小学。1958 年张集寨改名为张集生产大队，因在铜山县境内共有 3 个张集，1990 年经县地名办公室确定该村改名为西张集村。

秦庄：秦姓早居，以姓取村名，得村名秦庄。

宋庄：1938 年日本侵略者进驻张集，侵占了宋家房屋。宋家四兄弟为躲避战乱，在张集月牙河西岸暂住，此后其他姓氏不断来到这儿居住，形成了一个小村庄。

朱马庄：因朱姓先居，得村名朱庄。据说在清朝咸丰年间，有一马氏在朝为官，获罪于朝廷，为避朝廷追捕，逃难来此，改为朱姓。后来朝廷赦免其罪，村名也就称为朱马庄了。

杨庄、黄庄：杨、黄两姓分别居住在一条南北路的两侧，路西杨姓居多，故名杨庄；路东黄姓居多，故名黄庄。1958 年杨庄、黄庄两个村庄划归张集大队。因两个村庄人数不多，为便于管理，两个村庄合并为一个生产队，统称杨黄庄生产队，现为杨黄庄村民小组。

马行行政村　下辖马行、王庄、前郭庄、后郭庄、彭庄、赵集等 6 个自然村，位于何桥镇西南，距镇区 7 公里。

马行：很早以前，这里本是黄河故道。有一年黄河发大水，由于水流的冲击，便在马行的原址上冲击出了一个深窝子，后来黄河水退去，在那个深水窝里搁浅了很多鱼。一个姓马的人发现了这些鱼。于是，他卖鱼获利，从而开办了鱼行。后来，渐渐形成了村庄，被称为马鱼行，后改称为马行。

王庄：明末清初，王庄一带的土地都属于离此地 5 里远的秦庄大地主王家。此庄的原址是王庄大地主的打谷场。清朝末年，王大地主家的亲戚因年景不好，从沛县敬安前来投奔，被王家大地主安排到打谷场居住，帮助地主收种庄稼。时间久了，这里便形成了一个村庄，由于感恩王家大地主，便取名为王庄。

前郭庄：唐朝大将郭子仪平定安史之乱，立下大功，被封为汾阳王，堂号汾阳堂。七子八婿，同朝为官，甚是威风。清朝中期，郭子仪的后人，其中一支辗转迁移来到黄河故道，繁衍生息，一前一后形成了两个村落，分别取名为前郭庄和后郭庄,堂号都是汾阳堂。

后郭庄:其村名来历同前郭庄,因位置在后,称后郭庄。

彭庄:清末,黄河改道后,有彭姓来此开荒落户,故取村名彭庄。

赵集:清末,黄河改道后,赵家从马坡迁居此地。后来,人员发展较多,曾设集,取村名赵集。

段庄行政村 下辖段庄、解放庄、董庄、路庄、赵庄等5个自然村。2002年由原段庄行政村、董庄行政村合并而成,位于何桥镇区西南,距镇区约10公里。

段庄:段庄是个古老的村庄,因段姓居住而取村名为段庄,后来段家有人考取了状元,当他升任山西巡抚的时候,把段姓家族全部搬迁到山西太原居住。赵姓家族原住在段庄后面,村名为赵口。当段姓家族迁走后,赵姓家族认为这里风水好,能出大官,便搬到段庄居住,且沿用段庄的村名至今。而赵口因无人居住,村庄也就消失了。现如今,段庄却没有姓段的村民,正是这个缘故。

解放庄:明末清初,也称和尚村。当时村内有一座寺庙,且有住持。当时的老寺庙在徐州白云山,据老人讲,本村属于白云山寺庙的寄庄,当时寺庙占地一百余亩,本庄人都是他们的种地户,所以起名和尚庄。1965年社会主义教育运动时提出“破四旧、立四新”,于是,1966年8月将村名改为解放村。

董庄:清咸丰年间黄河改道后,此处形成荒地,无人耕种。后来,姓董的人家从山西搬到此处居住,从此取村名为董庄。

路庄:成村于清末,之前没有路庄,村民都在和尚庄居住。后来,因姓路的人家与老和尚起争执,于是搬出和尚村,居住在现在的路庄村。再后来,聚集的人越来越多,便取村名为路庄。

赵庄:地处江苏和安徽两省以及丰县、铜山、萧县三县交界处,成庄于清末时期。当初只有十几户人家,一百多口人,村里大多数人姓赵,所以取村名赵庄。

赵台行政村 下辖赵台、朱庄两个自然村,位于何桥镇区西南,距镇区11公里。富士苹果、桃为当地土地产。

赵台:清初,赵姓人在此筑台建房安家,取村名赵台子,后简称赵台。

朱庄:清代,有山东迁民来此安家,因朱姓人最多,取村名朱庄。

(撰稿:张宜民)

黄 集 镇

黄集镇地处铜山区西北部，东与郑集毗邻，西与何桥相连，北倚沛县张庄，西南接壤萧县。镇政府驻地黄西村。该镇地处故黄河北边缘的黄泛冲积平原地带，历史上宋、元时期战乱频繁、河患不断，至明初已是荒芜一片。现有的村庄多属明、清时代移民，故成村历史相对较短。

黄集镇现行政村的区划调整于 2001 年，下辖黄东、黄西、耿攒楼、运城、谢庄、左庄、圣范、聂楼、金楼、高楼、三座楼、朱楼、王岗集、吕楼、陈楼、杨庄、神洼、平楼等 18 个行政村，共有 93 个自然村。

2013 年，因国家建军用机场，黄集镇有 10 个自然村被拆迁至黄集村另建新居，其中有：朱楼村委会下辖的韩庄、郭庄、王庄、南高楼（含庄西头的孙庄）。王岗集村委会下辖的王岗集、梁楼、闵窑、兰井河（含庄东头的付楼）。杨庄村委会下辖的刁新楼。神洼村委会下辖的李巴圩子。

安置地点：刁新楼、李巴圩子、王岗集、梁楼、闵窑等 5 个自然村安置在黄集小学新校区西侧的小区定居。韩庄、郭庄、王庄、南高楼、兰井河等 5 个村安置在黄集村东小区定居。

黄东行政村　下辖黄集自然村的东半部，以及大沟、闫口两个自然村。

黄集：明朝中期，黄姓人家在寨东北角奶奶庙前设集市，故取村名黄家集，曾用名维新寨。明初，沿徐丰官道两侧渐有移民安家落户，集聚成村。清朝前即有古寨形成，至新中国成立初期，原老寨东门上尚存嵌有“维新寨”三字匾额。

清咸丰八年（1858 年），黄集在原古寨外围，又兴建了一座较大的寨圩，除寨门券顶及两侧护墙为砖砌，其他圩墙均为土筑，墙高不足 3 米，宽约 0.5 米，上有垛口，外有沟壕。寨门有 3 个，分为东、西、南三门，东西门大一些，南门略小。两扇木质大门宽大敦厚，西门形制同东门。新中国成立初，各寨门逐渐拆除，土墙被百姓拉走修屋垫院，至今仅有部分寨河可见。由于数百年黄水冲淤，当年古迹多被深理土中，地表上少有清朝前建筑留存。

奶奶庙

奶奶庙位于黄集东北角。关于奶奶庙的来历说法不一，有说始于东汉，为纪念艳峦公主而建。但流传最广的说法则是：古时，一次大水退后，有人在村后坑塘里洗澡，被一硬物扎脚，用手摸之，发现此物似凤冠，即召众人打捞，但是用尽办法无法捞出。有人出主意说：戴凤冠必为女身，你们赤裸身体，所以捞不出。众人随即穿衣再捞，果然打捞出一尊女性铜像。随后，人们即在发现神像处建庙一座，因神像貌似泰山碧霞元君，故取名曰泰山奶奶行宫，俗称奶奶庙。每年农历正月初八、四月十五为庙会。鼎盛时，方圆百里群众皆来此进香和进行物资交流，并由此兴起集市。因庙前大道两侧皆住黄姓，因而黄集由此得名黄家集。至清中后期，此庙布局为前有山门四间，中间为二殿，后为大殿，殿后有院。咸丰年间，黄集筑寨御匪，后殿拆除，原二殿改作主殿。大殿正中坐泰山奶奶神像，两边童男、童女各一，左边是送子娘娘，右边是康妈妈。东西两侧立有哼、哈二将。西廊坊塑关公、关平、周仓泥像，东廊坊住和尚，院内有大型铁钟二口。民国时，民间画家“辛画师”在主殿东墙绘有一条大龙，西墙绘有一虎。东西厢房绘有二十四孝图和其他壁画。至新中国成立前后，庙内尚有一阚姓和尚法号“元香”主持香火。1958 年，古庙改成铁木业社（后称农具厂），殿内铜像被砸烂卖铜换戏装器乐。原有元、明、清各代遗碑连同附近各庙碑碣多块，一并被拉去修公路、建排水桥涵。至此古庙仅存旧殿作为车间使用。农具厂迁走后，遗留房屋逐渐被拆除殆尽。2006 年，有热心人募捐对庙进行了重修。主殿在泰山奶奶像两边新增送子娘娘和康妈妈塑像，东、西殿增建观音、弥勒、韦驮、目连塑像，墙上彩绘二十四孝图。

2013 年 12 月，在庙址处出土了一块明万历四十三年（1615 年）“重修泰山行宫创建山门两廊碑记”的记事碑，上镌碑文记载了修庙原委以及有关善众 58 个姓氏 396 人。庙文曰：“国朝於巩固，卞纳群黎於春台，诚！神之尊而有灵者也。徐城西北黄家集古有圣母行宫，曩缘西水泛涨，龛像毁坏。不佞先祖讳大纪，奋然捐资重修大殿。不佞父讳佩创建山门，先后相承，庙貌聿新，诚哉，一镇之奇观也。复有主持道士于真仙率徒常栢，苦募十方善众，丁思孝 耿渭 耿沛 卜梧 张洛卜□ 高纯 黄科 黄勋 耿思文 耿思章 耿世虎 侯伦

耿门魏氏 耿可教 耿可观等随念喜捨创立十司，功果浩大，不日洛成。□也，道士于真仙倏而卧化仙游，皆以为神威感应遐迩，无不钦承，自兹以往，祈圣寿于无疆，而今而后冀民永安示有永，故勒於碑，以啟十方之善念云耳。”依此可见，此庙在明朝万历时已称“古有”。

玉皇阁

玉皇阁位于黄集老街街东头拐弯处的路北。传说黄姓迁来此地后，繁衍成村，别家建庄东西长、南北短，而黄家是南北长、东西短，顺着庙前大道往南两边分开。南段因横在老街东头而被称为横庄子。横庄子因正对东西街道，风水先生认为此位置不佳，建议黄家在对街处建玉皇阁破之。玉皇阁不大，始建年代不祥，因其为独间二层小楼，故称阁，阁内塑玉皇。民国时已是破败不堪，多数人不敢入内。1957 年，玉皇阁被拆除，痕迹无存。

火神庙

火神庙位于黄集东南角。传说耿姓先祖有病许愿：如好，即捐款建庙。后病愈，于是在黄集寨外东南角（当时寨小）建了座火神庙，并捐出攒楼桥西南角 20 亩地以及湖里姚楼 40 亩地用以养庙。当时建有前殿 3 间，塑纪信泥像，后殿 3 间塑关公、关平、周仓泥像。每年农历正月初七为庙会，当时香火旺盛，很是热闹。民国年间，耿家渐贫想收回庙地，被庙里韩和尚告至官府，耿家终没能把土地收回。民国二十七年（1938 年）5 月，徐州沦陷，徐州培正（培新）中学迁来庙内避难教学，仅两月，日军进逼黄集，学校撤离。庙内原有半人高圆顶明代记事古碑一块，民国以后不知去向。至新中国成立后，香火熄灭，被黄集一队用作牛屋，20 世纪 70 年代后扒建民房，至此，庙不复存在。

刺汪志士——孙凤鸣纪念园

1984 年，在铜山县政协文史办主任董尧的积极查找下，刺汪义士孙凤鸣的出生地终于大白于世，就是黄集镇小合子村。同年，经中央批示，孙凤鸣被追认为抗日爱国志士。1988 年 7 月 7 日，政府为他在黄集西北徐丰公路北侧建立了占地 2 400 平方米的纪念碑园。园内正中的大理石扣座上横卧着一方大理石纪念碑“抗日爱国志士孙凤鸣纪念碑”。背面书有华克之挥泪敬题的铭文：“生无私人怨，死因国事非。心向知音决，泪为生民挥。言重季布诺，技胜张良锤。精卫非精卫,替死此魑魅。功败于垂成,千古共心摧。真州多佳丽,首推凤鸣妻。轻金重大义,志同始结褵。反对臣日寇,无惧血染衣。死者并非难,处死者难矣。凌迟无一语,闺中千古奇。”

大沟:位于黄集镇村后、徐丰公路北侧。其村名来源于庄后那条古老的北支河。郑集河,古名容沟,自闫口溯上沟分南北两支,称前大沟、后大沟。民国二十五年(1936年)大沟村耿家珠所编谱序中记载:大沟村名之所由来也,因村后有一通微山湖之大河沟也。东边闫口即口门也。郑集一带即为湖里。张湾、陈湾、苗湾皆水湾也。故至今郑集南边之地仍有渊子口之称。由此可知,虽历古今沧海桑田之变迁,而大沟村名仍遵古不变。

闫口:位于黄集东部,隶属黄东村。闫口成村历史可远溯至元代,据沛县《闫姓族谱》记载:闫姓,祖居小沛,农渔为业。元大德三年(1299年)夏,黄河决口,迁于东山之麓。水半落,泛舟西游至口。四年(1300年)冬,水涸,运土筑台以茅庵起灶不返。渔人呼为闫家口。

闫口村历来有舞狮的民间传统,以前每逢春节、元宵节等重大节日,该村的村民便舞起狮子娱乐。村民不但在村上舞狮,更多的是到黄集附近的各庙会上去舞狮,商号开业也多由他们舞狮助兴。一来图个热闹、强身健体,二还可以得些“彩头”和“小封”等费用。20世纪60年代,舞狮被取缔,直至20世纪80年代,再有热心人重新组织排练,把这一民间国粹重又拾起,并得到了政府的鼓励和支持,但热闹场面远不如当年。村中现存古迹有“单先生记事碑”,此碑立于民国二十四年(1935年),“文化大革命”时碑被拉倒,驮碑大跌现隐埋于闫口村东。

黄西行政村 下辖黄集自然村的西半部,亦为镇政府所在地。其村名来历、故事传说、历史古迹,同黄东行政村的黄集自然村。

耿攒楼行政村 位于黄集镇东北1.5公里处,下辖耿攒楼、城里庄、松林、侯楼等4个自然村。

耿攒楼:耿攒楼这片地方原是白茅草遍野的荒沙地,为此取庄名白茅村,后讹称白茂。明朝初年,原居萧县古城的官宦大户耿姓一支迁来落户,后经数世发展,盖起了近百座高楼。远看,则像一大片刚收过捆起的一堆堆秫秸攒立在田间。此后,村名改称为耿家攒楼,后简称耿攒楼,近年更被很多部门简称为攒楼。

耿氏迁铜四世祖信公碑记

耿姓人没迁来以前，黄集一带几乎荒无人烟，经数世发展，已是“丁口日繁，田园广阔，诸多不便”（摘自《耿氏家谱》），后世子孙便各搬一处安居生活，建庄在北大沟河前边的一支取庄名后大沟，建在柳树成园的一处村庄取名耿柳园。分在大堌村东南的一处耿姓人用土筑了一座楼取庄名耿土楼，分居在敬安集西北十多里处的一支耿姓人，为防土匪袭扰，围村筑了一道土墙护村，于是得名耿圩子。

樊 哙 庙

耿攒楼村旧有古庙二座，前庙为樊哙庙，据《铜山县志》载，县北50余里有樊哙墓及庙。在城西北50里耿攒楼前，有明隆庆初知州刘顺之、州人耿强重修之碑。

其后一次修建于清乾隆年间，当时主殿内建有三官的塑像。樊哙的塑像建在前殿，其受伤的胳膊下垫着一本《春秋》泥书。两厢房的墙壁上画有张良、韩信等人物，院内还有两口刻着秦桧头像的大铁钟，樊哙墓就在庙的东南边。

“文化大革命”之初，樊哙墓及樊哙庙全部被毁，现唯存残碑两块，其中一块残碑中央刻着“大汉舞阳侯樊大将军讳哙之墓”。

兴 国 寺

兴国寺，又称红庙（疑为后庙之讹音）、后庙。据遗存庙碑记载，此庙修建于明天启六年（1626 年），由耿攒楼耿姓人所建。传说，初建时屡建屡塌，于是，风水先生建议先塑像后建庙，方成。据老年人回忆：主殿内有大型抱柱 4 根，把大殿隔成 12 小间。大殿正中供释迦牟尼（俗称大佛爷）泥塑金身，佛像整体被四大金刚扛起。大殿东、西侧各塑罗汉 9 尊，合称十八罗汉。院内西厢房塑关公、关平，东厢房为空屋。前殿是地藏王塑像。民国元年（1912 年），此庙由周围各村百姓再次集资修缮。不久，政府倡导新式教育，地方绅士耿家振把寺庙改办初级小学，但寺内神像保留。此后，寺庙及学校交由校长耿家让管理。民国二十八年（1939 年），由耿继绪出资，学校扩建为完全小校，耿继绪兼任校长。

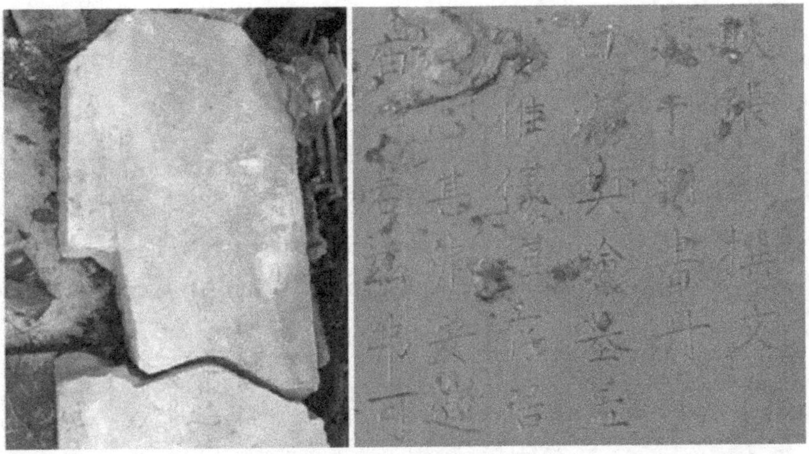

兴国寺碑刻

20 世纪 50 年代，寺庙内仅余一位卜姓和尚。1965 年庙被彻底拆除，砖石多被用于建校。今学校教室的墙基上，仍能看到当时遗留下的碑刻等文物。

城里庄：传说古时曾经在此建过一座舞阳城，后迁往徐州，而后得名城里庄。

舞阳城的传说

汉初，樊哙为刘邦立下汗马之功，被封舞阳侯，城里庄一带为其封地并在此建舞阳城。据说建城时没设监狱，不符合建城风水，致使半途迁至徐州另建。而旧城之名渐演化称“城里庄”，至今附近村庄仍有“城里庄”、“城北”、“运城”之称。村西原有一块在当地家喻户晓的著名“车辙地”。传说楚汉相争之初，刘邦兵败被项羽追赶至此，其乘坐的战车车轴突然断裂，危急中，樊哙伸出胳膊代替车轴，刘邦的战车终于驶出泥洼，留下一道弯弯曲曲的车辙沟。刘邦取得天下后，封樊哙为舞阳侯，即把这一带作为樊哙的封地并建舞阳城。而那块被车轮碾过之地，此后再也耕之不直，故被称作“车辙地”或“车网地”。“文化大革命”时，当地生产队刻意在此地放线挖沟，地被分割取直，至此这一古迹不复存在。

松林：清初耿姓人在庄后建墓并广植松树成林，其后得名松林。村庄里现有古迹为耿林石刻。

侯楼：清代村中侯姓人在此定居并建楼，取村名侯楼。

运城行政村 位于镇东北部，距镇政府约5公里，下辖运城、城北、义井、朱庄、元庙、耿新庄等6个自然村。

运城：古称云城，据传从前有一僧由此去南山修行，庙内主持问：“尔从何来?”答曰“从云城来”。而后，此村讹称运城。村中名人袁兴华，原中国人民解放军浙江省军区司令员。

城北：因位于旧舞阳城之北，而得村名城北。

义井：传说，从前有一年大旱，村中无水，一武将马渴扒土露出一石板，石板下盖一古井，将军领兵清挖井中淤泥，泉水涌出。因此井得之较易，故取名易井，又称义井。村中古迹有雍正丙午科武举人耿讷墓。

朱庄：明末，朱姓在此居住成村，取村名朱庄。

袁庙：明末，袁姓庄主在村东建三官庙而得村名袁庙。三官庙流传为袁姓建于明末。至新中国成立初，尚有庙宇三间，庙内供奉三官神，故名三官庙。三官神像用生铁铸成，两边分列“站班”小神，每年农历二月二十七有庙会。1951年庙被拆除，神像被砸碎卖铁。

耿新庄：清乾隆十五年(1750年)耿姓一支分居在此建庄，故取村名耿新庄。

谢庄行政村 坐落于黄集镇东北10公里处，东邻郑集镇魏楼、曲市，西接沛县张楼、前抵郑集支河、后靠左庄新集，下辖谢庄、杜小庄、土楼、孟楼、耿小楼等5个自然村。

谢庄：清朝中期谢姓在此建庄定居，取村名谢庄。

杜小庄：明末仅杜姓几家居此，取村名杜小庄。

土楼：元末村中孙姓在此建土楼一座，得村名土楼。

孟楼：元末因孟姓在此建楼，得村名孟楼。

耿小楼：清初耿姓在此建小楼，得村名耿小楼。

左庄行政村 位于黄集镇东北12.7公里处，是黄集镇离乡政府最远的"边境"村，下辖左庄、前新集、后新集、韩庄等4个自然村。

左庄：明末，左姓人在此定居成庄，取村名左庄。

前新集、后新集：清初曾在此地新设有集市，集市分别在前、后两庄轮换开集，集市在前庄者为前新集，集市在后庄者则为后新集。

韩庄：明末有韩姓人居住成庄，此村得名韩庄。

圣范行政村 位于黄集镇西北2公里处，徐丰公路在村前而过，下辖圣范、胡板、郭楼、彭辛庄等4个自然村。

圣范：其村名来历传说有三。第一种说法是：明代有村人卞姓者在韩楼教私塾，庄主感其教子有功，特送良田百亩，并送"圣贤之范"匾额为谢。此后，庄名称作圣范。第二种说法是：圣范村原村名曰关帝庙，因村西有关帝庙一座而得名。清朝乾隆年间，徐州一徐姓大户，请来丹徒一卞姓教书先生来徐家大院教学。经多年努力，卞先生所教11位门生先后有9人考中进士、举人。为感谢老师，徐家即把关帝庙村房产与土地赠予卞先生安居乐业，并取"读圣书的模范"中"圣范"二字作为村名，传用至今。第三种说法是：传说早年圣范有一大户，生活骄奢，做的饭经常吃不了，后越积越多，终至无法食用，最后派人端到村后胡乱扔掉。乡人口顺，传称此庄为剩饭庄，抛饭处被称为胡板(板：方言，意为扔掉)，意即胡乱扔，此后渐演变为"圣范"、"胡板"二村名。

胡板：其村名来历有两种说法，一种说法见圣范村来历传说之三。第二种说法是，清末，胡姓居此，因有木板铺，故得此村名。

郭楼：明末郭姓有楼得名。庄后原有一庙宇，现有遗迹尚存。

彭辛庄：清末叫许辛庄，后彭姓为多，改名彭辛庄。

聂楼行政村　位于黄集镇北 2.5 公里处，下辖聂楼、毛庄、朱塘、孙庄、夏庄、王庄、东侯阁等 7 个自然村。

聂楼：清初，聂姓迁此建楼，故取村名聂楼。

毛庄：清初，此庄建在一片茅草地上而取名茅庄，后讹称毛庄。

朱塘：明末，村中以朱姓祠堂得名朱堂，后讹称朱塘。

孙庄：清初，因孙姓迁来最早且人多，故得村名孙庄。

夏庄：清初，因夏姓最早迁来居住，故得村名夏庄。

王庄：清初，村中因王姓建庄，故得村名王庄。

东侯阁：清初，侯姓建有阁楼且位于西侯阁（隶属沛县敬安镇）之东，此村得名东侯阁。

金楼行政村　位于镇政府西北 2.5 公里处，东邻韩庄，西接富庄，前横公路、北依侯楼，村委会驻地在侯楼村，下辖金楼、前芦上、后芦上、付庄、侯楼、宗楼、阎王庙、杜楼等 8 个自然村。

金楼：明末，村中金姓大户建楼成庄，遂名金楼。清咸丰年间，金家被攻打徐州的捻军烧抢，遂把家产卖与黄集大户卜家后举家外迁。至此，村中再无金姓人居住。

芦上（又名炉上、芦尚）：芦上，分前芦上、后芦上。其庄名源于明末褚姓人支炉打铁而得名炉上，后逐渐讹音为芦上。村西原有一座显庆寺，传说始建于西晋，唐麟德年间重修，曾称徐州七十二庵八大寺之一。清康熙五十五年（1716 年）遗碑上记载，徐州西北 30 公里处，朱村有显庆寺等文字。后因大殿屡屡失火，如来、观音、关公三尊铁佛只得放在院中供奉。民国后期政局不稳、战乱不止，寺庙失修渐次坍塌。1958 年，寺内铁铸神像被运至利国镇炼钢。庙内记事碑一块现存于张伯英艺术馆内。

付庄：明末，付姓居此成庄，此村得名付庄。

侯楼：传说，明末李姓建楼，并请玩猴者祝贺，此村因此而得名侯楼。

宗楼：清初，宗姓人建有楼房，得村名宗楼。

阎王庙：唐时，村中有一阎王庙，以庙取村名，得名阎王庙。

阎王庙碌神寺

阎王庙碌神寺相传始建于西晋时期，建寺取用各村碌碡，劈作两半用于基石。明洪武年间，村中杨姓从洪洞迁来，后来发财，重新修建了此庙，并捐庙地18亩。

新中国成立初期，庙内尚有古柏一株，树径约40厘米，另有重修庙碑一块，上镌唐初名将尉迟敬德大名。“大跃进”时，庙内铁佛统统被炼铁，庙内古碑，“文化大革命”时被拉至庄后垫公路沟掩埋至今。1998年，村民在原址重新修建简易庙宇一处，大门正额上书“碌神寺”，左右抱柱上书对联一副“积金积玉先积德，问神问佛需(原文为莫字，字义莫如)问心”。

杜楼：原杜姓寄庄子，清末杜姓在此建楼两座居住，得名杜楼。古迹为杜姓村民家存有的杜氏外甥状元李蟠为杜家所写题词一幅及先人画像数幅。

杜氏外甥

清康熙三十六年(1697年)皇帝钦点一甲一名(状元)李蟠，为新落杜氏祠堂撰文中言：……盖杜氏古籍西乡者百有余年，自高曾以来或仕或不仕皆冠裳相继，忠厚世其家乡曲化之褅？为仁里，后之人思其人而不得见，是册者犹想见其为人至吾。老婣伯子翁先生蚤赋归来，门栽五柳，与先君子为莫逆交，余偕吾亲家，用翁童梓时常往来侍侧，觞晓夕提诲谆谆，音容笑貌依稀如昨，今皆头颅如许，展拜之下不觉黯然戚也，今吾两家子姓復缔为婚姻，情好愈笃，相为劝勉，惟以绍述为兢、诗不云乎无念而，祖韦修厥怀继，自今由数世以传之，世之德行彰闬，门闾日大，簪缨袍笏照耀，襄愿世世能图凌烟，巨手者当执笔以竢。

康熙六十年岁次辛丑中秋前五日年

家眷世婣弟李蟠顿首拜题(附章：李蟠之印　根庵)(注：印章此处略去)

高楼行政村　位于镇西1公里处，东邻黄西，西接金楼，北靠徐丰公路，南与神洼村隔河相望，下辖高楼、刘庄、韩庄3个自然村。

高楼：明末村中建有高楼一座，得村名高楼。因高楼在黄集以西，亦称西高楼。此村有一风俗：高楼村与神洼村两个村庄的人互不结亲。土地产有高楼油炸馓子和拉皮，二者在徐州西北享有盛誉。

刘庄：明末，因刘姓定居，故得村名刘庄。

韩庄：明末，因韩姓迁此定居，故得村名韩庄。

三座楼行政村 位于镇政府驻地东南2公里处，下辖三座楼、孟楼、陈湾、陈新庄等4个自然村。

三座楼：古名大堌村，清末民初，村中大户杜姓建有楼房三座，此后村名改称三座楼。

三座楼菩萨庵

三座楼菩萨庵在村西南角，坐东面西，清初由村中杜姓修建。民国末尚有正殿三间，正中塑有老佛爷，左右侧塑有十八罗汉，逢年过节四时祭祀。民国后期，国民党地方武装耿继武部驻扎村中，司令部设在“大裙墙”内，为建营寨把庙拆除，取其砖石修南北圩门。相传，曾有土匪袭寨，守门官兵一排十余人枪械失灵，弹射不出，众人疑其用了庙砖之故。

孟楼：又称黄香楼。元末，孟姓居庄建楼，得名孟楼。

陈湾：早年陈姓人居于河湾，得名陈湾。

陈新庄：民国时，陈湾陈姓两兄弟在村东盖房另居，得名陈新庄。

朱楼行政村 位于黄集镇东南部，距镇政府约6.7公里，东邻郑集镇土楼、西接王岗集，南抵刘集镇官地，北靠三座楼。下辖朱楼、王庄、郭庄、马楼、韩庄、许庄、南高楼等7个自然村。

朱楼：清初，因村中朱姓建有楼房，此村得名朱楼。

王庄（同郭庄连为一庄）：明初，王姓自山西移民山东，明朝中期再迁此地，取村名王庄。为建军用机场，于2013年9月全村被拆迁至黄集镇上另建新居，此村消逝。

郭庄：明朝中叶，以郭姓定居成村，此村因而得名郭庄。为建军用机场，2013年9月全村被拆迁至黄集镇，村民另建新居，此村消逝。

马楼：清初，马姓人建一楼定居，故名马楼。

韩庄：清朝中叶，韩姓居住成庄，此村得名韩庄。为建军用机场，2013年9月全村被拆迁至黄集镇上另建新居，此村消逝。

许庄：明朝中叶，许姓迁来定居，此村得名许庄。

南高楼：清初，因村中有座高楼，故得名高楼，因在西高楼之东南亦称南高楼以示区别。为建机场，于2013年9月全村被拆迁至黄集镇上另建新居，此村消逝。

南高楼王可庙

南高楼王可庙建于清初，相传一富户因生病许愿而建，初时建有庙楼两层，年久失修，后由黄集闫亭施工重建。单层正殿三间，正殿供奉泰山奶奶铜像，东廊房三间，由庙中和尚居住，庙后原有建庙记事石碑一块，庙外广植家槐。每年农历二月十五香火大会，香客云集。庙会期间，往往不刮风就下雨，百姓传说火头鱼（黑鱼）精作怪，为此留有民谣"王可庙火头精，不下雨就刮风"。新中国成立以后，庙宇渐废，铜像被范楼李姓取走，砖石被李庄供销社拉走建房。至此，仅有高地可证庙址位置，其他痕迹无存。

王岗集行政村 位于镇政府往南约4公里处，前抵故黄河大堤，与吕楼接壤，背靠桃园河，与神洼相依，东邻朱楼、西接李巴圩子。下辖王岗集、范楼、梁楼、兰井河、小赵庄等5个自然村。

王岗集：古名矼村，清末王姓在矼村设集而取名王家集，又名王矼集，后讹称王岗集。为建军用机场，2013年9月此村被拆迁至黄集镇，村民另建新居，此村消逝。

王岗集玄帝庙

王岗集玄帝庙位于王岗集村后，传说此庙重修已有800年，西陈楼陈家是山主。民国末，山门仅余残石断砖，院内尚存西廊房三间，内住和尚管理香火。正殿庙房三间，正中塑观音菩萨，观音由泥塑四大金刚托起，周围盘坐十八罗汉，东侧立玄武大帝铜像，西侧立关公塑像。院内东、西各有庙碑一块。20世纪50年代初，泥塑神像拉去填埋，庙宇改作学校，铜像被陈楼陈家拉走。现在庙址向北的梁楼村前桥上仍有庙碑幸存，但部分碑文年久无法辨读，可认字迹有"徐州西北王家集百位会首"等语。

范楼：清初，原系李姓一寄庄子，村中有一个贩子靠倒卖粮食发财建楼，得名贩楼，后演变称范楼。

民间艺术——范楼面塑

“你要问我捏什么？你说要啥我捏啥！捏个沙和尚挑着担，捏个猪八戒抗着耙。捏个孙悟空耍金箍棒，再捏一个唐僧骑大马。”20 世纪 70 年代以前，徐州西北一带的集市和村庄，经常能看到走街串乡、挑担背盒的捏面手艺人，他们大多来自黄集乡范楼村。

范楼地处故黄河北岸的盐碱洼地，一遇灾荒，出门逃荒要饭是常事，与其伸着手要吃的，不如学点手艺来换饭吃。范楼村农民陈洪恩靠从小跟舅父郗朝品学来的面塑手艺，走村串户，以捏面人来博人欢心，希望能够多讨口饭吃。在他的影响下，周围的群众纷纷登门求艺，开始时徒弟十几人，后来发展到几十人，徒弟出师后再带徒弟。这样，面塑艺术很快就在黄集扎根发展。为了吸引主顾，多讨饭吃，艺人们在面塑技艺上苦下功夫，精益求精。当初只为糊口的面塑技艺逐步发展为颇有地方色彩的民间艺术。拜陈洪恩门下学艺 40 余年的尹吉玲，其面塑艺术青出于蓝而胜于蓝，能看啥捏啥，捏啥像啥，达到精益求精的程度。她能熟练地捏出几百种人物和千姿百态的动物，尤其是中国古典文学名著如《三国演义》《水浒传》《红楼梦》《西游记》《八仙过海》《金瓶梅》等中的人物塑像作品十分逼真。

改革开放的大潮，给这个古老的面塑艺术带来了发展商机。1984 年春节，尹吉玲作为徐州民间艺术代表团成员，赴法国圣太田市进行艺术交流，在现场表演艺术面塑时，圣太田市法中友好协会会长宝泰利先生看得着了迷。尹吉玲临时为他捏了个人肖像。年近七旬的尹吉玲正精心制作保泰利浓浓的胡须，保泰利发现是在捏他自己，连忙笑着伸出大拇指：“像我，像我，这简直是神手”。

进入 21 世纪，青年一代不少人接过了这副担子，其中代表人物陈兴民的面塑艺术可谓炉火纯青。他的面塑作品曾多次参加国家、省、市民间工艺美术大展，并屡屡获奖。他曾作为江苏省民间艺术代表团成员，三次赴日本表演面塑艺术。现在，陈兴民能捏出 1 000 多种面塑作品，不仅能捏出古代人物，还能捏出现代的喜羊羊等卡通人物，不仅讨老年人喜欢，儿童也特别宠爱。作品大的有数米高，小的只有豆粒大小，一火柴盒可装进 5 个面塑作品，实为一绝。1998 年黄集镇以独特的面塑艺术被江苏省文化厅评为“民间艺术之乡”。2006 年 9 月此面塑艺术被列为省级非物质文化遗产。

范楼面塑

梁楼:清初,此村原梁庄梁姓的寄庄子,故名梁楼。为建军用机场,2013 年 9 月此村被拆迁至黄集镇上另建新居,此村消逝。

兰井河:古时,桃园河发大水,在村后冲出一河沟,把村后水井与村庄分隔两岸,此后庄名改为拦井河,现简称兰井河。村东相连有数十户人家原名付楼,因与兰井河已融为一体,现对外统称兰井河。为建军用机场,2013 年 9 月此村被拆迁至黄集镇上另建新居,此村消逝。

小赵庄:清末,有居民从大赵庄迁出居此地,故得村名小赵庄。

吕楼行政村 位于黄集镇最南部,距镇政府约 6.5 公里,东邻刘集镇杨庄、西连萧县耿楼、南抵刘集新黄、北倚陈楼与王岗集。下辖吕楼、新庄、杜楼

3个自然村。

吕楼：清朝中期，吕姓在此建楼而得名。庄不大而姓氏多，其中不少为当地不多见的姓，如：劳、封、寇、辛、胥、琚等姓。

新庄：清末，徐姓从刘集新黄村迁此，取村名为新庄。

杜楼：原系三座楼杜姓寄庄子，因有楼故取村名为杜楼。

陈楼行政村 位于黄集镇西南部，距镇政府约4公里。东南毗邻吕楼，西接何桥镇宗庄，南抵萧县管粥集，北靠黄河古道北大堤。下辖陈楼、西陈楼、刁钱楼、王庄等自然村。

陈楼：清朝中叶，陈姓自丰县梁寨迁来此处建楼，得名陈楼。由前、后、西三片相隔不远的村庄分割为前陈楼、后陈楼、西陈楼。此村庄的前面建有陈志坚墓园。陈志坚，民国时期曾任叶挺部二十四师政治部主任，参加过南昌起义，后入杨虎城部任政治部处长；先后任镇平、长安县（今西安市长安区）县长；以国民党第三十八军副军长身份参加固守中条山抗击日军的战役。

刁钱楼：清末刁姓、钱姓均在此居住建楼，得村名刁钱楼。

王庄：因系王姓地主的寄庄子而得村名王庄。

杨庄行政村 下辖杨庄、王月铺、前王庙、中王庙、后王庙、前刁集、后刁集、刁后楼、刁新楼等9个自然村。位于黄集镇西南部，距镇政府约4.5公里。东邻神洼，西接小合子，南达陈楼，北靠南支河。王月铺、刁集村后有兴建于1977年的平原水库一座，为镇上旅游景点之一。

杨庄：清初，杨姓迁此居住，故得村名杨庄。

王月铺：明末，有王姓在此开药铺而得村名。原村名王药铺，后讹称王月铺。

王庙（含前王庙、中王庙、后王庙）：清初王姓建庙一座得名，因一庄分成前、中、后三段，取名前王庙、中王庙、后王庙。

村中古遗迹：清初王姓人建庙，庙宇主殿三间，内供神佛不明，主神西侧立华佗塑像一尊。院内东西各有廊庑三间，前有山门三间，正门塑关公，左侧东间北门通院。此庙民国中期大修，20世纪50年代神像被抬出后改作学校用，20世纪90年代拆除建厂，现存民国十九年（1930年）修庙功德碑一块。

前刁集、后刁集：清初，村中大户刁姓在此设集得名，庄前部称前刁集，庄后部称后刁集。1977年建王月铺水库时迁至库南大堤上建村，而村名沿用至今。

刁后楼：新中国成立初，由刁集分出，因在村后而得村名刁后楼。

刁新楼：1965年从刁后楼分出。为建军用机场，2013年9月此村被拆迁至黄集镇上另建新居，此村消逝。

神洼行政村 位于镇南部1.7公里处，下辖神洼、李巴圩子、丁庄、黄桥、闵窑、大赵庄等6个自然村。

神洼：清初，山东藤县神洼一支神姓人家迁此落户，因庄前有大片洼地而得名神洼。过去，在黄集西南一带曾流传着“七个神洼、八个王庙、十二个小合子”的故事。这一说法中的神洼，就是在新中国成立前由祖庄、胡楼、张庄、郝庄、王西头等7个连在神洼周围的小庄合并而成的一个大庄，现另外几个小庄之名已没人再叫，均统称神洼。

李巴圩子：清初，村中李姓在村外挖河筑坝称作李坝圩子，因后人简写而称李巴圩子。因建军用机场，2013年9月此村被拆迁至黄集镇上另建新居，此村消逝。

丁庄：清末，丁姓迁此居住，得村名丁庄。

黄桥：清末，村前有河，黄姓在此修桥，得村名黄桥。村后原有三官庙一座，现遗迹无存。

闵窑：清朝时，闵姓在此烧窑，得名闵窑。为建军用机场，2013年9月此村被拆迁至黄集镇上另建新居，此村消逝。

大赵庄：清初，赵姓居此，得村名大赵庄。

平楼行政村 位于镇政府西3.5公里处，东邻杨庄，北倚郑集南支河，前抵废黄河旧堤，西邻何桥何庄。下辖平楼、小合子、张庄、胡庄、前韩楼、后韩楼等6个自然村，村委会驻地小合子。

平楼：清初，因李姓建平顶楼一座而得村名李平楼，现简称平楼。

小合子：桃园河源头，古时当地河埝众多，多积水洼，为挡水归拢，多筑土埝，从埝上流到埝下流的地方叫小河子。后李姓迁来定居，仍留庄名小合子。因河沟众多把村庄相互隔离，故民间传有“七个神洼、八个王庙、十二个小合子”之说。李姓人因称三教堂李氏，故有人称小河子作三教堂。村中名人为刺杀汪精卫的英雄孙凤鸣。

张庄：清初，张姓来此居住，得村名张庄。

胡庄：清初，胡姓迁此居住，得村名胡庄。

韩楼：分为前韩楼与后韩楼两个自然村。清初韩姓迁此建楼，得村名韩楼。前庄为前韩楼，后庄为后韩楼。

（撰稿：耿　健）

马 坡 镇

马坡镇位于铜山区西北部，距徐州城区 33 公里，西、北与沛县接壤，东濒微山湖，京杭大运河穿境而过，面积 68 平方公里，镇政府驻地马坡村，地理坐标为东经 117°3′45″、北纬 34°1′21″。全镇地形西高东低，北高南低，属于黄河冲积平原，海拔高度 32.4～37.8 米。

新中国成立后，马坡地区于 1952 年建立乡政权，并建立了左庄、马坡、和畅、杜沟、王堂、十段、新河、八段等 8 个乡政府(当时称之为小乡)。1956 年实行高级农业生产合作社，把原来的 8 个乡合并为马坡、八段两个乡政府，直属铜山县领导。1958 年成立了人民公社，把原来的马坡乡、八段乡合并为马坡人民公社，并划归 6 个生产管理区。1959 年马坡人民公社和郑集人民公社合并为郑集人民公社，直到 1966 年社教运动后又分开成立马坡人民公社。1969 年 11 月实行大联合，成立了“马坡人民公社革命委员会”。1980 年取消“人民公社革命委员会”，恢复公社管理委员会领导机构。1983 年恢复乡政府建制，称为马坡乡，下设 18 个行政村。随着形势的发展，2004 年，马坡乡改名马坡镇，下辖的行政村由 18 个合并为 12 个。

马坡镇现下辖马坡、蒋楼、瓦矿、和畅、王堂、大新庄、姜站、前八段、后八段、九段、十段、丁集等 12 个行政村，共有 52 个自然村。

马坡行政村 下辖马坡、前马坡、小新庄、卢庄、河北、张庄、董洼、单楼等 8 个自然村。

马坡：北宋时期，赵匡胤下河东，路经马坡屯兵歇马，故古时的马坡称为马卧坡，也称马沟坡。因马坡南有大沟穿境，此村从前叫作月河子。因赵匡胤在此屯兵，所以马坡大多数人姓赵。民国时划为马沟市，后简称马坡。古时候，马坡有夜猫子集，现已形成市场；还有座观音禅寺，现已不复存在。

前马坡：位于马坡前，赵姓从马坡迁出，取村名前马坡。

小新庄：位于大新庄西北角，从大新庄迁出的十几户人家在此建庄，取村名小新庄。

卢庄：明末发大水之后，姓卢的村民在河北村东建庄，取村名卢庄。

河北：明朝末年黄河发水，淹没了陈家胡同村。大水退后，人们在陈家胡同村旧址的河北岸建村，取村名河北。

张庄：清朝中叶，姓张的在此安村居住，取村名张庄。

董洼：明朝末年，黄河经历了七次决口，董姓由山东董庄迁到此地洼坡居住，故此村称董洼。

单楼：明朝单姓在此居住盖楼，取名单楼。

蒋楼行政村 下辖东蒋楼、西蒋楼、闫庄、闸上、赵庄、侯庄等6个自然村。

东蒋楼、西蒋楼：清朝时期，东西庄的楼都是蒋氏所建，东西两庄分别取村名为东蒋楼和西蒋楼。

闫庄：清朝初年，此地有盐场，是盐的运营集散地。取名盐庄，后演变为闫庄。

闸上：古代运河有一条支流在此流经，河上有闸，后发大水，运河淤平，闸埋入地下，后人在此居住，取村名闸上。

赵庄：姓赵人家在此居住，取村名赵庄。

侯庄：以侯姓村民居多，取村名为侯庄。

瓦矿行政村 下辖瓦矿、三义村、前丁阁、后丁阁、胡新庄、赵牌坊等6个自然村。

瓦矿：宋朝赵匡胤攻打河东，路过此地放马。赵匡胤站在瓦屋框向外望马，后有人取名瓦屋框，几经演变为现在的瓦矿。

三义村：古时黄河发水之后，有张、李、陈三户人家在此落户，他们相处融洽，如同桃园三结义的兄弟，故取村名三义村。

前丁阁：清朝时，从丰县虺城迁来长房二支丁姓来此居住，在马坡西南安了个庄子，取名下庄。他们为了以后人丁兴旺，丰衣足食，捐了40亩地建立了圣公阁，后改名玉皇阁，因下庄不好听，遂取名丁阁，又称为前丁阁。

后丁阁：原有两个村子，路西是胡庄，路东是翟庄。传说，黄河发水之后，官府赈灾，一查庄名误写为贼庄，官员以为本庄多出盗贼，故不愿救济。后两庄族人商议，将村名改为后丁阁。

胡新庄：原为后丁阁的胡庄。胡庄因翟庄庄名牵连（误写为贼庄）无法领到赈灾的粮饷，于是在前丁阁东南角建新庄取名胡新庄。这个地方被徐州户部山翰林书院的崔家看中。崔家有兄弟七人，一户派一人来此居住，后崔家买下了这个庄子，并于清朝末年迁入，因此胡新庄只有崔姓。至今，胡新庄的崔家与户部山崔家大院仍有联系。

赵牌坊：原是马坡的寄庄子。从马坡迁出的赵姓在此居住，得名赵牌坊。赵姓精于诗书，兄弟六人中有三人在朝中做官。其中赵朝良在户部上任，赵注献任国子监，赵注飏于18岁中进士并在京城任职，可惜22岁就去世了。乾隆皇帝念赵家有功名，下令为其立牌坊，从此村庄取名赵牌坊。

和畅行政村　下辖和畅庄、秦庄、王封装、杜沟、王大楼和王小楼等6个自然村。

和畅庄：原名和尚庄。清光绪年间，因有一座大庙，住着众多和尚而得名。新中国成立前和尚庄是徐州地区最早的基层党组织之一，后改村名为和畅庄，取事业顺畅之意。

秦庄：始于明朝，秦姓由山西洪洞县老鸹窝迁来，至今已有二十世。秦庄原名李庄，是李姓先来此屯建的村子。传说，李家很富有，有11头水牛，天气热时李家人将这些水牛赶到村后的河里解暑。11头水牛下水后变成了12头，东家很奇怪，但每天查都是12头牛。这天东家将自家的11头水牛在牛角上都系上红绳，下水后发现果然有一头没扎红绳的牛混在其中。于是，东家下令射杀那头没扎红绳的。牛被射杀后，出现一坑血水，并不见死牛。后来，李家连连出现祸事，最后败落，而秦家逐渐兴盛，取代了李家的位置，故改名秦庄。

王封庄：从山西洪洞县迁来的王姓一家在此居住，因患有疯病，取名王疯庄，后改名王封庄。另一说法是清朝光绪年间，因受过皇帝封赐，所以村名为王封庄。

杜沟：清初，发大水，因地被冲成沟，后一杜姓人家来此居住，故取村名杜沟。

王大楼、王小楼：明朝洪武年间，从山西洪洞县喜鹊窝迁来兄弟三人。老大在王堂居住，老二在王小楼建了一座楼，老三一心想压倒他们，于是建了一座大楼。于是，出现了“五里三庄王，后面跟一个小铃铛”的说法，铃铛指的就是王封庄。

王堂行政村 下辖前王堂、后王堂、尚沟、王庄、张水口、双楼、荣楼、周楼等8个自然村。

王堂(前王堂、后王堂):明朝洪武年间,从山西洪洞县喜鹊窝迁来的姓王兄弟三人在此居住。由于三人不和,老大在此定居后建有庙堂,故称为王堂。由于王堂人口众多,在王堂前又建了一个村子,一部分王家人搬去居住,村庄分为了前王堂和后王堂。

尚沟:此地曾被水冲成沟,清朝中后期有人从西南的尚楼迁来此地居住,取村名尚沟。

王庄:清朝中后期有王姓从山东迁此地居住,取村名王庄。

张水口:康熙年间,张姓从山东迁居两河交叉口地居住,取村名张水口。

双楼:960年,北宋兵部尚书王强路过此地,取村名王双楼。后为陈家居住,改为陈双楼,后简称为双楼。

荣楼:唐朝末年,黄河决口,由山东荣楼迁来人家在此居住,后取村名荣楼。

周楼:明朝末年,周员外在此盖楼居住,因地势较高,取村名上周楼,现简称为周楼。

大新庄行政村 下辖大新庄、袁楼、腰庄、秦水口、支庄等5个自然村。

大新庄:1842年,由马坡村迁来的几户赵姓人家在此安居,取村名大新庄。

袁楼:清朝中期,从安徽萧县袁楼迁来几户人家在此居住,取村名袁楼。

腰庄:因此庄在大新庄和袁楼之间,故取村名腰庄。

秦水口:北宋时,秦家在此居住,并兴建微山湖渡口,取村名秦水口。

支庄:1680年,从河南省东明县支寨迁来支姓人家在此居住,取村名支庄。

姜站行政村 下辖姜站、董塘、石宅子3个自然村。

姜站:宋朝以后,此地为驿站,后因姜姓人家在此居住,取村名为姜站。

董塘:明末,有董姓在此安庄,庄后有一水塘,故取名董塘。至今水塘还在村后。

石宅子:明末,石姓占据高台建村,取村名为石宅子。

马坡十八段

马坡有一大特点，就是一镇两种口音，一是徐州本地口音，一是鲁西南口音。马坡位于微山湖的西岸，清朝嘉庆至咸丰年间，鲁西南的巨野、郓城、甄城、定陶、成武、单县等地的大批农民涌入此地，“占段”居住，开发湖地。由于占段的距离很长，从微山经沛县至马坡才结束，共划分了18个段落，也就是18个区域，为了便于管理，以六段为一分段，共三个分段，每段由“段总”负责，由北向南依次为唐段、余段、赵段。由于当地人不满意，致使摩擦不断，于是他们划“大边”为界，这条“边”大致就是现在的八段通往徐州的公路。当时有一风俗，就是边内与边外不通婚，直到1966年，这个习俗才被打破。

由于边内与边外时常摩擦，于是就有了1866年的“洗段”事件。边外的本地人想把边内的山东人杀掉或赶跑，发生了大规模动乱。清政府急忙派两江总督曾国藩处理平息，使得居民得以安居。边里人民为感激曾国藩，在五段(属沛县)南门外立碑纪念。新中国成立以前，各地土匪横行，微山湖芦苇茂密，是藏匪的好地方。土匪抢劫，使得两边人民认为是“洗段”，更加剧了双方矛盾。直至新中国成立以后，经过政府的努力，才形成了今日和谐共处的好局面。

前八段行政村 下辖前八段1个自然村。

1992年前八段村成为首个苏北亿元村

后八段行政村　下辖后八段1个自然村。

1815年左右迁入的人家在此划段开荒，此地为第八段，故取村名八段。后因人数越来越多，又将此段一分为二，称为前八段和后八段。前八段现在是微山湖休闲观光旅游区域的重要组成部分。

九段行政村　1815年由鲁西南的巨野、郓城、甄城、定陶、成武、单县等地迁入的人家在此划段开荒，此地为第九段，故取名九段。因九段的村民大多是从山东迁来，所以是个杂姓村庄，共有大概83个姓氏。九段紧靠微山湖，因此多产四孔鲤鱼、虾、螃蟹、菱角、鸭蛋等水产品及农副产品。

微山湖湿地风光

十段行政村　下辖十段、代海、绳庄、老圩子、张庄、河涯、新庄、甄庄等8个自然村。

十段：1815年由山东迁入的人家在此划段开荒，此地为第十段，故取村名十段。

代海：1815年代家由山东郓城代海迁居来此居住，故取村名代海。

绳庄：是由端庄和绳庄两个村庄组成。两个村庄都是以姓氏起村名。新中国成立以后绳庄出了官员，把两庄统称为绳庄，从此便只有绳庄了。

老圩子：从山东迁来的人最早就聚集在此地，后为了自保便筑起了土圩子，挖起了边沟。后来因"洗段"事件的和平处理，圩寨里的人陆续迁出，人们为了纪念这个老寨子，便取村名老圩子。

张庄:1815年由山东郓城几户姓张迁来的人家在此开荒种地,故取村名张庄。

河涯:1815年由山东郓城河涯迁来的人家在此开荒种地,还沿用了原来的村名,故村名为河涯。

新庄:新中国成立前,从张庄迁来一部分人,在此居住,故取村名新庄。

甄庄:1815年由山东郓城几户甄姓人家迁来此地开荒种地,因此取村名甄庄。

丁集行政村 下辖赵段、丁集、王楼和秦坑等4个自然村。

赵段:1781年赵家从山东巨野来此开荒,后山东移民继续来微山湖畔占段种湖田,段的最南边赵姓来得最早,故取村名赵段。

丁集:形成于唐朝末年,原名丁家集。宋朝时,发展到比较大的村落,有集市、庙宇等。清朝嘉庆十七年(1812年),重修此地的兴隆寺,现石碑尚存。碑文上清楚地记载着丁家集南接彭城,北临小沛,商贾往来,交通便利。赵匡胤下河东时曾在兴隆寺上香,祈求马到成功。传说在丁集的西北角有穆桂英布下的迷魂阵。在经历了长时间的兴盛以后,丁集毁于清中后期,寺庙荡然无存,后逐渐衰落了。

王楼:清朝中期,由徐州迁来的王姓在此居住建楼。光绪十二年(1886年),王姓在此修砖桥,便利了交通,取村名王楼桥,后简称为王楼。

秦坑:明末清初,从山西洪洞县喜鹊窝迁来秦姓兄弟二人,老大安家在柳新镇秦楼村,老二在此安家,由于庄前有一大坑,故取名秦坑。秦坑有两个物件很出名,一个是大碓窝子,一个是大石槽。大碓窝子上能坐两个人,大石槽拌草五天都不会变质。至今这两样物件尚在。

(撰稿:李玉亭)

郑 集 镇

郑集镇位于徐州西北郊，距市区 25 公里，面积为 65.08 平方公里。镇政府驻地郑集村，全镇下辖郑集、代楼、前鹿楼、苗湾、肖楼、石楼、沙楼、万村、卢楼、尤楼等 10 个行政村，共有 65 个自然村。

郑集历史悠久、文化底蕴丰厚，历为政权机构如汛、砦、圩、县、区、乡、镇等驻地。从清朝开始，嘉庆十年(1805 年)，郑集为西路汛，设汛台衙门；咸丰十年(1860 年)，郑集建砦，此后设圩，下辖四旗，旗下设庄；民国九年(1920年)，郑集改圩为乡，下辖闾邻；民国十六年(1927 年)，郑集设驻区公所，为五区，下辖乡、闾、邻；民国二十一年(1932 年)，并区乡、建保甲，郑集为三区，下辖乡(镇)、保、甲；民国二十七年(1938 年)5 月 14 日，日军出动飞机 3 架，投弹 18 颗轰炸郑集，接着铜山沦陷，伪、顽政权交错，郑集仍属三区；1945 年抗战胜利后，三区(国民党模范区)并大乡、大保，郑集乡辖 14 保；1949 年 2 月，共产党建立新政权，铜北县政府驻郑集，下辖区、乡(隶属山东滕县专区)；1953 年 4 月，铜北县政权撤销，恢复铜山县建制，郑集设驻第二区，后改郑集区，下辖乡、村(县政府迁奎山，隶属江苏徐州专区)；1956 年农业合作化后，郑集建八一农场；1957 年 9 月，撤区并乡后，郑集为乡，下辖村；1958 年 8 月，政社合一，郑集成立人民公社，接着，同马坡合并，下辖大队、生产队；1966 年 7 月，郑集同马坡分成两个公社；1969 年 8 月，郑集成立“公社革命委员会”；1978 年郑集建立公社党委；1983 年 5 月，政治体制改革，郑集设驻乡政府；1987 年 4 月，郑集经省政府批准，撤乡建镇，为铜山最早的两个建制镇之一。

郑集行政村 下辖郑集、张湾、大杜楼 3 个自然村。

郑集：源出“箭射郭、火燎王、草疙瘩郑”之传说。相传很久以前，因黄泛冲积，微山湖西岸，到处荒原湖坡，杳无人烟。时有郭、王、郑三姓相约同时圈地立界，开垦湖田营生。郭姓为武举出身，言其骑马射箭，以箭落处为界；王姓即点火烧荒，以所烧之处为界；郑姓则派人到处绾草疙瘩，以所绾处为界。因时遇风雨，郭、王两姓各受所限，郑姓人多，所绾草疙瘩居多，遂建庄，取村名为郑集。元末明初，郑集称郑家集，与周围的王庄、周庄、罗庄、苗庄等小自然村连接而成，属古延寿四乡境。

张湾：明代外地张家大户的寄庄子，因庄前大河湾能停靠来往船只，故取村名张湾。

大杜楼：明洪武二年（1369 年），杜氏自陕西京兆迁居至此，时称吉村。据清康熙三十五年（1696 年）2 月，吉村福寿庵创立碑记载："吉村者，杜氏所居族而处者也，杜为河北（指故黄河）望族"。因与邻村东吉村（小杜楼）相区别，后改称大杜楼。

郑集地处徐州西北至丰、沛汉文化带交汇点，受两千多年文化积淀的影响，留有许多名胜遗迹、文物史料、经典故事、趣闻传说。郑集素以河多、桥多、庙多而取胜，以"四门八炮台""九桥十八庙"称誉四方。

四门八炮台

郑集古城圩筑有城墙，四面分设东、西、南、北四门和四门吊桥，城墙周围间立八个炮火台。城墙外有护城河，城内设东、西栅门，城池坚固，壁垒森严。

繁华古街

郑集古街连接东、西城门，横贯于古城圩中心，全长不足千米，为郑集独具特色的明清古建群和历史文化聚集区。大多数历史名胜和"德源""盛源""盛昌永""景厚丰""普同顺""老仁记""全生堂""增寿堂""存济堂"等老字号门面林列郑集古街两侧，错落有致、严密紧凑。烟馆、商铺、钱庄、染坊、药店、饭庄、酒馆等比比皆是，熙来攘往，十分热闹繁华。

九桥十八庙

郑集桥多庙多，在不足一平方公里的城圩内，庵、观、寺、庙林立，且紧密相连、各具特色，集中分布在四五百米长的老街区内。四方百姓出入郑集，必须走桥过庙，有"不走桥过庙进不了郑集"和"一步跨三庙"之说。部分桥、庙被载入县志、史册。"九桥"：除郑集圩外著名古桥——南大桥外，圩内九桥即指郑集河东桥、西便民桥、四门吊桥及饱含趣闻的仙人桥、黑水桥、一百（碑）

单(担)三孔的八礤双狮桥。“十八庙”:除包括杜氏家庙——杜氏宗祠外,现在能知其下落者有律住寺、观音堂、火神庙、天齐庙、玉皇阁、三义殿、碧霞祠、土地庙、财神阁、鲁班庙、玄帝庙、魁星阁、华祖庙、尼姑庵、关帝庙等十五座。另有旧县志所载:元至正三年(1343 年)建“清泉寺”及所供神像为千手千眼佛庙,因灭迹较早,遗址不详。郑集从农历正月初七火神庙会开始,接二连三、热闹红火的庙会,带动商贸交流,尽显古镇繁华。

郑集各寺庙建筑风格独特,神像生动逼真,有彩塑泥身、铜身、铁身、木身等。各寺庙均有建修碑文,多为明万历至清康乾时期,是宝贵的历史见证,但多毁于 20 世纪 50 年代郑集河建桥工程。

杜氏宗祠

杜氏宗祠左依古椿,右傍汉槐,于明崇祯庚午年(1630 年)岁末,由云城(现黄集郓城)九世祖杜蕴玺约族创建。坐落于古郑家集城圩中心的制高点上,坐北朝南,高大峻严。曾相传为龟背地,水文标高 38.4 米,比周围区域高 2～4 米。由于祠堂位于龟背地中心,据传能随水涨落,历代洪水从未淹没。殿堂前的古槐树,相传是汉高祖刘邦拴马避雨之处,至今有两千多年的历史了,仍枯干虬枝、苍劲叠翠。宗祠为两大一小的三进院,由门楼、讲台、客厅、祠堂等四部分组成。宗祠青砖黛瓦,挑檐叠脊,几经前人重修,具有典型的明清时代建筑风韵,既古朴典雅,又宏伟壮观。杜家在鼎盛时期,财力、物力极其丰厚,外姓的饥民、孩童只要谎称姓杜,便可在祭日当天领取四个馒头。厅堂廊下门额满悬的“亦政堂”硕大金匾,为清乾隆

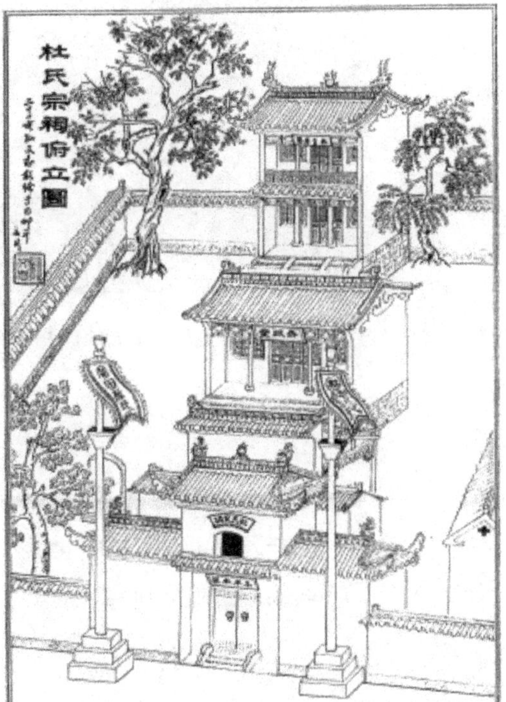

杜氏祠堂原图

十六年(1751 年)进士刘墉的亲笔题赠。阁楼的檐下高悬着清康熙三十六年(1697 年)进士、状元李蟠所题赠的“永言孝思”匾额。祠堂的石抱柱也是李蟠所赠,并亲自题联镌刻左右。杜氏宗祠实为徐州地区极具建筑风格和文化底蕴的建筑典范。

杜氏宗祠自明末创建以来,曾多次修缮,但如今却仅存一二。门楼、戏楼、客厅等颓废已久,荡然无存。殿堂于 1958 年由乡政府修缮用作会议室,1990 年改建成人学校教室时被拆除。至今,孤槐苍苍、四周凋敝,仅存半面残垣与巨石抱柱、旗杆座等遗迹。

杜氏祠堂现状

汉　槐

据古书记载,相传刘邦曾单马独骑出巡,偶遇天昏地暗,电闪雷鸣,风雨将至,眼前是一片荒凉的湖地,无处藏身,仅见不远处有一道高坡,形如龟背,上有槐树,下有草庵,遂策马而至,将马拴于树杈之上,进庵避雨。马遇恶劣天气,惊恐不已,奋力挣脱,槐树主杈劈折,由于槐树伤损不易愈合,至今留有疤痕。

后来百姓来此开垦种田、聚居形成村落,时称郑家集。杜姓先祖为先人市宅卜居,认为此树下为风水宝地,便在此建造杜氏宗祠。

郑集汉槐

律 住 寺

律住寺，俗称碌碡寺、和尚庙，坐落于郑集古城圩东南角，护城河外侧，东邻郑马公路。

律住寺传为著名大法师宝吉和尚巧化石磙所建。又传南与云龙山兴化寺（大佛殿），北与镇北曲直寺（曲寺）三点一线，为统一罗盘定点建造。原为五进五出院落，共25间厅堂。其大佛殿基石全部为大石磙排砌而成，建筑风格奇特、罕见，在中国建筑史上独具特色，世人也因此把律住寺白话为"碌碡寺"。后因火灾，全部焚毁，至乾隆年间，由官府重修。据史志记载：律住寺，道光旧志在四乡境；同治府志在郑家集。乾隆三十二年（1767年），知县杨恪曾重修……新中国成立后，大殿基石仍排列完好，后被翻建民居。大殿内供像为大佛像，泥塑金身，高大雄伟；厢房数尊佛像为铜身、木身不等，均受损于"文化大革命"时期。

律住寺原铸有两座铁钟，大者，满一间屋方能容下（据传现已在云龙山兴化寺)；小者，高一米六七，中围直径一米上下，上面铸满捐助人名单。新中国成立后一直存立于寺北侧护城河南岸，于1958年被砸损。

现存文物除石磙、石碑座外，尚存乾隆时期铸铁磬一尊，高深30厘米，口径42厘米，净重38公斤，上铸“律住寺神前铸磬”及住持僧三代七人法名文字、落款年月及隐约可辨的兖州、滕州、徐州字样。

重修律住寺碑上的双龙碑头

乾隆铁磬

“一步跨三庙”与“倒座”观音堂

碧霞祠，又名碧霞圣宫，也称泰山奶奶庙，坐落郑集古街东栅门外侧。在郑集诸庙中，碧霞祠建造精湛、气势壮观，其殿堂雕梁画栋、高大秀丽；神像披金挂彩，慈颜秀目，既富丽堂皇又肃穆庄重。其左右配殿各五间，却供十殿阎君，个个栩栩如生，阴森可畏。其山门，内设透雕屏风，外有两尊巨大石狮把护，十分威严气派。

碧霞祠西邻土地庙，东邻三义殿。土地庙内供土地神，院悬报警铜钟(后被日本侵略者窃掠)；三义殿意取桃园三结义，供刘备、关羽、张飞像。三庙相连，坐北朝南，临街而立，香火旺盛。拜神求嗣、降福、保平安、结义盟者进进出出，往来如梭。人们行走其间或隔街相望，三庙逼近如一，向以“郑集一步跨三庙”称誉四方。

距碧霞祠二百米左右是观音堂，两庙山门相对，直冲通往南门的大道，中隔仙人桥相望。因观音堂紧靠郑集古圩墙，坐南朝北而立，百姓誉之为“倒座观音堂”。内有一尊无头铁像，高大魁伟，传为黄水冲积至此，被世人供立于观音像侧，香火不断。

郭家大院

郭家大院，也称郭家大楼，堂楼毗连两座，皆明三暗五开间，高两层，背对杜家祠堂门楼，并列于郑集古街南侧。因东侧楼较早，故稍低于西侧楼。青砖合瓦，雕花大脊、插花云燕俱全，以高大峻严，雄伟气派享誉四方。其院落较深，从前街一直延伸至中街。门楼、中厅、堂楼加之配房，为典型的二进二出四合院，是郑集明清时代经典建筑之一。

郑集名桥

郑集桥多，饱含趣闻故事的桥有南大桥、仙人桥、黑水桥、八磙双狮桥等。

南大桥　古桥，无名，不属郑集圩内九桥之列。因处郑集古城圩东南，现八一农机厂南侧、维维分厂大门附近，世人称之为南大桥。其桥为石桥，拱形，据老年人传说“双篷双桅的船不降帆贬桅即能通过”，可想桥洞之大。该桥均为巨大料石建造，每块重几百斤、上千斤不等。传为著名法师宝吉和尚，破其肌肤、胸穿铜线，忍痛从远处苦化得来。新中国成立后，郑集河建桥、建翻水站均从该桥遗址取过石头。该桥因处故黄河分流的淹子口，至今仍未见底。

仙人桥　砖砌小桥，置郑集古街东栅门外通往南门的南北大道中。因倒座观音堂与碧霞祠一南一北，遥相对应，人走其上，直通数庙，烟云缭绕，如临仙境，故此得名。

黑水桥　砖砌小桥，置郑集玄帝庙西侧通往古城圩北门的巷道中。因两侧坑塘水色本来发暗，再加之周围宰杀猪、牛、羊屠户较多，冲洗污染所致，水更黑浊而得名。

八磙双狮桥　以碑石搭建的小桥，置于郑集古城圩西侧关帝庙后过郑集河通松林至敬安的要道中。因郑集河床较宽，桥面窄小，仅为水漫小桥。此桥被世传“郑集有一百单三孔的八礅双狮桥”而名扬四方。人们闻景前来，看后方知其微，捧腹而笑。实则是用一大石碑横卧在八个石礅上，下成三孔，上面侧立一对小石狮而成。以戏谑、蒙蔽远地乡民的故意佳作，及至近前，方能顿解一碑担三孔之谜。

郑集老井

郑集老井分布在古城圩内，多在四门之侧，供周围百姓食用。其水质以北门井最优，甘甜、爽口、无碱。南门井次之，口感好，煮绿豆易烂、省时。现北门井仍有人使用，东门井用石板封护，其他井皆被填废。而古城圩外的老井要数庄东头的苗家井出名，传说为神灵护佑，现被修砌井台，内加铁箅，封盖保护。苗家井向西数十米，路北侧，有一株古树。此树原为灌木，历经一百多年，已成大树，为郑集古树名木之一。

吉村三圣祠与福寿庵

吉村即现大杜楼，原有三圣祠，置地21亩。接着，杜氏又聚族施资创立福寿庵，两次共置地43亩，起盖观音大士三元楼阁等。清康熙三十五年(1696年)2月，《徐州西北五十里吉村福寿庵创立碑记》有详载：“福寿，此一方民云乎哉！籍此一方民以孝友教家，以仁(让)亲族，以信义睦邻……”其观音三元、关圣三圣殿堂楼阁别具一格，成为当地名胜。福寿庵后来经修整当作当地小学校园，仍保留青砖黛瓦特色。

杨家台子与杨家绣像

大杜楼近东首，有地势稍高的杨家台子故址，为宋代熙宁进士、龙图阁直学士杨时(福建将乐人)之后裔徙居此地，杨时受业于一代名儒程颢、程颐即二程，后著书、讲学，推为程氏正宗。籍于杨家台子之后人藏有历代杨氏先祖绣像，其绢面上留有诸多帝王题字及印鉴，清名臣曾国藩也亲题“道南延续”四字明鉴，是为真迹。每逢农历六月初六，杨家传人即将绣像请出，悬展殿堂，绕香拜祭。杨家绣像灭迹于“文化大革命”之中。

杜祠石抱柱、旗杆、“亦政堂”题字

石抱柱　传说，清康熙年间状元李蟠为乡试主考官，奉钦命去山西巡察，偶见当地匠人雕铣长条巨石，十分罕见，随口称赞。说者无心、听者有意，陪同的地方官员误认为李蟠喜爱这石头，便私下安排劳役，不远千里将这两块巨大条石运至徐州户部山南状元府前。事后李蟠回家探亲，见着两块条石十分眼熟，问及家人方知是由山西运来。

后来郑集杜家修祠堂，李蟠是杜家外甥，素为通家世好，又亲上加亲，即赠其条石，精錾两根抱柱，并亲题对联，镌刻其上。此联凿损于“文化大革命”期间，石抱柱损折于建成人学校。

旗杆　明朝末年，杜氏聚族捐资，在郑家集中心正街北侧，依傍汉槐，坐北朝南，建造宗祠。遂使先祖懿德辉映，后代子孙昌盛。后来，郑集一郭姓首富于街南侧，背对杜祠大门建成高楼。传说，因风水受冲，杜族逐渐衰败，越来越不景气。杜族无奈，从南方请来著名堪舆大师，求其破解。大师实地观测后，即暗示：“杜郭”毗连似如“肚锅”相系，而杜家清贫，郭家富有乃肚中无食，锅里有饭之兆，要想充饥饱腹，必须用筷箸叨食之。杜氏只要在祠前竖立两个旗杆，便可破解。于是，杜族便在宗祠大门两侧，竖起高数丈的大旗杆，宛如两根筷子，屹立郭家楼后，十几里路，视而能见，遂复使杜族庞兴。

1939 年日本侵略者进驻郑集，因不便行车，杜祠旗杆被其砍折，至今仍遗留两半面巨石旗座。

石旗座

“亦政堂”题字　杜氏宗祠客厅门前悬挂的金光闪闪的“亦政堂”金匾，是清代乾隆进士、一代名相刘墉亲笔题赠。一天，刘墉受钦命督理故黄河水患，驻足郑家集，见杜氏宗祠门闱高大、气势威严，康熙状元李蟠等尊显名流题诗词赞颂。即询其族人：功名虽多，居官甚少，何也？答曰：皆为彰祖德、保正节，不奢求显官权贵也！遂赞叹不已，取意："出仕理民是为政，在家教育子孙亦为政"，亲书"亦政堂"金匾相赠。因杜族原有堂号，此只作受赠雅号。抗日战争开始，金匾收藏在郑集东门粮行，后遭受人为损坏。

苦化料石建桥

郑集世称的南大桥，是一座古代名桥，由巨大料石筑砌而成的大拱形桥。其料石传说为著名法师宝吉和尚从清江（一说从王闸口）苦化而来。至今，遗址的料石仍取之不尽。

一天，清江岸边工匠们正在热火朝天地打造料石，但见一和尚蓬头垢面，衣衫褴褛，敞胸露脯，残其乳头肌肤，上穿铜线，手敲木鱼来往其间进行化缘。工匠们明白，这样折磨肉体化缘叫苦化，遂生怜悯之心，纷纷施舍钱、食物、用品，却被和尚一一拒绝。连续几天，匠人皆十分纳闷，问道："你这和尚，给钱不要，给东西不吃，你到底化啥？"答："我想化这一大片石头。"匠人听后，十分惊讶，谓其疯癫："随便拣一块小石头，你也无法拿得动。不能吃，不能啃，你是憨了还是疯了！"当地尊长头人，百劝不回，量其无力，便随口答应说："这大片石头是我们建闸用的，可以全部给你，但你必须一日内运完。"和尚喜出望外，随口承诺："绝非二日。"过去人十分守信，说话算数，一言九鼎，掷地有声，遂击掌拍定，签约文书。和尚回到郑集稍作安排，便又出门联络徐州八县的太平车辆。商定某月某日去某处运石，但是日必须准时到达，不得提前，不准拖后。结果，车轮滚滚势如破竹，无数车辆在同一天赶到清江岸边，先去的车辆多至装两三块，少则一块；后去者无石，空载而归。不到一天，诸多料石全部运完。人们无不叹其法力之大，号召力之强！

巧化碌碡建寺

郑集律住寺因大佛殿四周基石全部用大碌碡磙排砌而成，被四方百姓白话为"碌碡寺"，在当地享有较高声誉。究其本源，应归功于著名法师宝吉和尚。

相传宝吉和尚筹建律住寺，预先张贴告示，声称欲购大量石料建寺，不论大小，只要运到，皆为一百文钱一斤。并定某月某日过称付钱。百姓认为，平时只几十文一斤的石头他出百文，太划算了。于是互相转告，纷纷拣分量重的大碌礴磙运到庙前。等石料筹齐，预定开称的日子也到了，人们聚集庙前，等候过秤领钱。哪曾想等开称时，偌大的一个大石磙根本压不下称的定盘星，秤砣本身有磙大，可想其称到底有多大了。人们顿然醒悟，修桥建庙，行善积德，权当作施舍了。

碌礴寺

宝吉和尚苦化石料筑桥、巧化碌礴建寺，其痴心事佛、艰苦创业的生动故事，被人们传为佳话。

玄帝庙坐落杜家祠堂西北角约百米上下，现被修复。其造像在郑集诸庙中，质地最优。玄帝爷为老子，即太上老君，坐像，一米七八高，慈颜善目、生动逼真，包括侧立侍童，全青铜铸造。传说在20世纪50年代初破除迷信时，被村干部借故倒卖。

一天，村干部李秀真要求运输合作社派一辆平车把玄帝铜像运到县采购站出售。当时的铜山采购站在徐州西关段庄，路途较远。会计王光山找到工人吴守元问道："明天，领你到后街玄帝庙送一老一少去徐州，给钱较多，是否愿意？"吴误认为送老少两个人，分量轻，运价厚，又有人陪着，便十分乐意，满口答应。第二天，赶早收拾好平车，便去接头揽活。至玄帝庙，众多人抬出玄帝爷铜像，才恍然大悟：原来是这一老一少，千把几百斤重，太不划算了。无奈，只得忍气吞声，应付了这趟苦差。

另据原郑集老户于桂新(已迁居西宁)老人讲述:有幸去河南洛阳时,发现郑集玄帝爷铜像现落座白马寺。确认原因有二:第一,于的老家住郑集玄帝庙附近,玄帝爷伸出的手指曾留有日本侵略者用军刀砍划痕、左眼角也留有72师枪击痕,印象太深。第二,全国最大的铜加工厂在洛阳,此铜像文物价值较高,经徐州运至洛阳,被保护留存下来了。

郑集高跷

郑集的高跷源于明初,清末民初是兴盛期,新中国成立后更为活跃,每逢春节、元宵节、庙会等重要节日都由文化部门组织和旱船、跑驴、花棍等传统舞蹈一起表演,有时又为配合政治宣传临时组织表演。

高跷的表演者们身着各种戏剧人物(如《西游记》中的唐僧、孙悟空、沙僧、猪八戒等)服装并相应化妆或戴鬼脸,在高低不等的踩板上,伴随着锣鼓节奏、模拟相应故事情节进行表演。表演者有时双腿前后、左右相互交叉,有时伴有"群丑捕蝶""扭秧歌"动作,或劈叉、单跷腿、翻筋斗等高难动作。高跷活动,参与者可多达十余人。

郑集高跷

郑集旱船

郑集闹元宵

代楼行政村 下辖代楼、富窝、翟庄、后鹿楼等 4 个自然村。行政村驻代楼，位于镇政府南约 2 公里，2002 年与后鹿楼村合并而成。

代楼：原以戴姓定居，因有楼房，故取村名戴楼，后习惯称为代楼。

富窝：原为富姓的寄庄子，取村名富窝。

翟庄：清朝同治年间，住有五家翟姓，取村名翟庄，为原后鹿楼村驻地。

后鹿楼：清朝时，为大泉鹿楼鹿姓的寄庄子，有楼，村名为鹿楼。鹿楼分为南北两庄，在北的村庄称为后鹿楼。

前鹿楼行政村 下辖前鹿楼、土楼两个自然村。行政村驻前鹿楼，位于镇政府南稍偏西约4公里。

前鹿楼：清代，为大泉鹿楼鹿姓的寄庄子，有楼，名为鹿楼。鹿楼分南北两庄，在南的村庄称为前鹿楼。另据明万历三十一年(1603年)冬当地孙三墓碑记载，当时村名为堕庄。该村体较大，东西三里路长，两头均有古庙；中间有青砖青瓦两进四合院，为清代康熙状元李蟠族裔世居，存有乾隆御赐匾额；东头有传为徐州西北最高的两层楼一座，为宗家大户建造。

土楼：清朝中叶，耿姓在此筑建土楼，此村故名耿土楼、现简称土楼。

苗湾行政村 下辖苗湾、小李庄、大胡庄、舒屯、冯代庄、前韩家、小孙庄、仇屯等8个自然村。行政村驻苗湾，2002年与前韩村合并而成。

苗湾：清代，因苗姓定居河湾而得村名苗湾。

小李庄：清代，从山西洪洞县喜鹊窝迁来一户姓李的，故取村名小李庄。

大胡庄：清代，胡姓来此定居得名。该村于光绪十六年(1890年)，立有胡氏遗孀贞节牌坊，"文化大革命"期间此牌坊被损毁。

舒屯：清代，一舒姓运粮官回乡，被御封在此建屯世居，故此村称舒屯。

冯代庄：清朝时，有冯、戴两姓于此定居，故取村名冯代庄。

前韩家：清代，有前后两庄，此村韩姓多，故取村名前韩家。

小孙庄：清代，从大孙庄迁来几户人家在此定居，故取村名小孙庄，此村为原前韩村驻地。

仇屯：清代，一伊姓运粮官，受皇上御封屯地，从丰县仇马庄迁此建屯，此村故称仇屯。该村仇家大户，原建有二层青砖黛瓦楼堂一座，琉璃瓦镶檐，山墙图饰为黄铜打造，雕龙刻凤，十分富丽堂皇，于1958年被拆损。

肖楼行政村 下辖肖楼、桥台子、前王家、后程家、前陈家、后陈家、西梁家、祁场、林洼、焦新庄等10个自然村。行政村驻肖楼，位于镇政府东南约3公里处。明朝天启四年(1624年)徐地大水，庄田淹没。过后，部分灾民迁至肖楼西故河道垦居。为其方便，用木棒搭建一小桥，附近梁家，东边周家，南北边陈家，逐渐形成小村落，统称为破桥村。人民公社化后更名新桥村，后改称肖楼村，2002年与祁场村合并后，仍称肖楼村。另传，古称其为破石桥村，后继续发展为各自然村。

肖楼：明朝，朱洪武北上，肖姓自江西吉安随迁此地，后在此建楼，取村名肖楼。

桥台子：清代，乔老佩居住此地，故取村名桥台子。

前王家：清代，为陈家寄庄子，原村名陈屯。后王姓聚居，改村名为前王家。

后程家：清朝，为湖里程楼程家的寄庄子，故取村名后程家。

前陈家：清代，陈姓聚居此地，村庄在前，故称前陈家。

后陈家：清代，陈姓聚居此地，村庄在后，故称后陈家。

西梁家：清代，郑集梁家在此居住、种地的寄庄子，故取村名西梁家。

祁场：清代，原为祁台子祁家户主的寄庄子，故取村名祁场。

林洼：明朝时，林姓定居此地，地势低洼，故取村名林洼。此村为原祁场村驻地。该村西南角有项家林（林：方言，同陵），为项氏家族墓地，两旁立有高大石狮、石柱，中摆石供桌、石祭器等，肃庄气派。其项氏铭碑，民国十一年（1922年）10月立，由潘贯一书丹、时任徐州参事长项古村先生扬名碑，现重立于村东苏北堤西岸。庄内有项氏四合院，为项氏大户、开明乡绅项立铭家居地。1948年，项家铭主动捐出此宅创办林洼小学，因此为民拥戴。

焦新庄：因焦姓定居于此，取村名焦新庄。

石楼行政村 原称石楼村，位于镇政府东约3.5公里处。村驻地因在石楼村东、小黄家村前，后改称前黄村。2002年与高集、田庄两个行政村合并，恢复原村名石楼。下辖小黄家、石楼、小荣家、高集、单楼、双楼、寇楼、小杜楼、前王楼、后王楼、田庄、焦庄等12个自然村。

小黄家：清代，为沿湖大黄家黄姓的寄庄子，取村名小黄家。

石楼：明朝起，以石姓为主，由东石楼、西杨庄相连，合称石楼。

小荣家：清代，荣姓居住此地，取村名小荣家。

高集：高氏在此居住，并有一集市，取村名高集。此村为原高集村驻地。

单楼：原只有一家杜氏居此，很孤单，取村名单楼。

双楼：原有两家杜姓定居，并各盖有楼房，取村名双楼。

寇楼：此庄原为内华姓寇的寄庄子，取村名寇楼。

小杜楼：明代起，杜氏世居于此，因与吉村相连，故称东吉村，后为区别于大杜楼，即改称小杜楼。该庄西南有杜氏老林，杜氏始祖三座墓地，皆如屋脊，十分高大。1958年人民公社化后，墓地被损。

前王楼：明朝末年，两户王姓在此盖楼居住，此楼处前，取名前王楼。为原田庄村驻地。

后王楼：明朝末年，两户王姓在此盖楼居住，此楼处后，取名后王楼。

田庄：以田家大户居此而得名。著名徐州二遗民之一万寿祺族裔世居此庄，为其隐居之地。万氏传人现藏其大作《隰西草堂诗集》部分木刻模板，十分珍贵，甚有考研价值。田健全，铜山历史上首位夺得残奥会金牌的男子轮椅击剑项目重剑A级比赛冠，出生于此庄。

焦庄：因焦姓居此，得村名焦庄。

沙楼行政村 下辖沙楼、前任店、宋楼、李楼、小吴家等5个自然村，原行政村驻沙楼，现行政村驻李楼庄西粮站，位于镇政府东北方约3公里。

沙楼：明朝，沙姓定居此地而得村名。后沙姓迁走，村北仅留有沙家墓地，民国前，仍有其后人夜间上坟，直至被黄水冲没而止。

前任店：明代，任姓客商在此开店，时称任家店。因相邻两个庄，在前者为前任店。

宋楼：明朝，宋姓从山西迁来定居此地，得村名宋楼。

李楼：清朝，历姓在此定居，时称历楼。后历姓迁走，而李姓居多，遂改称李楼。

小吴家：明朝洪武二年（1369年），吴姓迁此开垦湖田为生，时称吴家村，后改称小吴家。

万村行政村 下辖前邹庄、后任店、打林、谢庙、万村、后邹庄、李刘庄等7个自然村。行政村驻前邹庄，位于镇政府东北方约4公里。

前邹庄：从邹庄搬迁至前居住，取村名前邹庄。

后任店：明代，任姓客商在此开店，时称任家店。因相邻两个庄，在后为后任店。

打林：因在村前树林打死一只鹰而得村名打鹰林，后简称打林。

谢庙：明朝，一进京赶考的学子路过此地得病，被一只狗所救，得中后立庙感谢，时称谢狗庙，后改称谢庙。

万村：明朝之前，此地柳树较多，有人居住，村名原为万柳村，后简称万村。

后邹庄：该村以邹家立户最早，故取村名邹庄。为区别迁于位置在前的邹庄，即改称后邹庄。

李刘庄：原有李、刘两姓在此居住，故取村名李刘庄。

卢楼行政村 下辖前卢楼、后卢楼、房庄、孟庄等 4 个自然村。行政村驻前卢楼，位于镇政府北约 3 公里。

前卢楼：清雍正之前称周楼，因与卢楼前后相连，卢姓势大，改称前卢楼。

后卢楼：明万历元年(1573 年)，卢姓迁此建庄，有楼，时称卢家大楼，后改称卢楼，为别于前卢楼，又改称后卢楼。该村于光绪三十二年(1906 年)由当地绅士李荃九(名开芝)出资二百千文建卢楼学堂一所，是郑集地区新式学堂教育的始发地之一。新中国成立前后，铜北县一区驻该村。

后卢楼村小学院内，现生长一棵百余年的古树名木——皂角树。

民国三十年(1941 年)，卢家节妇卢焦氏节孝碑耸立于后卢楼村前高台上。碑体高大峻严，雕工精湛绝伦，正面刻有“节砺松筠”四个大字，浑厚有力；背面碑文，潇洒自如；周边圆雕二十四孝人物，栩栩如生；碑帽为楼阁形式，周悬八只响铃，风动有声。其碑工艺价值较高，堪为一绝。

房庄：清代为房姓的寄庄子，时称房庄。

孟庄：因孟姓居多，得村名孟庄。

尤楼行政村 下辖丁村、尤楼、李新庄、丁古道、陈楼、魏楼、曲寺、前郭庄、后郭庄、官庄等 10 个自然村。行政村驻丁村，位于镇政府北四五公里处。2002 年与曲寺村合并，统称尤楼村。

丁村：因丁姓村民居多，取村名丁楼。

尤楼：原名牛楼，清代一牛姓住户因犯罪被抄斩，改姓尤，庄名遂改尤楼。

李新庄：清初，为卢楼李姓新立的寄庄子，取村名李新庄。

丁古道：该村有一条古时大道，原称古道。后因丁姓居多，故此村称丁古道。

陈楼：清代，陈姓村民居此，取村名陈楼。此村为原曲寺村驻地。

魏楼：清代，为魏姓的寄庄子，取村名魏楼。

曲寺：清代，因村东头有座庙，南与郑集、北与丁古道三庙距离相等，取村名曲直寺，简称曲寺。

前郭庄：清代，因郭姓村民居多，取村名郭庄，坐南为前郭庄。

后郭庄：清代，因郭姓村民居多，取村名郭庄，坐北为后郭庄。

官庄：清朝，因葛姓村民在当朝为官，后取村名官庄。

(撰稿：杜文志)

柳　新　镇

柳新镇位于铜山区北部，南抵徐州北三环，东临京杭大运河，西隔徐丰路与刘集相连，北倚桃园河接壤郑集、沿湖，面积96平方公里。镇域路网密布，京福高速公路绕城线在境内有两个入境口，华润、垞城电厂运煤专线铁路、津浦铁路茅夹线一前一后自东向西穿境而过，京杭运河航船川流不息。镇政府驻地在柳新村，下辖唐沟、李庄、东城、黑璋、孙庄、马楼、刘台子、陈塘、杨场、苏家、中口、蔺家坝、魏庄、新桥、垞城、天齐、孙大庄、冯楼、柳新等19个行政村，共计101个自然村。

唐沟行政村　位于柳新镇西南部，南及西南部分别与庞庄、张小楼煤矿接壤，省道穿村而过，距镇政府1.5公里，由唐沟和万楼两个自然村组成。中共十一届三中全会之后，在改革开放大潮中，唐沟村经济发展，村民富足被誉为“淮北平原上的一颗明珠”。村党委书记艾德夫为第七届和第八两届全国人民代表大会代表、全国劳动模范。胡锦涛于1996年10月来唐沟视察，并在农民家中座谈。近年来，中央及省市领导多次到唐沟视察，多批次外国友人前来参观访问。

唐沟：明朝中期，有唐姓村民从后祁楼迁居此地，取村名唐家口。清初，黄河决口，在庄北头冲了一条西南东北向大沟，改名为唐家沟，简称唐沟。

万楼：位于唐沟南500米处，据传说，明万历年间，有位万进士带领3家人从南天齐迁来，盖楼房数间，因而取村名万楼。万楼建有兴隆寺，直到1952年才被毁掉。遗址保留10余间至新村建立时才被毁掉。寺庙东南角有一土坑，传说为清乾隆皇帝南游时妃子一只脚陷在泥里，形成一个鞋子形状的坑，人称绣鞋坑。唐沟在北头明末清初时建有卧龙寺，传说在唐沟村边建有一处兴财阁3间，附近香客不准在寺里进香。

李庄行政村　位于镇政府西南约1公里，下辖小李庄、姜庄、路庄、张庵子、小新庄、蔡庄、西堌城、赵堌城、水园等 9 个自然村。

小李庄：明初，有李姓村民逃荒至此，后来人丁兴旺，取村名小李庄。

姜庄：清初，姜姓兄弟从山东迁来此处建村，取村名姜庄。

路庄：位于小李庄北 1 公里，清末，路姓村民迁此，取村名路庄。

张庵子：清咸丰年间，张姓兄弟三家从山西逃荒来徐州，三家人在此地搭草庵居住，取村名张庵子。

小新庄：民国初年，胡姓村民在此建房居住，取村名小新庄。

蔡庄：民国初年蔡姓村民在此建房居住，取村名蔡庄。

西堌城：世传此地为春秋时古十八座连城之一的堌城西，取村名西堌城。

赵堌城：清乾隆年间，马坡赵进士的两个儿子分家，老二一家迁此建村，取村名赵堌城。

水园：清宣统年间，住着一家以种菜为生的村民，有一口辘轳水井，取村名水园，又名小姜庄。

东城行政村 距镇政府 1 里，位于西堌城东，取村名东堌城，下辖 1 个自然村。

据考证，春秋时微山一带有十八座连城，堌城为其一，老址在此地。明朝万历年间，兴建能仁寺，1938 年被日本侵略者烧掉，1964 年在原旧址上修建小学。后因采煤塌陷，老村搬迁于柳新南 1 里处，建在柳新村地上。

黑璋行政村 距镇政府东南 2 公里，下辖 1 个自然村。

元朝初年，李姓家族为避外族入侵骚扰迁此，和先来的吴姓家族傍居，结草为庐，开荒种地。由于此地人烟稀少，野草丛生，野兽成群。每到隆冬，白雪覆盖草原，晚上獐群入村头、场边觅食，村人趁此围猎，取其皮毛到徐州出售，店家问村民何村人，因尚无村名，售者说是黑天猎獐，收购人即写为“黑獐”二字，从此称此村为“黑獐”。后来村中私塾先生张世华认为“黑獐”二字不雅，遂改为“赫彰”，表示赫赫彰大之意。到了清末，疏通河道，在村北挖出黑色璋玉一块，传说进献皇帝，皇帝赐庄名为黑璋。从此村名称黑璋至今。黑璋在清末建大慈奄，大殿供观音菩萨，西殿供华佗，香火旺盛，后败落，在原址建小学。每年农历二月十九为庙会，四方八邻均来此赶庙会，盛况空前，直至农村合作化后才停办。

孙庄行政村 清朝咸丰年间有 3 个小村，东半部叫北坡里，西半部为陈堌城，东南角为卞家坑。

咸丰十年(1860年)拔贡孙运锦联络3个村子的村民打了一土圩子。同年建砦,取名孙庄砦,又名孙圩子,新中国成立后称为孙庄。

马楼行政村　距镇政府3公里,位于柳新东南部由马楼、黄屯、司楼3个自然村组成。

马楼:据考证,元末明初,彭城马姓大户在此有农田数百亩,为方便管理建一寄庄子,有房舍数十间,水井一眼,故取名马楼。因天灾人祸,马姓人丁不旺,风水先生说南方一里外的黄屯,妨碍马家运势,故马家盖一两层楼,取名镇黄阁。于清康熙三十年(1691年)仲春,动工建三间大殿,名曰"观音庵",现碑记尚存,古房仍在。马姓仍天灾人祸不断,后将田舍卖给杨姓人家,自己迁回徐州。

马楼古迹——观音庵

观音庵,在镇黄阁前,亦称前大殿,内塑观音庵老母像、木雕十八罗汉、五帝阎王君。门外有石碑。明末清初,观音庵是贩卖食盐集散地,俗称盐槽子。从东海贩盐到此歇脚交易,人马川流不息,热闹了几十年。1945年前后观音庵被扒掉塑像,作为马楼小学使用。

黄屯:相传黄姓先辈曾任朝中运粮官,为囤积粮食在此落户,称黄屯。地下出土文物证明为集市遗址,传说叫黄集。

司楼:清朝嘉庆年间,有三户司姓人家迁来落户,为图吉利,小村取名司楼。后来司姓人财两旺,家业日大,建花园、祠堂,村民兴办传统杞柳(白条)编织手工业,名扬乡里,至今仍有人从事编织。20世纪70年代起,司楼以科学种田闻名遐迩,是原徐州地区有名的农业先进单位、徐州市农业服务体系建设示范村、农村大包干后全市唯一的双田(承包田、口粮田)制村。

刘台行政村　位于镇政府东2.5公里处,由刘台子、杜楼、王台子3个自然村组成。

刘台子:清朝中叶,刘姓在此处筑台子盖屋建村,取村名刘台子。

杜楼:清朝中叶,杜姓移居在此,取村名杜楼。20世纪末至今杜楼村丁培合、丁养锐父子承包镇微山湖万亩方,组建省级保丰集团,培育繁育良种,为全国著名的种粮大户。

王台子:清末,王姓一家筑台建房,人丁兴旺,形成一个小村落,取村名王台子。

陈塘行政村 位于镇政府偏东北2公里处，由陈塘、李楼、张楼、前祁楼等4个自然村组成。

陈塘：元朝世宗至元年间，陈姓一家迁居此处居住，居人渐多，取名陈庄。因庄后有一大汪塘，远近知名，久而久之被称为陈塘。

李楼：殷纣王灭大彭后，崇成虎建崇侯国，李楼处为驿站，南宋前期有位李姓官员建花园，并盖有楼房，18人看管花园，后没落，此住居民称为李楼，庄东头有一古庙名“五里庙”。残存房屋一直保存至20世纪80年代。

张楼：紧靠陈塘西，明万历年间，张姓5家人从陈塘迁此盖楼定居，取村名张楼。

前祁楼：原名蔡庄。民国年间，祁姓人增多而有势力，祁则武盖一座堂楼，因北500米处有一祁楼小村，改村名为前祁楼。

杨场行政村 位于镇政府东4公里处，由大杨场、小杨场、西杨场、单庵子、丁楼、破楼等6个自然村组成。

大杨场：清初，有杨姓在此种田，开一晒场脱粒庄稼，后在此安家，故取村名大杨场。

小杨场：清初，位于大杨场南500米处，姓杨一家在此种田居住，故称小杨场，也称南河杨场。

西杨场：清末，杨姓部分人迁来居住，成一小庄，因处在大杨场西面250米处，故取名西杨场。

单庵子：清末，两户姓单的9人在此居住，并修建吉祥庙，起村名单庵子，后改建为小学，直到20世纪70年代撤销此小学。

丁楼：清末，丁姓在此定居，后盖一楼，庄名叫丁楼。

破楼：明末，洪水冲倒全村房舍，仅存一楼框架，故称破楼。该村有一奇特现象，全村房屋及大门正南正北，可是在500米外观看，全部是斜向西南。传说宋朝抗辽，杨六郎在此摆下牤牛阵。

苏家行政村 位于镇东6公里处，由苏家、庞家、西桥、何家、口上、小口、小李庄等7个自然村组成。彭城电厂位于苏家村西北。

苏家：明朝一苏姓官员由安徽宿县苏湖迁来建村，取名苏家。抗日战争期间，苏家兴起一个小集镇。新中国成立后柳新供销社在此设点。

庞家：清朝乾隆年间，庞姓一家从山西洪洞县喜鹊窝逃荒到此安家，且落户早，随定村名为庞家。

西桥：明初，村西河上有桥，名曰西桥。桥东有一座奶奶庙，取村名西桥奶奶庙，又称奶奶庙。

何家：明朝万历年间，何姓迁此居住，取村名何家。

口上：明万历年间，运粮河建18个闸口，西闸口有15户90多人居住，此村故名西镇口。后因此处人多，又名大口，现称口上。

小口：因闸口小而居民少，取村名小口。

小李庄：明朝中期李姓迁来10多户60多人，取名小李庄。

中口行政村 位于镇东部6公里处，大运河西岸，由张圩子、中镇口、马家口、东镇口、小河滩等5个自然村组成。

张圩子：在中口村东南1.5里，大运河西岸，以前村东有一拦河坝，居民为盛姓人家，故称盛家坝。村东南有几家盛姓人家居住，称为前盛。以后从小口村迁来几户张姓人家在盛家坝北而居，称东奶奶庙。清咸丰十年(1860年)，在本村建砦，名称张家砦，下辖12个自然村。清同治七年(1868年)春，张正洪主持建圩墙，东西长400米，南北长300米，有200余户居住，庄名叫张洪圩子，新中国成立后叫张圩。1958年开挖大运河，该村居民全部外迁，后因动工后河床东移，居民又于1961年陆续迁回，重建张圩村。

中镇口：明万历年间，运粮河建18个闸口，此处位于中间，有两户在此居住，取村名中镇口。

马家口：位于中镇口西边，当时有马姓人家居住，取村名马家口，又名马家。

东镇口：位于18个闸口东边，当时有4户20多人居住，故取村名东镇口。

小河滩：位于中镇口南边，世传黄河决口在此淤积成滩，后有人在此居住，起庄名为小河滩，又称小滩。

中口村历史上最有名人物为张振汉，原名张延桂，号炎生。他有着传奇人生，1931年任国民革命军第四十一师师长兼纵队司令，授中将军衔；1935年6月在湘鄂围剿红军中被俘，后参加红军，享受军团级待遇；长征中与贺龙、任弼时、萧克、关向应等结下友谊；1943年任军事委员会中将高参；1946年至1947年任连云港市市长；1949年任长沙市副市长，1956年后到北京从事政协工作。张振汉为母出殡是徐州最动人的历史佳话之一。云龙山建有张氏佳城墓地，并于1959年迁出。其子张天佑为当代科学家，著名学者。

马尔銮是中口人，1940 年拉起队伍抗日、有枪百余支，后投靠国民党，于 1951 年被镇压。

蔺家坝行政村 在镇政府东北，距柳新 7 公里，由蔺山、范山、张谷山 3 个自然村组成，新中国成立前人称三山乡。

蔺山：位于蔺山西南坡上，前有大运河，北靠山坡，因蔺姓居住取名蔺山。传说宋朝时杨六郎抗辽，在此布阵，取山名叫“安杨山”。

范山：其山在地下，仅有几十平方米山头裸露地面半米高，唐朝时称赵垞山。明朝初年，范姓从山西洪洞县喜鹊窝迁到徐州，后有分支迁到赵垞山居住。清朝乾隆年间范姓有人居官，改庄名为范山。

范尚明是从范山走出的名人。他又名范从顺，1912 年出生，1932 年在江苏第十中学读书时加入中国共产党。1939 年在徐州北站从事检票员与地下工作；1941 年到延安抗日军政大学学习，后参加工作；1962 年在中央情报处工作；1971 年在中央军委总参二部工作。

张谷山：位于垞城东 1 公里，蔺家坝闸西侧。秦末，楚汉相争，张良随军攻打霸王时，在此山存放粮草，故取名张谷山。又传说清康熙年间，有一官员张鹏押运皇粮进京，行到此处适逢大雨。晴天以后在山上晒粮数日，临走时在山坡上刻“张谷山”三字，因而得村名。居民依山环居，1958 年柳新公社建采石场开山取石，附近及丰县、沛县等地均来此购石料。到 1990 年时，石头已被开采完，现此山已不存在。据说清朝初年，有位太守渡微山湖遇风险，后来化险为夷，回到南京后拨款在此处建大王庙，现已无存。

由于大运河从蔺家坝村中穿过，1957 年中淮委在此兴建蔺家坝节制闸；1990 年前后，江苏省交通厅在此修船闸通航；2011 年后又增修船闸，现已竣工，双向航道即将通航，高架大跨度公路桥 2012 年 6 月 25 日通车。

魏庄行政村 距柳新 7 公里，是柳新镇最北边的一个村，毗邻微山湖，现有李场、刘场、魏庄、闫庵、河套、段家、三岔河、秦楼等 8 个小村落组成。

李场：清初，苏家的小李庄李姓在微山湖种湖地，在此场地收割庄稼，随后迁来几户人家居住，起村名为李场。

刘场：在李场北约 250 米处。刘姓人家原住留城（传说中的微山湖一带古十八座连城之一）。《铜山县志》载，因地震留城失陷，迁居梁山，为种湖田在此场地收割庄稼。清朝乾隆年间，刘姓共有 5 户约 30 多人迁此定居，取庄名刘场。

魏庄：1859 年有 4 户 28 人魏姓人来此居住，取村名魏庄。

闫庵：位于魏庄东，1932 年有 10 多户闫姓 50 多口人以捕鱼为生，在盐河两岸搭草庵居住，有位知县路过，问当地村民是什么地方，村民说没有庄名。知县又问村民姓什么，村民回答姓闫。知县给此村起名闫家庵，到民国初年才简称闫庵。

河套：明崇祯十一年(1638 年)，有 5 家 30 多人在盐河岸上居住做生意。因该处环河，故取名河套。本村戚姓人家为多数，又名戚家河套。

段家：1872 年有一段姓的大夫，携七口之家到此行医，后段姓人口增多，并建起村庄，取村名段家。

三岔河：原盐河从北部流到段家分了岔，一股向南，一股向东，经过河套。因而从前人称河套，段家统称三岔河。

秦楼：1268 年，镇台秦飞常看这地方好，迁来 9 户村民定居，欲建楼一座，取名秦楼，虽打基地却未盖楼，原老村址变农田，整村迁往魏庄西南 1 里。

新桥行政村　在镇偏东北方向 4 公里，由新桥、陈庄、苏庄、赵庄、杨庄、闫小庄、瓦房、胡坑、罗庄等 9 个自然村组成。

新桥：原名奶奶庙。清初，在村北建一座奶奶庙，每年农历正月初七逢庙会。庙前住几户人家称为奶奶庙，1962 年村前建一石桥，1966 年村名改称新桥。

陈庄：清初，陈姓 4 户来此居住，取村名陈庄。

苏庄：清末，苏姓在此安一寄庄，由佃户居住，取村名为苏庄。

赵庄：清初，赵培富在此置地建房，后住户增多，取村名赵庄。

杨庄：清末，坨城杨姓土地多在此处，在此设置场地，盖屋居住，人舍逐增，取村名杨庄。1966 年后村人迁往苏庄，杨庄已不存在。

闫小庄：位于原秦楼北 4 里，元世祖时期，镇守衙门武官闫理公看此地宜居，迁来两户 10 多人定居，因人少村小，故取村名闫小庄。

瓦房：清雍正年间，仲姓两户在现村东 300 米建房居住，取村名仲家瓦房。后来赵姓在此种湖地，忙时来，闲时走，后来建房居住，取村名赵家瓦房，后微山湖发洪水，冲垮了仲家瓦房，随迁到赵家瓦房，两村一合，统称瓦房。

胡坑：宋高宗建炎九年(1135 年)，胡古盼从山西迁来居住，以打绳为生，屋东北角有大坑，取村名胡坑。

罗庄：胡坑南 3 里，明末，有两户王姓渔民在岸边盖屋居住，本地人称此村为罘子，故称罘庄。

坨城行政村　位于镇东北，距镇政府 4 公里，由坨城、李庄、萧庄、徐家、杨家、刘家、钮庄、傅庄及小傅庄等自然村组成。

坨城：据考证，殷纣王灭大彭后，崇成虎在此建崇侯国。坨城位于泗水之边，依山傍水，人烟稠密，土地肥沃，所以建都坨城。据传城南门在刘家，天齐村处有祭祖庙，李楼为其驿站，直到周灭商，崇侯国不在。《方舆纪要》载：此处原是南北朝戍守之所，当年为水运之要塞。明嘉靖末年黄河北徙，坨城遂为漕黄交会之要冲，旧址遗迹渐不复存。又世传坨城是古十八座连城之一。宋代黄河淤塞，河床逐高而决堤，泗水不复存在，形成微山湖，淹没十八座连城，后为漕运疏通泗水把黄河淤塞的地方挖开成大运河。多年来坨城为微山湖南集镇，附近农民赶早集，到早饭后集散人稀（因白天农民要下田劳作），清道光年间建有火神庙，又名三关庙、大王庙、关公庙，新中国成立前有和尚 6 人，后被拆除。

李庄：位于坨城北，因几户李姓人家居住，取村名李庄。

萧庄：因多为萧姓居住，取村名萧庄。

徐家、杨家：位于坨城西南，村中一小河沟，沟南徐姓人家居住，沟北杨姓人家居住，故分别取村名徐家、杨家。

刘家：清乾隆年间，刘希颜（字景渊）、刘希曾（字景参）兄弟二人携眷属迁此建村，取村名刘家楼，外称“三气努（努：方言，竭尽全力）家楼”。兄弟二人于道光二十八年（1848 年）春，为光耀门庭动工建一座堂楼，当时存田 10 余顷，开工不久，与张谷山窦姓打官司而败诉，后停工。外姓私议刘家要破产，所以建楼停工。刘家闻讯，赌气借款动工，不久大雪封地被迫停工，翌年仲春又复动工，初夏落成。开工至竣工历时一年，停工两次，楼分三层、高三丈，方圆村落为最，刘姓自鸣得意，乘马到处宣扬，故向人曰：知道坨城南有刘家楼吗？人答曰：只闻有三气努成家楼。刘家扫兴而归，清咸丰元年（1851 年）八月，黄河在砀山蟠龙集决口，此地水丈深，楼被冲倒，刘氏重新建房时，分东西两院，中间隔一条路，故称东西刘家，现已连在一起，称刘家。

钮庄：清顺治年间，钮姓 11 户迁此处居住，取村名钮庄。

傅庄：清顺治年间，傅姓迁来，取名傅庄。村西北半里有几户人家居住，故称小傅庄，1981 年全部迁入傅庄。

古老的坨城村远近闻名，故附近电厂、煤矿都冠名坨城。本村刘正航（企业家）在刘家村前兴建了欲信达开心农庄，为农村旅游观光点，并获全国创意金奖，吸引不少游客前来观光旅游；全国著名演讲家、历史学家、“五一劳动奖章”获得者、国家有突出贡献专家、《中华人民共和国日史》的编辑委员会主任李永田是垞城村人。

天齐行政村 位于柳新北2公里处，由天齐庙、吴家祠堂、念庄、王楼、圣楼、韩庄、后祁楼、小吴家、刘瓦房等9个自然村组成。

天齐庙：据说古崇侯国在此处建祭祖庙，后在明朝有陈姓等十几户人家在此居住，并建一座庙，并从南九里山运来好石头在村中建一座桥，村名“好石桥村”。后陈姓人渐多，改村名为新陈村。清朝中期洪水吞没了村庄，水退后桥淤没，庙宇尚好，故又改名天齐庙，后简称天齐。20世纪30年代基督教在此盖教堂传教，信徒众多，“文化大革命”中被毁掉，20世纪80年代重新建教堂。

吴家祠堂：传说乾隆皇帝干女婿吴老百在此建家堂庙，又住上4户人家，庄名称吴家祠堂，现已和天齐新村连在一起。

念庄：清末，此地住20多户人家，因“廿”读作“念”，故称念庄。

王楼：明朝时，4户王姓在此居住，盖了25间串楼，周围很远地方可看到，外地称“望楼”，后称王楼。串楼现已不存在。

圣楼：位于天齐西北1公里处，传说乾隆皇帝干女婿吴老百在此建花园亭楼，观花玩耍，自取名圣楼，即圣贤之楼。当时有3户花匠居住，后庄名叫圣楼。花园亭楼现已不存在。

韩庄：明朝中期，洪水过后，韩姓20多户在此高处建房舍居住，取村名韩庄。由于采煤塌陷，整庄搬迁，现在天齐东、后祁楼西建新村。

后祁楼：清末，此村是张大烈的寄庄子，祁姓在此居住种地，原称祁楼，因往南2里处有一村庄名为前祁楼，故此处人称后祁楼，现和小吴家、刘瓦房一起搬家建新村，统称后祁楼。

小吴家：清末，吴姓16户从裴山迁此建村，取名小吴家，现老村已不存在。

刘瓦房：原址小吴家南，仅隔一条路，原庄名胡家。因胡姓无后，房产卖给刘家。清初，刘姓从利国迁此居住，人越来越多，并盖起瓦房，故人称刘家瓦房（即村名）。

天齐村1995年被徐州市委、市政府命名为小康示范村，徐州市原纪委书记、后任中共江苏省委纪委常委的曹传仁是天齐村人。

孙大庄行政村 位于柳新镇西北部，距柳新6公里，下辖孙大庄、学庄、太平集、前园、吴楼、刘庄、陈小庄、万村、陈楼、前周楼、后周楼、毕大庄等12个自然村。

孙大庄：清初，孙姓3户从北孙庄迁来居住，取名孙大庄。村中原有一座关公庙，每年农历正月十五有庙会，新中国成立后被拆掉。

学庄：位于孙大庄南1公里，原是拾家寄庄子，是办学用一片学田，故称学庄。村中有一条南北路，所以路两边住户分别称东学庄、西学庄。

太平集：世传明朝一个瘦隐士住此，因有些权势，无人敢欺，居民在其宅东北聚居，取名太平村。清朝乾隆年间太平村兴起集市，又改名太平集。当时集面上有酒坊、油坊、染坊、客店、粮市、牲畜市、菜市、棉市、铁炉等，较为热闹。咸丰元年(1851年)秋，黄河于砀山蟠龙集决口，铜山、沛县皆被洪水淹没，此村房舍被毁。大水退后迁回部分居民。因村成东西长方形，故又叫东西两个太平集。村东头明朝时期原为尼姑庵，后改为关帝庙，1966年被拆掉，太平集北500米处，明朝时建火神庙是平山寺分支，现已荡然无存。

前园：位于太平集东南，桃园河南岸，此地原为果园。清末，太平集有户从事木匠生意的孟姓人家，兄弟5人分家，其中有人迁居此地，取庄名前园。

吴楼：位于太平集南约1里处。明朝一宦官姓武，在此建99间半楼，取名武楼。因谐音为吴，后人慢慢称其为吴楼。

刘庄：在吴楼前，原为一刘姓人家居住，称刘庄，现以包在吴楼内。

陈小庄：又名老鸹窝，在太平集东南1.5里。清初，陈某在微山湖北岸老河口建林县任知县在此建村，取村名陈小庄。村周围树木多，乌鸦众多，有一棵树上竟有18个乌鸦窝，外地人都称此村为老鸹窝。

万村：位于太平集东1里处，清末此村是拾世盘的寄庄子。佃户忙时来、闲时走，佃户杂姓众多，取村名万家村，后人简称万村。

陈楼：位于太平集北1里，明朝宦官陈某在此建三进院子楼房，取庄名陈楼。民国初年村东尚有烈女牌坊和石刻三道圣旨，古迹现已荡然无存。

前周楼：位于太平集西北1里，清初有5家周姓在此筑台盖楼，取村名周楼，后因村北建后周楼，故称前周楼。

后周楼：位于前周楼北，清末为拾家寄庄子，郝、刘等佃户在此种地，村中有拾家仓库，取村名后周楼。

毕大庄:位于后周楼北,距太平集1公里。毕姓为清朝翰林,原住郑集乡祁场,后迁居此地,取名毕大庄。

冯楼行政村 位于柳新西1公里处,由冯庄、冯楼、丁楼、师楼、唐庄、董庄、闫海子等7个自然村组成。

冯庄:原为胡庄、王庄、冯庄3个小村落,冯姓于明末为避乱,从山西洪洞县喜鹊窝迁此,后人口逐渐增多,3个村庄毗连,才统称冯庄。

冯楼:明朝中期,山西冯姓一人在此当官,全家30多人也迁此居住,盖楼数间,取名冯楼。明朝期间建一座尼姑庵,新中国成立前有尼姑4人,后被拆除。

丁楼:位于冯庄北1里,原为明朝一官员丁三茂的寄庄子,有楼房数间,故取村名丁楼。

师楼:位于徐沛公路东侧,原名祁楼,明朝丰县师寨姓师人家在此地为官,全家迁来,盖楼房数间,改名师楼。清道光年间建有火神庙一座,新中国成立前庙内尚有和尚4人,现庙已不存在。

唐庄:位于冯庄西1里,清朝乾隆年间,唐姓一家12人迁此居住,取村名唐庄。

董庄:位于冯庄北3里,早期董姓人家从山东白马庙迁至徐州,后又迁至铜山县刘集,在清同治八年(1869年)有4户15人在此居住,取名董庄。咸丰十年(1860年)位于董庄西南,有张姓8家30多人在此建房居住,取村名小张庄,后于1958年迁入董庄。

闫海子:位于董庄北,清咸丰十年(1860年)有两户闫姓人家来此居住,屋后有一坑,故称闫海子。村西有崔姓村民迁来居住,人称崔海子,两个小庄又有人称其后董庄。

柳新行政村 由柳新庄、钱瓦房、蒋楼、前赵家等4个自然村组成。

柳新庄:明嘉靖年间,一柳姓在此建庄,取村名柳新庄。后柳姓迁往外地,赵世彦买了这块地方,并挖河取土、筑台奠基,但在咸丰年间,家境败落,将垫好的宅基卖给拾屯的拾世盘。拾世盘在此建别墅,盖成拾家大院,建起柳新大集,咸丰十年(1860年),柳新建砦,虽庄址几易其主,但村名未改。新中国成立前,村四周有圩子,圩外有河,现圩子早被夷为平地,变成居民区。柳新庄东有拾家林一处,墓地几十亩地,村西南半里还有一座墓地十多亩,抗日战争前后拾家在村北建棉业社,有轧花机几十部,是柳新地区最早的工厂,新中国成立后柳新是铜北县第七区、铜山县第一区区公所，1956 年撤区并乡后变为乡(镇)驻地至今。

钱瓦房：位于柳新庄东 500 米处，200 多年前，常州一钱姓在温州做知府，因参士贪扣沿河工程款，钱知府怕受株连，令长子全家迁往河南，次子一家 3 口人迁此，买陈塘赵本富在此瓦房居住，改庄名为钱瓦房。

蒋楼：清末，蒋楼 10 多户村民在此居住，有的村民盖了楼房，故取村名蒋楼。村有火神庙，每年正月初七日逢庙会，新中国成立前被拆掉。

(撰稿：海兴恩)

刘 集 镇

刘集镇位于铜山区西北部，离徐州市区20公里，区位优越，镇域总面积83平方公里，镇政府驻地刘集村。下辖刘集、冯王、车村、东梁、棉布、许楼、杨庄、李庄、东风、丁孟、欣兴、施楼、田园、郭桥、丁场等15个行政村，共有79个自然村。

刘集行政村 下辖刘集、小李庄、南楼、沙楼、西南庄等5个自然村。

刘集：镇政府所在地。古时称为刘集圩子，因当时刘姓人居多而得名。传说在4 000年前尧封彭祖建大彭氏国，刘集即属大彭氏国。古时每年的农历十月初六和十一月初六，刘集都有庙会，远近闻名。

刘集竹编

冯王行政村 下辖冯王庄、滕庄、侯阁、后崔店等4个自然村。

冯王庄：位于刘集最东部，与柳新镇唐沟村相接。因冯姓和王姓两户，最早逃荒落难到此安家建村而得名。该村的泥鳅和观赏鱼养殖基地颇具规模。

车村行政村 下辖车村、韩王庄两个自然村。

车村：坐落于镇政府北侧。传说楚汉相争时，在一次战役中，刘邦为了保存本部的实力，确保将士的安危，从彭城(今徐州)往西北方向撤退，而项羽在后面穷追不舍。为摆脱追兵，刘邦一行催马扬鞭，逃得急，跑得快。当时，从彭城往西北方向至丰县、沛县，到山东单县有一条古道，途经一村庄前，因土路弯弯曲曲，随地势的高低而就，宽窄不一，可谓随歪就斜，两条太平车的车辙时隐时现地镶嵌在路中。刘邦车辆人马行走的速度之慢就可想而知了。一方逃得急，另一方追得快。喊杀声、马鸣声、战车轱辘声响彻云霄。急行军队伍带起的黄色尘土，在古道上空向西北方向蔓延。不知不觉，天色渐晚，但天公不作美，顷刻间，乌云滚滚，电闪雷鸣，瓢泼大雨从天而降。队伍前进的速度大大降低了，大队人马行军更是难上加难。天越来越黑，人饥马乏，刘邦的队伍成了“落汤鸡”。

这时，队伍行至一个不知名的小村前，刘邦的战车陷进了深辙沟内，无法前进，随军将士费了九牛二虎之力把车抬出来，还没走几步，突然刘邦的战车又向一方严重地倾斜，随即车轴“咔嚓”一声断掉，差点把主帅刘邦掀出车外。帅车无法前行，后面的车辆又不断涌来，首尾相聚，造成了严重拥堵。近百辆战车被迫停靠在这不知名的小村前。这可怎么办？人人干着急，却无从下手。正当这叫天不应、呼地不灵之际，随军大将樊哙，急中生智，脱掉上衣，把自己的一只胳膊伸进了车轱辘中，充当车轴。倾斜的帅车终于拔出了泥窝，从而摆脱了困境。

由于停车受阻的小村无正式村名，住户人口很少，第一次停了这么多的车辆，为纪念这次事件，把此村名定为车屯，即车多囤积之意，后称为车村并沿用至今。

车村私塾

车村私塾始建于 1935 年，创建人为车村人士胡兆辩，人称“四先生”，他曾留学日本，民国时期任江苏省协理员、议员、国民大会代表。学校有房屋两栋共 6 间，各长 10 米、宽 6 米、高约 4 米，青砖墙体，白灰做缝。拱形门窗，屋面为檩条、笆砖、小瓦结构。屋脊为龙形东西走向，其建筑规模在当时的铜山县屈指可数，学生最多时达一百余人，称为洋学堂。创始人胡兆辩的儿子胡广石曾任校董，教师张玉清、马成迅等均为徐州师范学院毕业生。1944 年末，国民党地方抗日政权铜北办事处主任（后任县长）耿继勋，把梁寨一带的抗日游击中学迁至车屯。1948 年 12 月 1 日徐州解放，不久，学校迁至郑集改为铜北中学，1951 年 9 月再迁滕县。学校迁往郑集后，徐州师范学院校址改为车村小学，一直沿用至与刘集中心小学合并。至今该私塾学校教室仍保存完好。

项家大院

项家大院建于 1847 年，由项氏族人项文贵（荣庭公）创建。荣庭公为清朝登士郎，其子项有孚为铜山县廪生，次子项有训为徐州市议会议长。该院为三进院，整个大院的四角各设有炮楼。房屋结构为青砖砌墙，白灰勾缝，屋面为檩条、笆砖、小瓦，五脊六兽扎花云雁。因为当时项家属于有功名人士，屋脊兽为张嘴兽。整个大院东西宽 40 米，南北长 50 米，占地 3 亩。

新中国成立后作为刘集镇粮管所仓库，因当时需要，部分房子已经拆除，现后院的主房及东西屋及院落仍完好。

东　岳　庙

东岳庙位于车村东北角。庙中主殿仍在，虽经多次修缮，该殿原貌未变，屋面为笆砖、小瓦，主脊依旧，脊两面镌刻花纹仍清晰可见。主脊兽头宏伟可观，走廊两根木质抱住，虽经数百年风雨侵蚀仍屹立在走廊中。走廊的墙壁上嵌入石碑 1 块，碑刻中有“康熙三十五年建”“东岳庙”字样。每年的农历正月初八为一年一度的庙会，会期 3 天，届时大戏连台，人来人往，甚是热闹。而当时庙中所需费用，除靠善男信女的施舍外，有庙地收入来维持日常的开销。据碑文记载，庙地共计 80 亩，其中他人施地计 35 亩，代地计 45 亩，由当时的主持僧心乐募化而得 。

东梁行政村　位于镇政府东北，下辖东梁庄、西梁庄、瓦房、赵庄、桃园等 5 个自然村。

东梁庄、西梁庄：相传清朝年间，梁氏人由山西迁此定居建村，称为梁庄。后来人口不断增加，按方位就分为东梁庄、西梁庄，还有现在棉布村的后梁庄。该村的葡萄种植小有名气，特别是苏康葡萄园，每年的收获季节，游玩、采摘、品尝的人流不断。

棉布行政村　位于镇政府西北角，下辖棉布、王庄、柳洼、权尧、小梁庄、

苏康葡萄园

西赵庄、刘庄、三座楼等 8 个自然村。

棉布村：传说楚汉相争时期，一次刘邦兵败，率部西撤，经过徐州西北一村庄时，车轴断裂，来不及修换，大将樊哙用胳膊充当车轴继续西行。不足 1.5 公里，又到一村，樊哙胳膊已被磨得血肉模糊，血流不止，村民送棉布一块包扎，刘邦遂赐此村为棉布村。棉布村由此而得村名。虽经朝代更迭，战乱动荡，时代变迁，隶属不一，而棉布村之名终未有易。

棉布地锅鸡

棉布村的地锅鸡，享誉徐州周边。棉布地锅鸡，用土灶炖土鸡，鲜辣爽口，开胃提神，锅贴喝饼薄透鲜香。目前，棉布地锅鸡已成为徐州地区著名的乡土特色菜。本村内形成规模的地锅饭店已达到 5 家，加上观光采摘园、休闲垂钓园等配套项目，现已成为吃、喝、玩、乐一条龙的生态休闲园区。

刘集地锅鸡

许楼行政村 位于黄河大堤以北，镇区西北角，下辖许楼、谢庄、潘屯、阎集、官地、油坊等6个自然村。

许楼：早年许姓人逃荒至此，安家落户并建起小楼，取村名许家楼，后简称为许楼。

杨庄行政村 位于镇区的西端，下辖东杨庄、西杨庄、官路口、王楼、新皇等5个自然村。

杨庄：杨姓人士最先在此安家，故取名杨庄。以村中大路为线，杨庄又分为东杨庄和西杨庄。2002年以来，台湾省张良铭在该村租地种梨，所产酥梨个大、味甜、绿色无公害，注册"台湾老张"商标，成为徐州著名的优质果品，大大提高了本村的知名度。

杨庄酥梨

李庄行政村 位于镇政府西，下辖李庄、肖庄、姬庄、小王庄、孙庄、姚庄等6个自然村。

李庄：原来李家一大户早年间在此建庄，以姓取名为李庄，每年的农历单日设集市，至今未变。

东风行政村 位于镇政府西南，与安徽隔河相望，可谓"一步跨两省"，下辖马庄、半楼、孙楼、张安子、丁海子、小楼子等6个自然村。该村名取自"东风吹，战鼓擂"的口号，沿用至今。

丁孟行政村 位于镇政府西南，下辖丁孟庄、芈庄、张庄、李新庄、丁孟等

5个自然村。

丁孟：因丁姓和孟姓两户最早逃荒落难到此居住，得村名丁孟。

欣兴行政村 位于镇区西南角，下辖王套、下河套、桃园、郑新庄、谢寨等5个自然村。

1999年，原来的王套村和下河套村合并，取村庄欣欣向荣、百姓高高兴兴的寓意，故名欣兴村。

施楼行政村 位于张集煤矿南，下辖张集、施楼、小田楼3个自然村。

施楼：明清时期，施姓一大户人家在此建小楼，从而得村名施楼。

田园行政村 位于镇区西南，黄河大堤南部，下辖田楼、袁庄、夏庄、小刘庄、凌场、马宅子等6个自然村。

1999年，原来的田楼村和袁庄村合并，各取这两个村名的第一个字即："田"和"袁"，取谐音，名田园村。

郭桥行政村 位于镇政府南，下辖前郭桥、后郭桥、坝台、绵羊庄、干子店、郑庄、中郭桥等7个自然村。

郭桥：宋朝时期，村内一郭姓大户，出资修建了一座桥，百姓为感其德，取村名郭桥。

丁场行政村 位于镇政府东北，下辖前丁场、后丁场、解场、前崔店、李场、河头等6个自然村。

丁场：明清时期，该村一丁姓人家为方便自家农作物收割晾晒，在村前路边建了一片场地，久而久之"丁场"就成了行人问路的标识，形成了丁场村并延续至今。

（撰稿：胡殿影）

大　彭　镇

大彭镇位于徐州市西郊，距市区 8 公里，面积 76 平方公里。大彭镇历史文化悠久，早在新石器时代，我国最早的氏族部落之一唐虞分封的大彭氏国原址，就在该镇的大彭集村。楚王山周围历史文化遗迹众多，山阴有楚元王刘交墓群，规模浩大，1996 年被列为国务院一级文物保护单位。山南、西南部北魏千佛洞千尊石佛栩栩如生，鬼斧神工；千年唐槐枝繁叶茂；诸佛宝塔、明代五进大院保存尚好；内悲庵、七垄庙、玉碑亭等古迹尚存。经国家有关部门批准，环楚王山旅游文化景区正在规划建设之中。1996 年 12 月 28 日，夹河乡撤乡建镇，改名为大彭镇，镇政府驻地大刘村。现下辖大刘、付庄、田巷、闸口、周棚、义安、大彭、权寨、王门、侯楼、雁群、沙塘、程庄、夹河等 14 个行政村，共有 51 个自然村。

大刘行政庄　镇政府所在地，下辖小李庄、大刘庄、东红土庙、西红土庙等 4 个自然村。

小李庄：在黄河改道后，先有李姓在此建庄居住，故取村名小李庄。

大刘庄：原黄河故道退水后，有刘姓在此建村，故取村名大刘庄。

东红土庙、西红土庙：两村原为一个村子，因为村子的西侧有一座红土堆成的庙宇，红土庙村名由此而来。村子东侧也有一座古庙，再加上村子居住的人越来越多，逐渐形成了东红土庙、西红土庙两个村落。由于年代久远，东红土庙村子里的庙宇已荡然无存，而西红土庙也只有红土堆，没有庙宇了。其实现存的红土堆，就是现在勘测的西汉刘交墓群的四号墓。

大彭农民画

大彭农民画起源于清朝晚期，在民国和新中国成立前后得到了进一步的发展，“文化大革命”期间一度被禁画，改革开放后至今又逐步得以发展。农民画的内容多以神仙、古代人物、乡村农民生产劳动场面如打场、春耕、打铁、播种、收割、酿酒等田园风光为主。大彭农民画多次在徐州本地的刊物上被报道。

付庄行政村 下辖新庄、付庄和小刘庄3个自然村。

新庄：地处故黄河西岸，原来由河东岸拾屯丁楼村的人耕种，由于河上没桥，过河耕种十分不便，有一户姓杨的村民便在河西搭一座小宅子临时居住。后来又有许多乡亲效仿他，慢慢地这片地方也有了十多户村民，渐渐形成了一个新的村庄，并被叫作新庄。

司保良和他的玻雕

司保良受到其外祖父闫允清的影响，自幼酷爱书法雕刻艺术，经过多年的研究创作，形成了自己独特的反体玻璃雕刻工艺。其作品古朴典雅、风格迥异，不失原作之神韵。其中玻璃刻本《红楼梦》和《中国古今名家墨迹玻刻》获得国家专利，多件作品分别被毛主席纪念堂、毛泽东纪念馆、周恩来纪念馆等收藏，司保良玻璃反体雕刻工艺被列为徐州市“非物质文化遗产名录”，其作品是徐州地区著名的手工艺术品。

付庄村的狗肉

付庄村的狗肉于20世纪60年代就很出名，起源于本村一位姓胡的村民。此村民因患有肝病，听人说吃狗肉对肝病有利，便开始自己烹制狗肉，由于味道鲜美，在周边地区小有名气。后来又有一位朱姓村民也患有肝病，便向他讨教狗肉的做法，其所烹制的味道更佳，随之开始做起狗肉的生意。后来，这位朱姓村民，不但肝病痊愈，而且身体健康。直至今日，付庄村仍有多家人靠经营狗肉为生，远近闻名。

田巷行政村 位于镇政府东南，下辖苗山、田巷、冯庄3个自然村。

苗山：在楚王山东麓的山坡上，最早有苗姓在此定居，故取村名苗山。

古　　闸

苗山有一座水下历史遗迹，就是古闸。此闸十分坚固，一直到20世纪80年代尚存，后由于年久失修，风雨剥蚀，遗址虽在，但古闸已荡然无存了。据考证，此古闸于前69年由王景主持修建，距今有2 000余年的历史。因此处系汴水流入泗水的汇合处，此古闸可控制汴水，确保黄河泗水段的航道安全，同时可防止彭城遭受水患。在古代，大彭镇有3个古闸，分别在现在的闸口村、十八屯村和苗山村。

玉碑亭

苗山附近有一座始建于清朝乾隆年间的玉碑亭，现存遗址，并有篆刻“玉碑亭”的残石。在此亭下曾发现过汉墓遗址。

田巷：相传在明洪武年间，有山西迁来的田姓三兄弟在此安家落户。因为他们所居住的村庄较大且巷口较多，故称为田巷。在田巷村，有古建筑“福神祠”一座，为明代所建，现已无存。

冯庄：明末，有冯姓两家人在此建庄，故取名冯庄，冯庄也叫亭山。在楚王山东麓的上坡上，有一座建于清乾隆年间的禹王庙，共39间房，砖瓦结构，占地9 999平方米，有12位僧人。该庙后于1967年被拆除，现仍见少数残基，残基附近有3棵数百年的老槐树。

闸口行政村 位于镇政府西南，下辖闸口、王楼、徐宅3个自然村。

闸口：因建在黄河故道通向古汴水支流的一座古闸边而得村名闸口。

闸口村南边的楚王山，古时叫作赭土山，因红土居多而得名，后改名同孝山。因刘交墓在此山北侧，闸口村的老百姓祖祖辈辈在此守墓，所以叫同孝山，后又改名霸王山。因传说刘交汉墓群的一号墓是项羽的点将台，而得名霸王山，最后改为楚王山，沿用至今。在闸口村内，原有古庙数间，20世纪60年代改建私塾小学，后被毁掉，但每年农历四月初一的庙会一直延续至今。

在闸口村边，楚王山下，有一座自然形成的小洞，当地人称老猫洞，又名地雷窟。抗日战争时期日本侵略者曾于此洞内杀害中国百姓，现已被石墙封死。

王楼：在楚王山西坡上，有一座明朝以前的老院落，先有李、王两姓村民在此居住，后王姓发迹建五进大院而取村名王楼。现仅有一进大院尚存，其余四进仅遗址可见。

此楼建筑独特，为青砖瓦石结构，为当地的古迹，至今每年仍有大量游客来此拍照留影。

楚王山庙会

明朝五进大院

唐槐的传说

在楚王山的西麓，王楼村内有一棵大槐树，枝繁叶茂，三人合抱不过来，枝叶如巨伞，根须似盘龙，此树到底多大岁数，无人知晓。

关于这棵神树，有着这样的传说：隋朝末年，“混世魔王”程咬金，率领罗成和秦琼等瓦岗寨的英雄好汉，去攻打三肖庄。路经此地休息，把坐骑豹花马和白龙驹拴在这棵小树上，两匹马都是刚烈之马，拴在一起便厮打起来。久经沙场的豹花马不是白龙驹的对手，急得乱蹦乱跳。秦琼拉走白龙驹，豹花马想报复，猛踢一蹄子，误伤槐树的一块皮，至今那树皮还没长好，留下了一个大窟窿。小槐树自从拴了神马，也就愈发灵验起来。传说只要遇到天灾之年，它便枯死；每逢世道太平，它就繁茂，由此被称为神树。另传说唐代开国大将尉迟敬德也曾路过楚王山，欣赏过大槐树。

大彭唐槐

千 佛 洞

王楼村东侧的山坡上，有一个千年古洞，洞内有北魏时期雕刻的佛像千余尊，另有十八罗汉和三座大佛，后毁于“文化大革命”。2000年，佛像经修复后恢复如初，洞外的几间古庙宇也于2001年得到修缮，香火不断，现山体上尚有残石和碑刻。

楚王山千佛洞(一)

楚王山千佛洞(二)

徐宅：早有姓徐的住在此处一间宅子内，取名徐宅。因附近有一座小山头，此村也叫小山子。

周棚行政村 位于镇政府南侧，下辖周棚村、东马林、西马林和李小楼等自然村。

周棚村：坐落于楚王山的南麓，是一个村体较大，居民数千，已有2 000多年历史的古老村落。

很久以前，村子里来了一位姓周的老太太，她没有土地家资，一贫如洗，但很有经济头脑。她发现每天都有从安徽萧县北部推车、挑担、卖砂壶、碗罐等做生意的人经过庄内且络绎不绝。于是她在路旁搭了一个凉棚卖茶水，摊子很小却做得很好，过路的客商都喜欢赶到她的茶棚喝茶、歇脚、休息、聊天。因此时间长了，这些做生意的人都把周老太太开的茶棚称为“周棚”。直到今天，此地仍沿用着这个村名。

东马林、西马林：此村原为清朝马姓御史的陵园，名为马陵，后改称马林。由于马林村子较大，后分支为东马林、西马林两个村。在马林村后，原有关帝庙14间，石瓦结构，占地2 112平方米，为清朝所建，毁于1958年。至今在遗址仍可见青砖、石基、石祖和“内悲宅”古碑，古碑长近3米，宽1.2米。不远处还发现过“护国佑民”石碑和“七奎庙”石碑。

义安行政村 义安村是一个大村，因坐落于义安山(古称大彭山)脚下而得名。

义安山的传说

义安山古称大彭山，传说彭祖曾在此山活动，故取名大彭山。后因王姓在此居住较多，取名王家山，最后叫作义安山。还有一个传说，在唐朝初年樊梨花在此地占山为王，山下有一条贯穿东西的马路，此路上车辆行人来往不断，非常热闹，所以此山名为路安山。因年深日久，不知于哪个年代，大家口口相传，将“路”字叫白了，叫成“义”字，从此以后，路安就叫成了义安。

义安山现在还有这样的民谣：七井八庙个半楼，十二个货郎摇两头(意为村子特别大，十二个货郎还未走到村中间交易，天就晌午了)。这个民谣足以说明此村之大，人口之多。七口井除了有一口被填平外，其余六口都尚在，只是大多干枯了，雨季时节尚有四口井可以蓄水，其中两口井水可供人食用。八座庙均已不见，只有残基尚存。而所谓个半楼早已不见了踪迹。

如今在义安村东头山坡上，仍可见少数古庙宇遗址。据资料记载，此地原有牛王庙1间，为唐代所建，清朝拆除；有华祖庙7间，为唐代所建，清朝拆除；有兴隆寺11间，为明朝所建，毁于1968年；有家堂庙3间，建于明朝，毁于1968年；有土地庙1间，明朝所建，毁于清朝；有尼姑庵4间，建于明朝，毁于1972年；有火神庙3间，建于唐代，毁于清代。

1986年，在此村内的石桥上，发现了数十块长2米的汉画像石，被徐州博物馆保存。后又于村民房屋周围，发现几块汉画像石和西汉汉墓。在村南的山坡上，有古柿子树数棵。另外，义安山的大红袍石榴远近闻名。

"空地金銮殿"的传说

在义安山的北山腰上，有一块空地，寸草不生，此地便是人们说的金銮殿，是皇帝休息的地方。传说从前义安山底小上大，山前有京杭大运河的支流——唐河，山上有奇花异草，树木繁茂，是一片好去处。山顶有人们传说的活泉，相传活泉的泉水终年长流不息，流出的水温适中，可以洗澡，又适宜灌溉。这样的好去处传到了京城皇帝的耳中，皇帝便想到此地游览一番。后皇帝乘船经京杭大运河一路游览至此，心情大好，便在此处的山腰上建了一休息的处所，就是传说至今的"空地金銮殿"。

谭家林的传说

相传很早以前，徐州府住着一谭姓大官。谭家的祖坟就埋葬在义安山下。明朝时期，刘伯温路经此地，见南山金光闪闪，北山活水不断。他掐指一算，不久之后，南山必出大将，北山必出娘娘，对皇帝不利。于是想只有堵上这活泉的水口，才能破了这宝山的风水。他围着山绕了几圈，发现山下有一片墓地，就是这谭家林。

一天，刘伯温化妆成一位化缘的和尚，来到这谭家大院，要找谭大官人。说谭家祖坟风水不好，是一块流水地，水终日流淌带走了谭家的财富与运气，需把这活水堵上，方能破解。谭大官人闻之大喜，便让刘伯温去破解。刘伯温想尽办法才堵住这水口。从此，山上终日流淌的泉水不流了。山南的大将没有出现，只出了12个烧窑匠。山北的娘娘也没有出现，只出了12个卖货郎。

大彭行政村 位于镇政府西南，下辖大彭、张井两个自然村。

大彭：大彭曾经一度名叫张井村，又叫大棚村寨，位于黄河故道南岸，为古代的贸易集散地。大彭村南侧是大彭山（义安山），此山名也因大彭氏国始祖彭祖而得名。

彭 祖 庙

彭祖庙，位于徐州市大彭镇内，庙院300平方米，正面是一座仿汉式三开大殿，高10米，供奉着彭祖泥塑像。此处原有明代所建彭祖庙及彭祖铁塑像等，均毁于“文化大革命”期间。1992年村民集资在旧址重建彭祖庙。

殿前重修碑文称：“徐州西郊，大彭山阴，古有获水，滔滔东流。山水之间，有村大彭，乃陶唐大彭国之故都也。”

4 000年前，彭祖因向尧帝献雉羹治愈了他的疾病，而被封在今天的徐州一带，始建大彭氏国。大彭村位于徐州西部10余公里的大彭山下，它正是文献中所记载的古大彭氏国的中心。原彭祖庙始建于东汉时期，唐代、明代、清代曾3次修复，有大殿和东西配殿。大殿内立有彭祖像，光头、赤脚、高约4米。20世纪50年代该像被砸时，老百姓发现它原是一尊外附一层泥的铁像，于是惊恐万状，纷纷跪拜。在彭祖像的左右两边有一男一女桃花和周伍站班。该殿的东西山墙立有瘟、刘、马、赵（均有周朝时期的人物）四尊神像，东西殿立有观音神像。

海外华人在彭祖庙祭祖

后来，由于采煤缘故，旧庙址难以幸存。1993 年政府决定在原址东南方 500 米处斥资重建彭祖庙。此庙三开殿，高 10 米，汉代建筑风格，庙中仿原铁像塑彭祖像，庙院 300 平方米，耗资几十万元。1995 年 4 月 2 日（农历三月三），中断几十年的庙会又成功地恢复起来，其繁华场面不亚于当年。此后，每年农历三月三庙会都人山人海，吸引众多海内外游客。

彭祖庙会

彭 祖 井

彭祖井在徐州有两处，相传为彭祖亲自挖凿，在大彭山北大彭村头。

唐代著名诗人皇甫冉在《彭祖井》一诗中写道：“上公旌节在徐方，旧井莓苔近寝堂。访古因知彭祖宅，得仙何必葛洪乡。清虚不共春池竞，盥漱偏宜夏日长。闻道延年如玉液，欲将调鼎献明光。”彭祖祠内的彭祖井是带有传奇色彩的古迹。相传此井泉如玉液，常饮此泉可以长寿。明朝一诗人马惠曾赋诗《彭祖井》一首：“古井城边不记年，名留彭祖世相传。玉绳汲虎人何在，金鼎蟠龙客已仙。甃石苔浸秋雨积，梧桐叶落晚风旋。谁能更把寒泉浚，一饮须都寿八千。”

在彭祖井旁竖立着十丈高的石碑，上书“彭祖井”三字，落款署名已看不清。现此碑已移到徐州博物馆的碑园内。有关彭祖井传闻很广，在北京的国子监内，有一块明朝万历五年(1577年)镌刻的“彭祖观井图”上面刻有彭祖观井的画像。彭祖腰系缆绳连着柳树，由书童扶持躬身观井，其战战兢兢，如临深渊，如履薄冰。图左上方有宋陈端题名，赞扬彭祖处事小心谨慎，希望后世效法彭祖。

彭祖井

彭祖墓墓碑

张井:位于大彭村东侧,因村内张姓居多,且有古井一口,遂取名张井。村东至今仍有一口保存完好的古井。井旁,有清朝所建的奶奶庙12间,已毁于20世纪80年代末期。至今庙址尚存,并发现了古石碑两块,一块是明万历三十八年(1610年)的"行宫碑记",另一块长约2米,保存尚好。

权寨行政村 位于镇政府西南,下辖权寨、小柳庄、小孟楼、杨楼、胡集和孟庄等6个自然村。

权寨:关于权寨村,一种说法是原名柳庄,清朝年间,权廷谅购地迁居于此,改名权柳庄。清同治九年(1870年),权士祜担任圩董,筑围墙防乱,易名权寨。还有一种说法,此村原名大柳庄,新中国成立前夕,有一权姓大户,兄弟两人,家财万贯,坐拥大量土地及钱庄,自城东迁至城西大柳庄附近,并出资买下大柳庄,从此便以权姓命名此地,得村名权寨。

胡集:明末,此地逢集,由胡姓掌管集市贸易,故取村名胡集。

孟庄:清初,孟姓先在此建庄,故取名孟庄。孟庄原有一尼姑庵,建于乾隆二十六年(1761年),后毁于20世纪80年代。2000年由村民出资修缮,现古碑保存较好。

王门行政村 位于镇政府南侧,新河矿北侧,下辖王门、刘庄、半步店3个自然村。

王门:清朝时,一财主的仓库在此,取名旺门,为兴旺之意,后来逐渐演变为王门。王门牌西瓜闻名于徐州一带,又甜又脆,每到夏季,八方客商前来这里选购王门牌西瓜,销往各地,远近驰名,成为大彭镇特产的主打品牌。

半步店:此庄在徐州至安徽萧县一半路程的地方,徐萧两地交汇点上,路边有客店一处,取名半步店。此店名既言店之小又言一步跨两省之妙。

侯楼行政村 位于镇政府西侧,下辖郝寨、前郝庄、小新庄、小李庄、侯楼、徐大庄、和尚庄等7个自然村。

郝寨:清咸丰年间,郝寨的郝姓是一大户人家,在此建庄筑寨,取名郝寨。1952年郝寨分为东、西两寨。郝寨狗肉,味道独特,供不应求,在当地相当有名气,淮海地区有不少人慕名而来品尝狗肉,至今有人驱车百里专程来此品尝。

侯楼:清初,徐州总兵侯姓来此建庄,取村名侯楼。

徐大庄:清初,徐州徐家大院财主在此建庄,得村名徐大庄。

和尚庄:和尚庄原名前进庄,在清朝顺治年间,徐州和尚来此建东岳庙23

间，所以取名和尚庄，现东岳庙已被破坏。

雁群行政村 下辖薛湾、贾楼、王庄、小王集和孔店等5个自然村。

薛湾：因村北处于黄河故道拐弯处，薛姓在此建庄，且大雁经常在此落脚，所以取村名薛湾，又名雁群。

小王集：明末，王姓一支从王庄迁此居住，因兴盛过集市，所以取村名小王集。

孔店：清末，孔姓在此定居开店，取村名孔店。

沙塘行政村 下辖沙塘和周庄两个自然村。

沙塘：明代洪武年间，沙姓从安徽省全椒县迁出，隐居沙家汪。明末天启年间，沙姓分支来此建村，取村名沙塘。沙塘村有种植地窖韭黄的历史，沙塘韭黄现被国家农业部认证为地理标志农产品，远销国内外。

程庄行政村 位于镇政府西北，下辖程庄、大土楼和两半庄3个自然村。

大土楼：原村内有一座土圩子，四角有四座土楼，所以取村名大土楼。

两半庄：村内有条大路贯穿南北，把本庄一分为二，所以取村名两半庄。

夹河行政村 位于镇政府西侧，下辖夹河、徐楼、蔡庄和冯庄等4个自然村。

夹河：因大部分土地在黄河故道和旧堤之间，故取村名夹河。

蔡庄：清朝时，蔡姓在此筑台建庄，原村名为蔡台子，后改称为蔡庄。

（撰稿：司保良）

汉 王 镇

汉王镇位于徐州市西南，苏皖交界的群山沃野中，距徐州市区 12.5 公里，东北部与徐州市区隔云龙湖相望，东部与铜山城区相连，东南部与三堡镇搭界，南部和西部与安徽省萧县及淮北市矿区接壤，北部与大彭镇毗邻，镇政府驻地汉王村。汉王镇是著名的旅游胜地，有“红玫瑰之乡”“花果之乡”“石刻艺术之乡”等美誉。下辖汉王、班井、北望、南望、马山、东沿、西沿、虎腰、赵山、望城、汉沟、葛楼、桥上等 13 个行政村，共 46 个自然村。2013 年 8 月，铜山区划调整，望城、汉沟、葛楼划归铜山街道办事处。

汉王行政村　下辖汉王、紫金山、丁塘、纪庄、朱庄、小山口等自然村。

汉王：“汉王”名源于汉朝皇帝刘邦。相传前 205 年 4 月，刘邦乘齐、楚两军战争胶着之际，在洛阳接受董公“兵出无名，事故不成”“明其为贼，敌乃可服”(《资治通鉴 · 卷九 · 高帝二年》)的建议，以项羽杀害楚怀王为口实，为义帝报仇讨逆为政治号召，联络各地诸侯王，率联军 56 万攻楚，一举袭占楚都彭城。项羽闻报后，留部将继续击齐，亲率精兵 3 万疾驰南下，乘刘邦陶醉于胜利而毫无戒备之际，以少胜多，大败汉军，收复彭城，刘邦仅率数十骑突出重围。

汉军“败走南山”，从地理位置看“南山”应为汉王镇境内的丁塘山和凤凰山。这一带山峦起伏(大小山头 136 座)，正是藏匿的好地方。刘邦退至丁塘山下，兵困马乏，饥渴难耐，恰巧又正值酷热干旱季节，将士们在干枯的山窝里苟延残喘，霸王的追兵又步步紧逼。没有水，士兵们不被困死，也会被渴死。刘邦眼见大势将去，苦思无计，力拔宝剑，仰天长啸“天亡吾乎?”，遂狠狠地将宝剑刺入石中。当他拔剑欲走时，泉水随剑喷涌而出。不远处他的战马也焦躁不安，以蹄扒地，扒出了一眼泉水。将士、战马得以畅饮，抖擞精神冲出了重围。后来，刘邦重整旗鼓打败了项羽，统一了天下，当上了皇帝。从那以后，那两眼“救命泉”分别以拔剑泉、马扒泉名之，后人在泉边建汉王庙，“汉王”由此得名。

汉王村盛产葡萄、酥梨、蜜桃、板栗、彩色山芋、樱桃、中国红玫瑰等，由于拔剑泉水的滋润，这些特产色味纯正、品质优良，是徐州市区的农产精品（产品标识为“拔剑泉”牌）。这里环境优美（是世界生态500佳提名奖之一）、景色奇特、文化遗迹众多，是理想的休假、娱乐、科考、旅游胜地。

汉王水车

千古名泉——拔剑泉

拔剑泉为一菱形泉眼，犹如宝剑穿插时遗留的痕迹。泉水恒温16 ℃，冬暖夏凉，一年四季喷涌不息，日流量5 000立方米，被国家地矿部门检测为含锶、碘等27种微量元素的高品质矿泉。泉水经玉带河流入徐州云龙湖，为云龙湖的主要供水源，并成为徐州冬泳协会的游泳基地。民国三十六年（1947年），汉王还曾以“二泉乡”命名。

拔剑泉由于环境优美、历史文化积淀深厚，吸引许多文人前来游览，宋代苏轼曾带苏辙前来访古探幽，苏辙作《彭城汉祖庙试剑石铭》，留下千古雄文：“维汉之兴，三代无有。提剑一呼，豪杰奔走。厥初自试，山石为剖。夜断长蛇，旦泣神母。指麾东西，秦、项授首。敛然三尺，一夫之偶。大人将之，山岳颓仆。用巨物灵，不复凡手。武库焚荡，帝命下取。峭然斯石，不尚有归。”清朝徐州知府邵大业乘兴来游，写下《拔剑泉》一首：“策马来寻拔剑泉，汉王遗迹尚森然。

一泓暗泻碧峰外，百丈晴拖绿树边。溜响消残龙战气，芒寒微动灞陵烟。鸿沟寂寞乌江冷，不信清流此地偏。”

雪映拔剑泉

拔剑泉

千年古刹——汉王庙

紧傍拔剑泉，有一座规模较大、建筑宏伟的千年古寺——汉高祖庙，当地人称之为汉王庙。据传，汉高祖刘邦灭楚称帝不久，即把家乡徐州作为封地，封给了他的四弟刘交。刘交为了给其兄刘邦歌功颂德，更为了维护刘家的统治地位，于刘邦死后，在当年刘邦大难不死、逢凶化吉的风水宝地——拔剑泉附近，大兴土木，建起了汉高祖庙。

汉王庙坐北朝南，门西旁的石柱上，镌刻着明朝洪武年间徐州知府杨节仲题写的一副楹联：“门迎曲水龙蛇动，户对环山虎豹藏”。走进庙门，迎面一块巨石，高三尺六寸(1.2米)，中裂如破竹，上书“试剑石”三个大字。汉王庙分前后两院，有前大殿和后大殿。前殿为单层双檐式建筑，长16米，宽12米，高大雄伟，蔚为壮观，上有苏辙题写的匾额“大雄宝殿”。殿内沥粉贴金，蟠龙吊珠，金碧辉煌。在中间的金漆宝座上，坐着汉高祖刘邦，两旁斜侧有张良、萧何、韩信、王陵、樊哙等一班文武大臣，手捧笏板，作朝贺三呼状，场面威严壮观，栩栩如生。后院古木参天，碑林成行。中有两株千年古柏，其上枝叶繁茂，其下树干中空若洞，可供四人对坐玩牌娱乐。碑林则陈列着大量碑碣石刻，碑刻内容大致分两种：一是历代扩建重修汉高祖庙碑记；一是神化刘邦，为刘邦歌功颂德。明朝嘉靖年间的《徐州府志》中就记载着杨节仲撰写的《徐州拔剑泉祷雨有感》的碑文。

每年农历四月初八，为汉王庙会。附近居民前来进香的、游览的、听戏的、做买卖的，扶老携幼，络绎不绝。汉王庙人山人海，热闹空前，沿袭至今。

抗日战争时期，汉王庙沦为日本侵略军的据点。后汉王庙和试剑石在抗日战争中庙毁石消。

紫金山：紫金山在拔剑泉西侧200米处，山体垂直高度30米左右，原名紫荆山，因山体呈紫色且长满荆棘而得名。

紫　金　山

20世纪40年代，传言有人听到了山中隆隆巨响，猜测是金磨的转动声，“紫荆山中有金磨”的传言便不胫而走，紫“金”山从此替代紫“荆”山被叫响(当时有专家推测：巨响声可能源自山体中巨型古墓的塌方)。

山中名胜众多。据1969年山头“瓷碗墓”(由千余只瓷碗扣成的大墓)中出土的墓碑记载，明朝天启元年(1621年)，当时的著名教育家陈振龙葬于此，由当朝的工部主事张之郡(浙江名儒)亲书“敬师碑文”。碑文记载：“陈振龙浯河奎沟人也，三岁丧父，七岁丧母，随外祖母成人，毕生精于师道□□□□(因墓碑在“文化大革命”中被毁，无从考证具体)，功名显世，其育二子，均为举人，后仙逝，葬于丁塘荆山‘首望之石’旁。天启元年仲夏吉旦。”

1972年，山西坡王姓居民在山中挖得2把古代铜斧头；1979年，山东坡一陈姓居民挖得4块长25厘米、宽45厘米、厚15厘米的古代铜胚。1999年2月，山中又出土了石刀、石斧、石凿、石铳四件石器(被铜山区文化局收藏)。

1670年，清代著名小说评论家张竹坡(1670～1698年)生于此山之下，病逝后被葬于紫金山东北角，墓前立有石人、石马和神道碑，蔚为壮观，可惜毁于“文化大革命”。1985年，徐州市拨专款将该墓迁至紫金山东麓。

紫金山如今已变成“花果山”，盛产梨、杏、枣、樱桃、板栗、七彩山芋、红玫瑰等，特别是“紫金山”牌酥梨，比砀山酥梨更脆、更甜。

紫金山

竹坡故里

张竹坡(1670～1698年)名道深，字自德，号竹坡，汉王村东紫山人，是清代著名文学评论家。竹坡幼年聪明好学，以博闻强记闻名乡里，他发奋进取，才识过人，恃才傲物，曾以帝师国相自许。康熙三十四年(1695年)，26岁的张竹坡开始了他一生最重要的事业——点评《金瓶梅》一书。他共写下了十几万字的评论，为中国的文学理论留下了一份宝贵的遗产。张竹坡死后，被葬在紫金山北，其墓后毁于“文化大革命”。1985年该墓迁于紫金山东坡梨树丛中，碑文为“清初小说评点家张竹坡之墓”。

自2000年以后，为纪念张竹坡，在紫金山东北角建起总占地14亩、建筑面积达3 000余平方米的仿古建筑群，名叫竹坡故里。竹坡故里内设金瓶梅研究馆、东西厢房、前后厅、仪门、上房、玩花楼、芙蓉厅、聚景堂、临西溪、卧云厅、木长廊、人工湖、栈桥、假山、牌坊等，同时，陈列了古代家具、石器、牌匾等各类藏品，是一处了解张竹坡、《金瓶梅》和弘扬传统文化的基地。

竹坡故里

群 羊 坡

拔剑泉南，凤岭山北坡，方圆数百亩的范围内，满布裸露的岩石。这些岩石经风吹日晒，表面光洁呈乳白色，它们在荒草中时隐时现，远看就像活动着的羊群。这些“羊”形态各异，有的在仰天咩咩而叫，有的在低头吃草，有的在悠闲踱步，有的在弓身饮水……这些岩石展示了大自然的鬼斧神工。人们根据“满岗乱石如群羊”这一诗句的意境，将此地命名为群羊坡。

群羊坡

丁塘:丁氏据说是最早来汉王定居的居民。因拔剑泉水在此集聚成塘、成湖,故名丁塘。丁塘湖很大,清朝初期,湖面“南北长 4.5 公里,东西阔 2.5 公里,可行重船”。新中国成立前,湖面缩减一半,但仍可行轻舟。后经多年的治理,如今的丁塘湖已变成千亩良田。

丁塘村

纪庄:此村位于拔剑泉西 800 米,著名的三华山脚下,因汉朝著名大将纪信生长于此而得名。

都城隍纪信

秦朝末年,天下大乱。身为秦朝县令的纪信,也脱下官服参加起义,投到刘邦帐下当了一员部将。前 204 年,楚汉相争,刘邦被项羽围困在荥阳,外无援兵,内无粮草,形势紧急。纪信求见刘邦说:“我的脸型很像大王,请你脱下衣服给我穿上,我冒充大王出东城门假装向敌人投降,你穿便装带领部下乘机从西城门离去。”刘邦依计而行,果然冲出重围,纪信则被楚兵捉住活活烧死。

刘邦夺取天下后,感念纪信的忠勇,敕封他为督城隍,并下令全国各县城建纪信庙,因为纪信为督城隍,所以其庙被称为城隍庙,纪信塑像被称为城隍老爷。

纪信塑像

闻名遐迩三华山

纪庄村南有座郁郁葱葱的高山名叫三华山。三华山原名桂山，因山坡被红土覆盖，又叫小红山。1951 年春天，山下小山口村儿童团员朱玉华、杨典华、朱桂华三位小姑娘(人们把她们称为三华)为响应毛主席关于“绿化祖国”的伟大号召，动员并带领村里 30 多名青少年上山植树，绿化小红山。她们用肩抬水、用盆端水、用罐提水，从山下向山上运水。没有树苗，就到路边、河边找，捆起来的树苗扛不动就用绳子拉，年龄大一点的往山上抬水，有时不小心会连人带桶滑下山来。

经过 4 年的艰辛劳动，她们种植松柏 8 万多棵，槐树 5 万多棵，各种果树达 13 万多棵。光秃秃的小红山变成了春天百花似锦、夏季绿树红花、秋季果实累累、冬季青松翠柏的万千景色。

1958 年，三华的事迹在各大报纸上被广泛报道，中共江苏省委为表彰三个小姑娘的感人壮举，特把小红山改名为三华山。1958 年，朱玉华作为三华的代表到北京参加第二次全国青年社会主义建设积极分子大会，受到中央首长的亲切接见。1960 年，时任团中央书记的胡耀邦同志来徐州视察，亲自接见了三华，并亲笔题词:“三华年少志气高，绿化祖国逞英豪”。越南的媒体也号召越南青年向中国的三华学习。从此，三华和三华山便远近闻名。

纳帕溪谷生态园

纳帕溪谷生态园坐落于三华山南面的山谷中，占地 1 300 亩，突出生态旅游、温泉观光度假，在城市近郊周围建立以立体种植为主的农业生态旅游区。纳帕溪谷生态园形成了集“自然-生产-休闲-娱乐-教育”于一体的景观综合体，实现了“可览、可游、可摘、可居”，现已成为市民热捧的游玩地。此生态园是徐州市委、市政府2011年“三重一大”（重大问题决策、重要干部任免、重大项目投资决策、大额资金使用）项目之一，也是徐州市2012年旅游文化产业重点项目。

月亮湾农业生态观光园

月亮湾农业生态观光园位于丁塘湖内，毗邻著名的玉带河风光带，拔剑泉水蜿蜒其中，占地1 600亩。休闲项目包括葡萄采摘、葡萄酒坊、骐骥跑马场、招待会所等，2013年徐州花卉奇石市场搬入园区，成为徐州市最大的花卉展示与交易市场。

班井行政村　下辖上班井、下班井、韩楼、蛤针窝、刘庄、王庄等6个自然村。

班井：传说八仙之一的张果老云游至汉王境内，看到一眼古井，井水晶莹透亮，仙气缭绕。为了喝到井里的甘泉，他便施展仙术，将井扳倒，倾斜的井自然地向外流水。从此，当地居民也解脱了用吊桶取水之累，班井（“扳井”之谐音）村也因而成名。传说虽不可信，但现实的“扳倒井”确实很神奇：1980年前，井水在日夜不停地自行溢出；1980年后，大雨时节井水仍向外流，平时则溢不出井口了，但居民取水仍很方便，因井水离井口不足半米距离。

班井的大理石生产加工规模较大，建有两座大理石专业加工厂，徐州及周边地区的大理石、竹叶石等工艺精品大多出自该村。班井唢呐班闻名乡里，徐氏北派少林拳，被列入省级非物质文化遗产名录。

徐氏北派少林拳

徐式北派少林拳，源于河南登封嵩山少林寺僧人痛弹上人传于徐家而得名。

清乾隆二十五年（1760年）河北沧州徐太清，师拜河南嵩山少林寺僧人痛弹上人，精修少林拳7年，功成后还俗，回原籍沧州。他为人正直、匡扶正义，后因保护善者、为民除害，打死沧州恶霸“罗阎王”，为避难举家出走，于乾隆三十六年（1771年）隐居徐州南15公里处的焦山，开荒辟地，以务农习武为生。至徐家六世祖徐兴武时，才独支迁居铜山汉王班井村至今。

徐家拳法原传内不传外，在徐家连续相传五世，至徐兴武祖始传外，流传至今，门生众多。目前徐式北派少林拳正规武术馆、武术学校8座(不包括武场)，授徒武师近千名，育人数量仅丰县、沛县周边地区也不下数千人。据不完全统计，征战省以上各赛场获取金牌99块，银牌53块，铜牌25块。历届比赛中涌现出国际冠军6名，国家级冠军25名，省级冠军25名。

韩楼：原村名为银坑，传说该村下面有银矿，这银坑就是明朝年间银矿采掘者遗留下来的。后来，一韩姓人家在此建起了一座楼，银坑便改称为韩楼。韩楼盛产大理石，是徐州地区闻名的大理石生产、加工、贸易基地。

刘庄与宝杠山的传说

汉王镇的西南面，有座大山，山的正中间的斜披上有一个“十”字，一年四季无论刮风下雨，“十”字都能看见，当地人称宝杠山。

相传很久以前，山下都是荒地。有一年，从山西逃荒来了刘姓五兄弟，在此开荒种地，落户为家，种了一片西瓜。没想到，瓜秧虽然长势喜人，却只结了一个西瓜。老大召集兄弟们商议，决定留老五在此看守西瓜，其余四人外出打工谋生，百天之后再回来。

一日，一位风水先生领着位官差来到瓜地，他们在瓜地寻觅半天，只听那位风水先生大叫“找到了，找到了，原来开山的钥匙在这儿”。那官差听罢，忙与老五商议要买瓜。老五以瓜不熟为由拒绝了，官差说：“我先下定金，等瓜熟了再来摘!”老五还是推辞，差官大怒，说：“百日之后必来取瓜，如若不然，定将你绑送衙门。”老五没办法，只得允诺。

转眼百天限期将到，老大回来了，听了五弟的讲述，便一同去看那只西瓜。只见西瓜已长大到近百斤，瓜身闪着紫金色的光。“这可是个宝贝啊，不能随便卖了!”

百日后，县令果然带着几个衙役来买瓜，老大忙去迎接，跪叩县太爷：“小民愿将瓜奉献大老爷，并已备了酒菜及本地野味，恭候您品尝!”县令大喜，遂令衙役先喝酒，再摘瓜。衙役被刘姓兄弟灌得大醉，动弹不得。县令只得和风水先生抬着大西瓜上山。刘姓兄弟悄悄地尾随其后。到得半山腰，县令和风水先生停下来，二人托起大西瓜就往地上摔，风水先生口中叨念着：“宝钥匙，宝钥匙，开宝门!”只听“咔嚓”一声巨响,大山呈“十”形打开,往山里一瞧,金碧辉煌,全是金马驮着金豆子。县令惊喜万分,急忙拉着风水先生跑进去要把金马赶出来。刘姓兄弟忙上前,刘老大高喊:“县太爷,您就在里面发财吧!哈!哈!哈!”他们一起把西瓜跺碎,山体随即合拢,至今山中间还留着清晰的“十”字。

刘氏兄弟因此被冠以“反贼”的罪名,他们只得背井离乡,长期到处流浪,直至改朝换代后,方才回来定居,就是今天的刘庄。

北望行政村 位于镇政府北 5 公里处,下辖南望、北望两个自然村。

北望、南望的由来:相传在汉王镇东北的王大山下,住着相依为命的婆媳二人。有一年春天,婆婆突然得了个怪病,郎中说:“须用刚刚成熟的麦子作药引方可治愈,否则难挨 5 日。”孝顺的媳妇来到山坡上,看着青青的麦子,愁得哭起来,边哭边念叨:“麦子麦子快快黄,黄了我好救俺娘……”哭了三天三夜,念叨了三天三夜,终于,她的孝心感动了天神。第四日,她抬头向北一望,北边的麦子熟了,再往南一望,南边的麦子也黄了,婆婆得救了。人们为褒扬这位孝顺的儿媳,便将北南两个村子分别叫作北望、南望。至今,这两个村庄的麦子,还是比其他地方的麦子早熟好几天。

“郝家大院”——渡江战役总前委指挥部

渡江战役总前委指挥部旧址位于汉王镇北望村,该址由 3 座古民居组成,

郝家大院

又称“郝家大院”。总占地面积900多平方米，共有清代建筑100余间，房屋现存60多间，旧址主体建筑保存完好，被古建筑学家确认为徐州地区乡间现存面积最大的古建筑群。1949年，邓小平、刘伯承、陈毅、粟裕、谭震林等老一辈无产阶级革命家，在这里运筹帷幄，研究和制定渡江战役方案，并留下珍贵的合影照片。北望的渡江战役总前委旧址是徐州市重要的红色文化教育旅游基地。

北望胡萝卜

北望土地为沙质土壤，非常适合胡萝卜的种植。这里所产的胡萝卜体型匀称、鲜红发亮、甜脆可口，远销上海、广州等地。

北望胡萝卜

南望行政村 下辖大南望、小南望、梁台、石岗、峨山等5个自然村。

梁台：位于丁塘湖中央。清朝前期，这里还是一片汪洋。后来，由于四周沟壑的深挖及大河的疏浚，湖水渐少，位于湖中央的一片高阔地带逐渐露出，被精明的人开垦种上了麦子等庄稼。粮食收获后，要等到高地周围的水渍干后方能运回家。故先要将粮食就地圈起来，当地人称其为“粮台子”或“麦屯子”。渐渐地湖水面积越缩越小，耕地面积越扩越大，有些人便将家搬过去，长期居住下来。一百多年来，村落已有近千口人，由于梁姓居民居多，人们便将“粮”换成“梁”，以梁台作为村名。梁台村土地肥沃，土质优良，粮食产量奇高，在汉王素有“粮墩子”的雅号。该村出产的巨峰葡萄、菜瓜因品质优良在徐州市场分外抢手。

峨山：从云龙湖向西，距南望村600米处，有一座大山很像一只“大鹅”正在觅食，老百姓为其起名为鹅山。坐落于鹅山脚下的村子故名鹅山村。后来，有人将鹅山的“鹅”写成了“峨”，鹅山村变成了峨山村。

马山行政村 位于镇政府北约10公里处，下辖马山、路窝两个自然村。

马山：村名源自拉犁山的神话传说。二郎神为平山造地，造福凡间生灵，亲自扶巨犁，赶神牛、神马去犁山。当犁到汉王境内时，因汉王的山石含“金”，犁耕时金花飞舞，神牛、神马大惊，脱缰而去。二郎神大怒，念神咒定住神牛、神马。神牛、神马立时俯卧不动了，慢慢变成了两座山，俯卧于东边的称卧牛山，位于徐州市西郊；卧于西边的称马山，距离卧牛山300米。

马山村是徐州的西大门，交通优势明显，这里的建材市场较为有名。20世纪80年代，国家实行改革开放政策，马山的建材市场迅速壮大，它集加工、制造、贸易于一体，是淮海经济区著名的建材商品集散地，年交易额达数百亿元。

东沿行政村 位于汉王镇镇政府西部，苏皖交界的群山之中，下辖东沿、西沿、项庄、姜楼等4个自然村。

东沿、西沿：沿村原名盐村、盐寨。古时候，有一位盐商经常在此贩卖食盐，并建造了一幢用于长期经销食盐的寨子而得名。宋朝神宗年间，黄河水“光顾”汉王，洪水退后，留下一条大河，当地人将其叫作闸河。盐寨百姓便沿着河的两岸居住，于是便有了今天的东沿、西沿两个自然村。

东沿村的大理石生产、加工业历史悠久，特别是大理石工艺品做工考究、古色古香、技术含量高，历来为收藏者所青睐。1986年8月，该村出土的汉画像石，被列入国家级保护文物。

项庄：传说，楚霸王项羽战败自刎于乌江的消息传来，其族人惊慌失措，为防刘邦陷害，急带钱财连夜出逃。他们直奔西南的茂林地区，在一处山洞躲藏起来。这里地处偏僻，与世隔绝，为避祸，他们隐姓埋名，有的将姓氏“项”改成“向”、“骧”，甚至有不少人改成了“刘”姓。为防不测，他们不敢在附近开荒种地，秘密地翻山越岭到百余里外的安徽贵溪（今歙县）置地，雇人耕种，收获季节一到，他们便偷偷地去收租，然后偷偷地运回。到了明朝中期，他们的后人才在贵溪建造了项氏祠堂，光明正大地拜祭自己的祖先，项氏族人大部也由汉王迁移至贵溪定居。留下来生活的项氏后裔将村庄正式定名为项庄。清咸丰年间，其后世子孙项彦成了当地有名的乡绅，他在彭城开办了盐业公司，经常把食盐运到家乡贩卖，并雇人筑土打寨，建起“盐寨”(西沿村的前身)。

姜楼：位于苏皖交界的群山之中，林木茂密，花果满山，景色清幽，如世外桃源，有老柿树、老杏树百余株，特别是这里的藤花漫山遍野规模成片，每当花期，云蒸霞蔚，香气四溢。

西沿行政村　下辖西沿、马场两个自然村。

马场：原名跑马场，传说汉朝大将韩信在此设练兵场。因为周边是山峦，树木茂盛，非常隐秘，是练兵的绝佳地方。而且，在跑马场的西侧白龙山半山腰处，有一个天然大洞，名叫白龙洞。这白龙洞很奇特，入口在白龙山的“龙头”下，进入洞后，蜿蜒曲折一直前行，最后从“龙尾”处出来，竟到了山的另一边的安徽省境内。为了掩人耳目，提防楚军发现洞穴，韩信令士兵在洞的入口处建起一座寺庙，取名白龙庙(洞口在寺庙后面)，用以迷惑敌人，若练兵场被敌人发现，可迅速带士兵从山洞撤离。

该村的来历还有另一个传说：相传300多年前的1715年，山西一杨姓贩马商人，将马运到一僻静山坳里暂养，待机出手，人称其地为马场。马场村背靠白龙山，白龙山的南坡有个白龙洞，传说是东海龙王的一处行宫，每年盛夏，龙王都要带他的妻妾嫔妃来此避暑。故而，夏季雨水特多，山下常常一片汪洋，人们称之为“马场湖”。白龙山上的寺庙叫白龙寺，也有说叫“磐龙寺”，传说是清朝乾隆皇帝微服私访游山玩水时亲自手书的，并命每年农历二月初二龙抬头的日子为祭拜的庙会日。

虎腰行政村　位于镇政府西北方向，下辖大白头、小白头、大虎腰、小虎腰、黄窝等5个自然村。

白头：因村后有一座山体通白的石山，形体像窝头，大家叫它白头山，山下的村子叫白头村。白头村又分为大白头村和小白头村。

虎腰：白头山东北的一条山脉很像一只老虎，虎头在南(今虎腰小学东)，虎身在北。古时，人们在虎身西侧建房居住，便起名虎山腰村，简称虎腰村。虎腰村又分为大虎腰村和小虎腰村。

赵山行政村　位于汉王镇西北。下辖赵山、陈楼、新河3个自然村。

赵山行政村特色农业项目有鸡腿菇种植和渔业生产。赵山村地下煤炭和优质矿泉水资源丰富，著名的新河煤矿位于赵山村北，新河矿泉水厂2005年建成，每年向徐州市居民供水18.5万立方米。全村近500人在新河市场从事经营活动。

为保持汉王镇历史文化的完整性、连续性，在编写此书时，仍将 2013 年 8 月铜山区划调整时划归铜山街道办事处的望城、葛楼、汉沟 3 个村以及 2007 年 9 月划出的桥上村列入汉王镇进行介绍。

望城行政村 位于汉王镇政府东北方向，下辖望城、皇姑窝 、桃园 3 个自然村。(2013 年 8 月望城行政村划归铜山街道办事处)

望城：由于汉王镇山体较多，所以虽距徐州市区较近，仍难觅见徐州城市之踪影。黄姑窝山下有个大土岗，只有站在大岗上面才能眺望到徐州城，人们将此岗称为望城岗。望城岗下的村庄就称为望城村。

皇姑窝：位于汉王镇东北的御山脚下。相传楚汉相争时，刘邦在徐州吃了败仗，其妹妹身受重伤。为躲避楚军搜捕，他们躲进了长满玫瑰的山窝里。由于妹妹伤重，不幸仙逝，刘邦将妹妹葬于玫瑰花层中，现在皇姑墓仍存在。后来刘邦做了皇帝，人们便将埋葬刘邦妹妹的山窝叫作皇姑窝。皇姑窝下面的村子叫皇姑窝村。

汉王玫瑰

因为救了皇姑，人们起先把玫瑰叫作“媚贵”，后来才演化为“玫瑰”。玫瑰在汉王有 2 000 多年的种植史，鲜花产量曾占到全国总产量的 1/4，汉王镇因此也被誉为“中国红玫瑰乡”。如今的皇姑窝村每到春季玫瑰花盛开时仍然姹紫嫣红，浓香袭人。

汉王玫瑰

汉沟行政村 下辖汉沟、罗岗、高窝3个自然村，于2013年8月划归铜山街道办事处。

汉沟：村名来源于它特殊的地质构造，来自上游高沃村的灌沟河水，流到汉沟村附近，便断流了。因汉沟村周围的土质主要由流沙聚成，河水流经此处，便渗入地下，地里的淌水沟难得有水，故称旱沟，其村名便取其谐音称作汉沟。

高窝：该村坐落于很深的山窝里，四周被高山环抱，故名高窝村。明朝时村东建起寺庙。1923年，美国传教士看中这里的地理位置，在此建起了天主教堂。

村民以种植金针菇为主，金针菇总产占徐州地区的四分之一，"鼎针"牌金针菇系列产品远销海南、深圳、广州、河南等地。

葛楼行政村 位于镇政府正东方向，下辖葛楼、上杜楼、下杜楼、张窝、吴楼等5个自然村，于2013年8月划归铜山街道办事处。

金针菇种植是该村的特色农业，由于地处山岭地段，该村的牛、羊、鸡、鸭养殖历史久远、颇具规模。

该村紧靠京福高速公路出入口，交通运输业及相关产业发达，先后招商引资办起力福特随车起重机厂、胶合板厂、城南电器厂及郡岭庄园和生态植物园等项目。

郡岭庄园

桥上行政村 位于汉王东部，下辖桥上、前周窝、后周窝3个自然村，2007年9月划归铜山镇，2013年8月划归铜山街道办事处。

桥上：传说霸王项羽建大楚国，定都彭城。一天，爱妾虞姬听人夸彭城西南二十五里处山水奇美，便求霸王带她前去观赏，霸王允诺，于是先派亚父范增前往打探。范增见风景绝好，但有一条大沟拦在要道。回来便与霸王商议，调来800兵士连夜建桥。翌日，霸王携爱姬过桥，畅游人间美景。因桥距徐州市中心(以钟鼓楼为标志)正好25里，大家就称其为二十五里桥，也有人称其为美人桥。桥建好了，交通方便了，游人多了，一些人为谋生计常年在桥南边居住下来，取村名为桥上。

（撰稿：祖伯初）

三堡街道办事处

三堡街道办事处位于铜山区南部苏皖两省三县交界处，素有“徐州南大门”之称。西、北与铜山新区办事处接壤，东与棠张镇谷堆村、马兰村相连，南与安徽省宿州市埇桥区毗邻。京沪铁路、206国道由北向南、霍连高速公路由东向西穿境而过。奎濉河由北向南经新何村、黄桥村、胜阳村流入安徽宿县。灌沟河经四堡、潘楼汇入奎濉河。

三堡办事处原为三堡镇，三堡镇下辖三堡、四堡、潘楼、胜阳、新何、黄桥、龙亭、徐村、梁庄、榆庄、麦楼、台上等12个行政村，共计46个自然村。2013年8月，铜山区划调整，撤销铜山镇、三堡镇，设铜山、新区、三堡办事处，原三堡镇的龙亭、徐村、麦楼、台上、榆庄、梁庄从三堡划出，归属铜山新区街道办事处。现三堡街道办事处下辖三堡、四堡、潘楼、胜阳、黄桥、新何、龙亭、徐村、麦楼、台上、梁庄、榆庄，社区居委会和村委会共12个，共计23个自然村，人口2.2万人，总面积32平方公里，办事处驻地在三堡村。

三堡社区居委会　办事处机关所在地，下辖三堡1个自然村。

三堡居委会：秦建驿道，十里为一堡，徐州到此正好三十里，故名三堡。三堡为古彭南邑，千年古驿站，自古是三堡地区政治、经济、文化中心。秦建驿道，三堡即设有驿站衙门（淮海战役中毁于战火），负责接待来往官员和传递军情。明永乐十三年（1415年），设有传递官方文书的驿站，是为三堡通邮之始。三堡为徐州的天然南屏障，自古为兵家必争之地。在4 000多年的历史长河中，发生在徐州的大小战争200余次，每次都殃及三堡。

女娲街

徐州大黄牛赛牛会

西 来 庵

三堡村东女娥山腹部有一庙宇曰西来庵，建于唐贞观三年(629 年)，庙门与台上青龙寺庙门相对，夜晚庙灯互观，该庙占地 100 多亩。庙宇抗战时期改造为学校，1958 年改造为医院病房，20 世纪 70 年代拆除建自来水厂。现保留有明崇祯三年(1630 年)重修的庙石碑。

火石岗的传说

三堡村北原有一火石岗，过去这里的石头人们都用来打火点烟、点火烧饭。

相传很久以前，有一位读书人进京赶考，路遇暴雨，就头戴一顶大斗笠，蹲在火石岗上避雨。雷雨过后，读书人便赶路去了。雨停后，村里人来到这里，发现火石岗上一片干绷绷得，认为是火神爷显灵，村里的财主要村民捐钱修建火神庙，并立碑记载火神显灵的故事。

不久，读书人从京城赶考回来，又经过火石岗，见岗上已建起了一座火神庙。书生看了碑文后，不禁哈哈大笑。笑罢写了一首诗，诗曰：去时避暴雨，回来火神庙，世上无鬼神，本是凡人造。

菜蟒桥的传说

三堡村西南 1.5 公里处的许古驿道上有座石桥，传说叫菜蟒桥，并有一段神奇的传说。

很久以前，女娥山东麓郭楼村有个崔货郎，独身一人，靠走村串巷，换破烂为生，日子过得很贫寒，但他为人正直。

有一天，他挑着担子走到小石桥边，看见一位割草的幼童正想把刚捉到的一条小蛇用镰刀砍死。崔货郎慌忙走到幼童跟前说："幼童，莫害小蛇性命，你把它送给我，我给你两吊钱，行吗？"幼童答应了。崔货郎把小蛇放进箱子里。从此，他和小蛇共同生活，省点钱就买些鸡蛋、小鱼给小蛇吃。

一天又一天，一年又一年，小蛇长大了，足有 100 多斤重，成了菜蟒。崔货郎也挑不动了，省的钱也养活不了菜蟒了。这天崔货郎对菜蟒说："蟒啊，咱们共同生活了这么多年了，我舍不得丢掉你。但是，我养活不了你了，你还是另求生路吧！"菜蟒好像懂得主人的意思，不住地点头，流出泪水，摇摇摆摆地爬到原来的石桥下。

此蟒没有忘记崔货郎的救命之恩，有时有富商过此桥，它就把富商的金银财宝抢去，晚上送给崔货郎。从此，崔货郎发了财。当时的县令听人讲石桥下住的菜蟒是崔货郎喂养的，菜蟒经常出来抢夺客商，并把抢来的财宝送给崔货郎，如今崔货郎发了财。县令即令差役捉拿崔货郎。崔货郎被带到县衙，经审讯证据确凿，判处死刑，押进死牢。

菜蟒听到这个消息，决心救主。怎么个救法呢？它就去打洞，一直打到死牢，把崔货郎从死牢里救走。从死牢底下的洞里冒出水，形成大泉，人们叫它崔泉。后来，人们又在崔泉西边建了一座崔货郎庙，即崔泉寺。崔泉寺被毁于“文化大革命”期间。

太空蔬菜

位于三堡村南的“航天育种（铜山）繁育推广基地”——徐州久久高效农业示范园，种植经过太空繁育的蔬菜种子，所产的“太空蔬菜”形态奇异，产量巨大，口感较好。这里是采摘游玩和对孩子进行农业科技教育的好地方。

太空蔬菜

四堡社区居委会 位于办事处驻地南4公里处，下辖四堡墩、燕营、上楼、董山头等4个自然村。

四堡墩：明朝驰马送信，十里一堡五里一墩，此处处古驿道旁正好四十里，故名四堡墩。现尚遗留有原官道老路和院落；周朝遗留的战争报信所用的烽火台，由于时间的剥蚀，仅剩下两个约10平方米的土丘。

燕营：1371年明朝燕王朱棣北征，在此屯兵12年，故取村名燕营。燕营为四堡社区居委会驻地。

上楼：明朝，焦家在此高地建楼，原村名为上焦楼，现村名为上楼。

董山头：董姓住在山南头，取村名董山头。

燕桥的来历

燕桥在董山头村西南，是一座三孔石拱桥，建于明万历十八年（1590年）。

桥为扇形，青条石砌成，石缝系铁浇灌汁，桥全长三十米，宽五米半；桥两侧有三层水兽：石龙头四只、石龟两只、水鸭两只，桥栏杆上花纹仍清晰可辨，桥两头各有石狮一对。抗日战争时期遭日军轰炸，但桥身未被炸毁；“文化大革命”中又被破坏，但桥身仍完好，现为市级重点文物保护单位。

燕桥是因何建造而成的呢？传说大明万历年间，浙江开化人张某在京为官，在进京复职途中，路过今燕家桥（此处原系一条泥水河）时，适逢天降滂沱大雨，致山洪暴发洪流滚滚，挡住了去路。不久，雨渐缓，张某才得以过河。他仰天长叹并许愿曰：吾入京，幸蒙复职定在此修三孔桥，以利行人。他进京候职三个月后，果如所愿，官复原职。

他任职期间，明察秋毫，不受私贿，时刻造福于民，任职三载期满，请假回故乡省亲。临行前，百姓念其为官清廉，赠其“万年伞”一把，作为酬报礼物。归途再经燕桥时，解私囊三千两纹银，嘱托家人张安兴建此桥，并买堂地二十亩，出标请能工巧匠开始兴建。三年后竣工，由于地处燕营村附近，故名曰：燕家桥。在燕家桥路西建庙一座，并有普净僧人为住持，另立碑留念。碑文曰：“大明万历十八年义建‘燕家桥’。”碑南有一碣（浙江开化县张某家人张安施银三十两立碣留念）。碑碣立于桥南路西侧，而今仅有残桥存在，其他处均为田地。

燕桥

燕山文化生态景区

燕山文化生态景区集文化旅游、名胜古迹、生态园林、餐饮服务及新农村建设为一体，占地1 200亩，总投资18 000万元。

景区内有古燕桥、古驿站、古烽火台、燕王塔（已重新修复）、玉皇宫（已重新修复）、淮海战役三堡阻击战政工会议遗址以及燕营村（燕王征北时中军大帐）、马栏村（军马饲养基地，现属铜山区棠张镇）、谷堆村（粮草存放基地，现属棠张镇）、铁营村（兵器制造基地，现属棠张镇）、马趟路（古时传送情报骑马趟出的路）、营房后（驻扎后备军及保护中军大帐的御林军）、棋盘路等燕王朱棣屯兵遗址，同时建有占地500亩，集种植、休闲、垂钓、狩猎、餐饮、采摘等为一体农业生态观光园。

燕王塔

潘楼村委会　位于三堡办事处驻地东南，下辖潘楼1个自然村。

潘楼：明朝初期因潘姓在此建了一座高楼，而取村名潘楼。村内河道相连，游鱼可见，环境优美。

胜阳村委会　位于三堡办事处驻地东南11公里，下辖胜阳1个自然村。

潘楼村貌

胜阳：原名刁店村，明朝中期刁姓在此定居并开一大车店，故取村名刁店。2005年经铜山县人民政府批准，更名为胜阳村。

胜阳板材

胜阳村地处偏僻，地势低洼，俗有“蛤蟆尿泡尿就成灾”之说。20世纪90年代初，该村创办了胶合板厂，后成立胜阳集团，成为以木材加工为龙头的综合性跨国集团企业。

黄桥社区居委会 位于办事处东南9公里，下辖黄桥、韩庄、九龙窝、叶庄、寨里、汪南、河西、陈庄等8个自然村。

黄桥：元末，黄姓人居住在奎河岸边，为出行方便，在奎河上修了一座桥，名黄家桥，简称黄桥，后作村名。民国初年，黄桥的舞狮子、耍旱船、踩高跷在县内和苏皖交界处较有名气。黄桥村每年都要以舞狮子、耍旱船、踩高跷欢庆春节，此习惯一直延续至20世纪60年代中期。

九龙窝：相传，龙在此地行错雨，罚其九天后才上天，故取名九龙窝。

新何社区居委会 位于三堡办事处驻地东南8公里，下辖周庄、王庄、何庄、刘庄等4个自然村。

何庄：新何居委会驻地。清朝中期，何姓在此定居，故取村名何庄。

黄冠梨和绿色蔬菜基地

新何村是江苏省最大的优质黄冠梨生产基地示范区，果品通过省级无公害产地和产品认证，“官品”牌黄冠梨获江苏省和农业部金奖，为中国十大名梨，销往南京、上海、深圳等地。

黄冠梨

村西的江苏省青纯现代农业博览园是由江苏省青纯现代农业科技发展有限公司建设。园区以农业博览展示和高效设施园艺为主，集园艺高新科技成果展示、园艺种苗生产、高效设施生产示范、现代农业观光休闲为一体，展示了苏北高效农业和特色农业，营造了现代都市农业景观，形成了科技型农业示范园。

为保持三堡历史文化的完整性、连续性，编写此书时，仍将2013年8月铜山区划调整时划归铜山新区办事处的龙亭、徐村、麦楼、台上、榆庄、梁庄列入三堡街道办事处。

龙亭社区居委会　位于铜山区新区办事处驻地南5公里，下辖茅草庄、郭楼、东石桥、西石桥、万沃、吴村、郑庄等自然村。

茅草庄：原名崔泉寺，后崔泉寺败落，此地低洼，长满茅草，改名为茅草庄。茅草庄白莲藕以其“脆酥爽口，滑嫩细腻，多汁无渣”久享盛誉。

郭楼：因郭姓在此建楼而得村名。所产崔泉香米，清香生津、余味留香，为明清贡米。

石桥：以奎河上的石龙桥得名，桥西叫西石桥，桥东叫东石桥。2001年行政村合并时，两村之间的公路叫龙亭路，故取村名龙亭村。

万沃：原名万进士庄。明末，万崇德（万寿祺之父）在三堡女娥山东（现万沃村南）置些土地，旧为万氏别业，有泉有水田，产香稻，有林馆之胜，亦称崔泉山庄。万寿祺幼年时曾在此读书，后中进士。庄人起村名万进士庄。清廷入关后，万寿祺深感国破家亡之辱，不愿出任清朝官职，决心抗清。清顺治二年（1645年），太湖起兵失败，万寿祺被捕，举家闻讯后在太湖沉舟殉国。万寿祺入狱后，狱官久仰其名，待若上宾，后以“阴逃”为名，将其释放。

万寿祺逃到江北，辗转漂泊，居无定所。当时，清廷已颁布“剃发令”，万寿祺不甘屈辱，便削发为僧，法名慧寿，号明志道人，又名寿道人。顺治八年(1651 年)，顾炎武过淮北，寻访万寿祺，两个互诉衷肠，肝胆相照。顾写诗相赠：“万子当代才，深情特高爽。时危见絷维，忠义性无枉。”并以复国雪耻相勉励，邀请他去山东共商反清复明大计。万寿祺贫病交加，虚弱不堪，终难成行。顺治九年(1652 年)夏，万寿祺怀着“国仇未雪身仍在，家散无成志有余”的遗恨溘然长逝，终年 49 岁。

徐村村委会 位于铜山新区办事处驻地南 3 公里，下辖徐村、沟浍、杨山头 3 个自然村。

徐村：清初，有个叫徐三的在此居住，取名徐三村，后简称徐村。民国初年，一位姓滕的经手筹建了徐村集，当时的规模小，物流量不大。1940～1945 年间，集市发展迅速。至新中国成立前，徐村集已很繁华，饭馆、包子铺、粮行、牛行、染坊、油坊……市场十分红火，侯宝林的大鼓书每逢集日必有人演唱，张计术的缸贴、郭庆德的强面馍、杨兴山的羊肉汤久享盛誉，为方圆数十里内一绝。“文化大革命”期间徐村集、周庄集、台上集被停办。20 世纪 90 年代后期，徐村集得以复苏。

徐村食用菌

20 世纪 80 年代开始，徐村开始种植平菇、金针菇等食用菌，2011 年中韩合资食用菌现代化产业园落户徐村。目前金针菇产量占全国总产量的 1/10，占江苏总产量的 1/3，成为江苏省食用菌种植第一村、全国食用菌“万强村”、中国金针菇之乡。

徐村食用菌

杨山头：羊头山因山头像羊而取名，高不过70米，但扼守着三堡街道办事处、徐州机场和潘塘的公路，战略位置十分重要。羊头山以东的村庄叫羊山头，后改称为杨山头。

麦楼社区居委会　距铜山办事处驻地7公里，下辖麦楼、坡里、杨林3个自然村。

麦楼：清朝时叫墨楼，后改称麦楼。麦楼村唢呐演奏历史悠久，崔金成的唢呐班在苏皖交界地区较有名气。

台上社区居委会　位于铜山新区办事处驻地西南9公里，下辖台上、贾村、营房、杨村等4个自然村。

台上：明朝初期，燕王朱棣屯兵四堡，并在青龙镇西南的老虎山和长蛇山的山口驻兵，为避帝讳，以王、陈两姓在庙台上落户居住，并改村名为台上。

台上古为青龙镇，因村南青龙河而得名。村境内有青龙泉，千年以来泉水不断，集聚成青龙河，环村而流，水质淳美。青龙河畔早在商代即有先民在此繁衍生息，现存有殷墟遗址、唐代庞勋举义任山馆遗址、明代屯兵遗址和国画大师李可染祖墓。

青龙河的传说

相传在远古时代，东海龙王有个儿子名叫青龙，因在云里戏水，使人间遭到一场大水灾，徐州几个县变成了一片汪洋，庄稼颗粒无收，民不聊生。此事被玉皇大帝知道了，把青龙传到天官，并罚它到人间替天行道，将功折罪。青龙到人间后，当了一名朝里的大官。

这一年，他从长安出发，一路跋山涉水。一天，来到徐州城南（今铜山区台上村南）遇一大河。正要过河时，忽然一股酒香扑鼻，令人心醉。一问老乡，方知河上有一酿酒作坊，此作坊把酿酒的废水放进河里，因此才有酒香。青龙带的一班人马闻到酒香味，却不饮而醉，一个个醉倒在地。一连醉了半个月，耽误了南下的行程，只好又回长安。一路上，青龙为民除害，做了很多有益于百姓的好事。

青龙下凡人间期满，又被玉皇大帝召回天官。为了庆贺他回天官，王母娘娘招来各路大仙为青龙庆贺，并把天上最好的酒拿来设宴。各路大仙喝得大醉，剩余的仙酒坛子也倒了。正巧，仙酒撒到人间，撒到台上河里，河水酒味更浓。用河水造酒，酒香味浓，人人爱喝。从此人们就把这条河叫作青龙河，河边的村庄叫作青龙镇。

殷墟遗址

殷墟遗址位于青龙河南，遗址呈长方形封土堆，东西长 140 米，南北宽 105 米，高 2.45 米。遗址中先后发现大量兽骨、鹿角、石器等遗物，其中有一柄穿孔石斧，为新石器磨制石器，现存铜山区文化馆。据出土文物考证此为商代文化遗址，1953 年定为县级文物保护单位。

青龙寺始建于西晋永康元年(300 年)。建在青龙河畔南殷商文化遗址上，规模较大，香火兴盛时期，有僧人 10 多个。每年农历三月二十五至二十七这 3 天为庙会，延续至今。传说青龙寺后大殿门南旁，有一棵磨盘松，腰围 4 米多，树枝交叉盘错，上面可坐 4 人打牌，四周还可以围 4 人观看，后毁于战乱。另有一棵银杏树，高 30 多米，腰围 3 米多。此树栽于建庙初，已有 1 700 多年，“文化大革命”后期被毁。

任山馆遗址

任山馆遗址位于村北大银山中。据志书记载，唐代此山名任山，是彭城通往淮南的古道，朝廷在此设有山馆。唐咸通九年(868 年)7 月，戍守桂林的徐州籍士兵 800 人起义，推选粮草先行官庞勋为首，杀死边关都头，夺取武库兵甲，结队还乡。同年 9 月，兵临彭城，城内官兵非常恐慌。彭城观察使命虞侯元密率 1 300 余人，埋伏于任山馆东面的官道两旁，想趁义军经过时突然袭击，一网打尽。这天傍晚，庞勋率 800 人来到驿馆附近，见馆中空无一人，顿起疑心，找来山下樵夫细问，方知前方官道有重兵埋伏，于是义军扎一些手执旗帜的草人列于山下。在樵夫的带领下从任山东峡谷中的一条羊肠小道秘密通过，而虞侯元密看到草人疑兵，一夜未敢轻举妄动。次日天明，义军趁城内守卫空虚，一鼓作气攻下彭城。这条峡谷中的密道和山脚下的任山馆就成了唐代农民起义的古文化遗址。

台上草莓

20 世纪 80 年代，台上村开始种植草莓，目前有大棚草莓 4 000 余亩，是苏北地区最大的优质草莓生产基地。每年从初冬开始就有大批徐州市民来此采摘草莓，欣赏田园风光，呼吸新鲜空气。

台上草莓

梁庄村委会 位于铜山新区办事处驻地西南10公里，下辖梁庄1个自然村。

梁庄：因清初在此庄居住的梁姓村民居多而得村名梁庄。

榆庄村委会 位于铜山新区办事处西南8公里，下辖王楼、榆庄、腰庄、半楼、沟涯等5个自然村。

榆庄：因北宋末年余姓在此定居而得名余庄，后演变为榆庄。

相传清初，张某任青兖汴徐道道台，在榆庄仿照汴梁开封府的模式格局建造了一处庄园，气势恢宏，被乡民称为张家大院。有房屋300余间，墙缝以糯米汁拌灰浇灌，不平处以铜钱相垫。榆庄圩的护村河宽约10米，东西南北建四座吊桥，各有数名乡丁把守。护村河里植满白莲藕，其莲藕以"脆酥爽口、滑嫩细腻、多汁无渣"誉满徐州。张家大院1956年6月被铜山县桥上区辟作粮库,“文化大革命”中被拆除。此张氏家族清朝中期迁徙北京,非现在张伯英一族。

榆庄人杰地灵,一代书法名家张伯英与其叔父张云生同科中举,被传为佳话,张氏子孙20余人均颇有建树。孙洪啸临摹张伯英体亦成中国书法名家。

民国书法名家张伯英

张伯英(1871～1949年),近代书法家、碑帖学家。原名启让,字勺圃,号云龙山人、东涯老人。

张伯英出身书法世家,祖父张达,博学行为为乡里所重;父仁广“善辞章,唯喜作书,手不释管”。张伯英从小即受高超的书法艺术影响。光绪十四年(1888年)18岁的张伯英跟着73岁高龄的祖父和叔父张云生一起去金陵秋试,叔侄二人同岁同科中举,被誉为“一时二妙”。张伯英曾入仕途,1929年曾应黑龙江省政府主席万福麟之邀,主纂过120万字的《黑龙江志稿》。1914年,徐树铮为“中华民国”陆军部次长,聘张伯英为秘书。1924年段祺瑞临时执政,张伯英任副秘书长。当时,张伯英是全国书法界名流,他和张声伯并称南北二家,和时称“四家”的王书衡、傅坛湘、华世奎、郑寿肯等人齐名。为萧一山所著《清代通史》书名题字的即是孙中山、蔡元培、张伯英三人,可见其书法当时影响之大。他收藏刊印的《十七帖》是名噪海内外的书法模本,为书法家所崇。

张伯英纪念馆(一)

张伯英纪念馆(二)

(撰稿:宋大志)

棠 张 镇

棠张镇位于铜山区南部，西邻徐州高新区，北与徐州新城区接壤，下辖棠张、跃进、高庄、沙庄、学庄、牌坊、铁营、位河、后谷堆、刘庄、马兰、夏湖、前谷堆、刘塘、河东、新庄、田河 17 个行政村，共计 51 个自然村，人口 6.6 万人，土地面积 80.3 平方公里。有区域规模以上企业已达 44 家，农民人均纯收入 1.96 万元。

十里琅溪河风光旖旎

据考察，这里是汉朝刘解忧（解忧公主）的故里和清朝状元李蟠的出生地。

解忧公主

棠张行政村 下辖棠张1个自然村。

棠张原名棠梨张村，又名圩里村。据传，该村原是一片荒草湖地，无人居住，直到元末明初才有了人烟。最先入住的是一户张姓人家，来自山西洪洞县喜鹊窝。张姓人家为谋生计，沿路乞讨，路过现在的棠张村，发现这片土地虽无人烟，但地势平坦，水草茂盛，鸟语花香，于是在此安居。以后讨荒路过此地的人渐渐多了起来，形成了一个小村庄。张姓人家的房前有一棵棠梨树，大家认为这是一棵吉祥树，经族人讨论，将村名叫作棠梨张村。现在的老人，特别是外地的游子仍然称该村为棠梨张。后由于战乱，村里人没有安全感，于是大家商议在村子周围挖一道护村河，筑上围墙，安装上大门。围墙高4米左右，大门分别取名东大门、西门口、前门口、北门口，于是村人把该村称为圩里村。新中国成立后，政府把该村正式命名为棠张村，1982年棠张村为独立的行政村。该村的历史有歌谣为证："徐州东南棠梨张，寻根问祖共一堂。四百余年勤耕耘，和睦为本人兴旺。天意佑族族兴盛，国富民强后世昌。"该村以沙、靖、朱、张姓较多。

棠张村来历的另一种说法是海棠花盛开的地方。至今，每年春季，棠张镇仍遍地盛开着海棠花。

棠张村的名人为靖任秋（又名靖大康），中国共产党的早期革命者，1905年出生，1996年5月病逝于上海。

棠张——桑蚕之乡，以栽桑养蚕盛名。

跃进行政村 下辖跃进、前进、后王家3个自然村。2011年12月，由跃进村和前进村两个行政村合并而成。

丰收的喜悦

蚕桑之乡生产一条龙

跃进村，原村名为后曲头。前进村，原村名为前曲头，在 1965 年时后曲头更名为跃进村，前曲头更名为前进村。

棠张前进村宣传队

传说，明朝年间，陈氏家族有一人在朝廷做官，因遭奸臣陷害，被朝廷下令斩首。陈氏家族为纪念这位官员，将前后两庄分别取谐音命名为前曲头和后曲头，喻义被冤屈砍头。至于有前后之分，是后代弟兄分支居住在前庄、后庄之意。

两村村名来历还有另外三个说法：一是处在黄河的拐弯处属曲头；二是该村陈姓祖先是作曲的；三是该村祖先是酿造酒曲的。

中共一大代表陈家安

中共一大代表陈家安（陈亚峰）同志，即跃进村（后曲头）人，因赴上海参加一大会议时，通知的地址不详，只得返回徐州。后在邳州、汉口等地做党的干部培训工作。1930 年到达新加坡，日军攻占新加坡之后将其逮捕，严刑拷打，折磨致死。

高庄行政村 下辖大高庄、小高庄、高窑、王屯、七圣庙、奶奶庙、郭湖、冯楼、小潘庄等9个自然村。

大高庄和小高庄：明初，从山西洪洞县迁来高姓兄弟二人，分别在此建村，哥哥所建为大高庄，弟弟所建为小高庄。

高窑：清道光年间，由高姓立村。该村地势较高，祖辈以建窑烧砖为生，故得村名高窑。

王屯：清朝末年，徐州漕运衙门主官(外号王官船)看到国家多事，革命爆发，晚清政府摇摇欲坠，便举家迁往萧县九甸乡居住。后来亲生诸子争夺财产，长子胸怀大度，不与兄弟们争抢，自带家小，来到王屯这块地方的自家仓库，另立门户。这里还有自家的2 000亩良田。后来人口繁衍，成为村庄，称作王屯。

另有一种说法：清康熙年间，由王姓人家立村，取村名王家屯，后改为王屯。

七圣庙：明洪熙年间，因村内有座“七圣宫”寺庙，庙内雕塑着天庭七仙像，被民间称为“七圣”仙人，因此取村名七圣庙。民国时期徐州富豪张大烈就出生在七圣庙村。

奶奶庙：清乾隆年间，该村东头有座庙，庙内有碧霞元君神仙的塑像，当年方圆几十里的村民们称她是送子娘娘，香火旺盛。因为碧霞元君是山东泰山奶奶的名讳，故取村名为奶奶庙。

郭湖：清末，据说村西头有一形状似锅的湖泊，取村名为锅湖。民国初年，众议“锅”字俗气，易“锅”为“郭”，定村名为郭湖。

冯楼：明朝初期，一冯姓人家自山西迁此定居，在村内筑起看家楼一座，取村名冯楼。

小潘庄：明朝嘉靖年间，潘氏祖先由冯楼村迁出单独立村，取村名小潘庄。

另有一种说法：小潘庄地处当年的秦家湖岸边，是一个内河码头。潘家人在这里设立黄豆粮行，贩运粮食，出秦家湖向南经濉河入洪泽湖，运往外地。后来时过境迁，沧海桑田，湖泊消失，变成良田，他们便耕种湖底肥田，直到现在。

沙庄行政村 下辖沙庄、杜庄、崔庄3个自然村。

沙庄：明朝由山西迁民到棠张，一位姓沙的村民在村庄里建了一个粮仓，从此沙庄村这样就叫开了。

另有一种说法：传说是日本侵略者闯进村庄，杀了不少人，最后一个被杀死的人，是正在打麻将坐庄的。这样，后人们便称这个村叫杀庄。再后来觉得有戾气，又改写为沙庄。至今庄里也没有一户姓沙的。

杜庄：传说，五百年前，有一个人名叫杜伴程，在徐州做大生意发财后来到该村买地，盖房当仓库，杜庄由此得名。

崔庄：原名付庄，付姓先祖在此居住。崔姓先祖在明代嘉靖三十六年(1557年)，从山东迁居徐州东城头，在徐州的周围买了很多土地，后来建了许多庄园。因人口多、势力大，就把付庄改名为崔庄。

学庄行政村 下辖前学庄、后学庄两个自然村。

学庄：学庄原名踅庄村。传说，清乾隆年间，从山东来该村居住的一个和尚名叫踅八。当时该村住户很少，和尚学识渊博，为人处事都相当好，威望也很高，临终前有一个老鹰围着庙转几圈，然后老鹰飞走了，和尚也就咽气了。村人为纪念他，就起村名叫踅庄。1965年，改村名为学庄。

设施葡萄

牌坊行政村 下辖牌坊、炉上、东曹、郑家圈、后刘、后毛家等6个自然村。

牌坊：因村内有牌坊而得村名。村内现有两座牌坊，是民国十年(1921年)3月因褒奖郑杨氏和郑彭氏妯娌俩而建的节孝牌坊。

民国初期，该村有一郑氏大户人家生有二子，分别娶杨氏、彭氏为妻，婚后不久兄弟二人都生病去世。长媳郑杨氏生一子名大勋。郑彭氏终身未育，妯娌俩守节尽孝。郑大勋成人后，于 1944 年遵照当时的奖励规制建造郑彭氏、郑杨氏两个青石节孝牌坊。牌坊的横楣镌刻“女宗共仰”和“淮杨风范”八字，以倡其德，并围绕牌坊立有“二十四孝”和“八仙过海”的石雕故事并刻有龙纹，刻工精良。墓前石碑高 2.6 米，宽 0.8 米，厚 0.3 米。碑文由书法家孙洪啸先生亲笔书丹，经徐州市文物鉴定委员会和南京市博物馆专家鉴定，为徐州境内一处重要的民国时期文物，有一定的历史和文化艺术价值。

另有一种传说：该村原名刘王喻郑庄，清朝康熙三十六年（1697 年）村里出了个徐州唯一的状元李蟠，官府按照朝廷规制在状元的出生之地修建了状元牌坊，村名也是由此而得。但李蟠牌坊早已毁坏，只有少部分遗存物。

在“文化大革命”期间，郑氏家族两个牌坊遭到严重破坏，被埋在路边的杂草中，并有多处明显损伤，牌坊村当时也被改名为红旗大队。改革开放后，再次恢复原村名牌坊村。

节孝牌坊

炉上：汉代是打造兵器的地方，现在该村以旋活（木工）为主，生产人们生活中的木顶子、擀面杖、圆桌腿、楼梯扶手等，产品远销海内外。

后毛家：后毛家村，是一个很小的村庄，因为位于牌坊大村庄的后面（北面），居民中毛家为大姓，所以约定俗成地被叫作后毛家村。

据《毛氏家谱》记载，早年有一位英俊少年，相貌才识，甚是不凡，认一位双井村的高德妇人为干娘。这当干娘的，对他也是疼爱有加，胜如己出。也为其购地置产，建房娶妻。他感念干娘厚恩，无以为报，便自愿改姓干娘家姓，认毛为宗。虽然房子地产都在双井村东，好在相距很近，仍能天天奉如生母，捧茶端汤。少年成家后，人丁兴旺，家业兴隆，传之再传，传之至今，成为一座村庄。

苏皖一带出名的教育学者毛大先生(毛井仪)和毛二先生(毛永和)，也都是这个村庄的人。村东头与东曹村毗邻的那排房子是曾任徐州市副市长曹开林同志的老家。

铁营行政村 下辖前铁营、后铁营两个自然村。

据说汉刘邦起兵初，从安徽北上来到徐州东南四十五里的孟家屯一带安营扎寨，招兵买马，扩充队伍。

当时的孟家屯附近有几个村落，分别是王家庄、秦唐寨、孙圩子和程家庄。刘邦的指挥部就设在程家庄，孙圩子是骑兵队喂养战马的地方，秦唐寨是存放军粮的军需库，王家庄当时有很多打铁的能工巧匠，是用来打造兵器的地方。刘邦的重兵布守在孟家屯，在此一驻就是一年半。在这一年半的时间里，刘邦的军队虽遭到秦朝军队的十几次攻打，但一直没有被攻下这个堡垒。

后来，刘邦率兵一举攻下了咸阳，被封为汉王，建立汉朝。人们为歌颂刘邦的丰功伟绩，把他起义时驻徐州东南四十五里处的几个村屯全部更名。当时刘邦的指挥部驻地程家庄更名为官庄，喂养战马的孙圩子改名马栏，存放军粮的秦唐寨更名为谷堆，打造兵器的王家庄改名为炉上，刘邦的主阵地孟家屯因被秦兵强攻十几次均未攻下，特形象地更名为铁营。

从此官庄、马栏、谷堆、炉上、铁营这几个村名一直沿用至今。

位河行政村 下辖位河、文庙两个自然村。

位河：又名魏贾河。传说，很早以前，魏姓先来到这里，以开荒种地为生。后来，贾姓、何姓也从山西迁来，形成了魏、贾、何三个户族，村名改称魏贾何，后来改称位河。

文庙：该村原有清朝建立的一座古寺庙，布局美观，建筑高雅，佛像逼真。每年农历正月初七逢庙会，吸引了当时周围百余里的百姓、官吏来此烧香拜佛、求神祷告，热闹非凡。“文化大革命”期间，寺庙大小殿上的龙头凤尾被砸得一干二净，文庙村改名为跃武村，后又改名为文庙村。

民国年间，该村爱国人士刘启明，原名刘丙辰，从日本留学回国后，立志报国，参加了北伐战争。到达徐州后，他被任命为铜山县第一任县长。他冲破了当时封建社会的重重阻力和干扰，破庙建校，先设小学后设中小学，周围百余里的部分学生都在此校就读。他所设小学的校名为“中华小学”，被称之为徐州市“第三高等小学”，第一任校长是牌坊村的万世童。

后谷堆行政村 下辖后谷堆、双井两个自然村。

后谷堆：楚汉战争时期，刘邦在古彭城东南方约17.5公里空旷原野，安营扎寨，在琅溪河西不足1里处堆储粮草两处，此处得村名后谷堆。

双井村：因一井身、双井口而得村名。元末明初，直隶（现河北）静海县有海、曹、柳三姓人家为躲避战乱，结伴南迁至彭城东南20公里处，见该地荒无人家，土地肥沃，三姓决定在此安家落户。但吃水却要到很远的地方去挑。于是三家合计，集体出资，在村中打了一口水井。井壁用青石砌成，井口用九尺见方青石覆盖，盖井石上凿两个井口，以供两人同时取水用。此井之大为数百里内少有，引来过往行人驻足观看。双井村由此得名，至今古井尚存。

又传说刘秀在此起兵时吃水困难，故掘井。为满足军营人畜用水，特做双眼井口，以供多人同时取水，故名双井。后人便把这个村叫作双井村。

刘庄行政村 下辖刘庄、官庄两个自然村。

前201年汉高祖刘邦战胜西楚霸王项羽，封其弟刘交为楚王，定都在彭城。刘交依仗刘邦的权势，鱼肉乡里，欺压百姓。跟随刘邦打天下的一位刘姓老者，因不满刘交的暴行，逃到此地隐居，后来生育两个儿子，大儿子叫刘古，二儿子叫刘唐。老者逝后，两个儿子分开居住，大儿子刘古在此地繁衍生息。由于刘古待人厚道，乐善好施，迁此居住人员越来越多。后来人们为了纪念他，就把此地叫作刘古庄并一直延续到新中国成立初期。1953年铜山区划调整，把刘古庄村改名为刘庄。

解忧公主

前102年，刘解忧的祖父刘戊曾是雄霸彭城的楚王，却因“七国之乱”兵败身亡，整个家族都成了罪人，回琅溪河畔居住。前101年，汉武帝封刘解忧为公主，下嫁乌孙，解忧从此离开故里。在西域生活了五十年，先后嫁给了乌孙三任君王。使得西汉王朝对西域实行了半个多世纪的有效控制。解忧公主年逾七十时，上书朝廷，回归故土。汉宣帝感念解忧公主的功德，准予回国，并亲自出城迎接，场面盛大。两年后，解忧公主怡然辞世，享年七十一岁。

马兰行政村 下辖马兰1个自然村。

楚汉战争时期，刘邦在徐州东南一带安营扎寨，伐木设栏，厩养战马，村庄由此得名马栏。后来为了写字方便就把“马栏”改为“马兰”。传说，徐州东南地势比较低洼，有一年黄河水泛滥，水势凶猛，村后有一座古庙，在洪水来到之前，庙里突然出现一个白胡子老道人，站在庙门伸手迎挡水势，当时洪水分开两路，恰巧把马兰村错过去了，使整个村庄未受任何灾难。后来演绎由马拦改称为马兰。

郭 影 秋

郭影秋，1909年出生于马兰村，革命家、教育家、诗人、学者，曾任北京市政协副主席，卒于1985年10月29日。

郭影秋，又作郭映秋，原名玉昆，又名萃章。1928～1934年先后在无锡国学专修科、江苏教育学院求学，在江苏沛县中学任教务主任。1935年加入中国共产党，并在教务主任身份掩护下从事中共地下工作。后投笔从戎，任湖西军分区司令员。后分别担任冀鲁豫军区政治部主任，解放军十八军政治部主任。

新中国成立后历任川南行署副主任、主任，云南省长兼省委书记，南京大学校长。“文化大革命”结束后，1978年人民大学复校后，任校党委第二书记兼副校长。

周恩来曾经向辛亥革命名将(云南籍的)李根源说：贵省的省长郭影秋不愿做省长，自告奋勇要去当校长。这事一时传为佳话。于1959年，他在百忙中完成史学研究专著《李定国纪年》《往事漫忆》《抗日战争前徐州旧事杂忆》《郭影秋学术传略》等著作。

夏湖行政村 下辖小晁湖、大夏湖、小夏湖、马庄等4个自然村。

夏氏之先祖定居浙江绍兴会籍，后迁居夏湖村。可考证的是：夏氏始祖夏竦，是宋朝宋仁宗时期的宰相。他一生忠君爱民，很得宋仁宗的赏识。夏竦死于1051年抵抗金兵内侵，尸骨回归故里，葬于小晁湖村西，夏竦生有五个儿子，二儿子夏钰为守灵就在晁家湖村东首泽地建房安家，村名定为夏家湖村村名。现在的大夏湖村和小夏湖村的夏姓人口，都是英雄的后代人。

前谷堆行政村 下辖前谷堆1个自然村。

楚汉战争时期，刘邦在古彭城东南方约17.5公里的空旷原野安营扎寨，在琅溪河西不足1里处堆储粮草两处，南处得名前谷堆。

谷堆萝卜

“烟台苹果莱阳梨，不如谷堆萝卜皮”，在徐州地区流传着这样一种说法。传说徐州有三怪，其中一怪就是把谷堆萝卜当成水果卖。

为什么独独这里的青萝卜与众不同呢？原来前谷堆的地表是沙质土和淤土结合的两合土，最适宜萝卜种植。另外，前谷堆的萝卜品种也是当地人经过长期选育而成的弯腰青水果萝卜，种植过程中全部施用农家肥，周围也没有其他污染物，储存方法也很独特。萝卜收回家之后，售卖之前还要在萝卜窖里再窖藏一个月左右，待出窖后口感就全变了。前谷堆的青萝卜是按个儿卖的，最贵时能卖到几块钱一个，比苹果、梨子的价格还高。

刘塘行政村 下辖刘塘、前谢、陶楼、前韩等4个自然村。

相传南宋末年，为了躲避战乱，北方居民纷纷往南方逃难。其中，有一双兄弟，哥哥叫刘古唐，弟弟叫刘古壮。他们都长得身强力壮，有一身惊人的武艺，曾参加过北方农民自发组织的抗元武装。由于得不到支持，这股农民义军被元军击溃。为了东山再起，残存的义军化整为零，隐蔽起来。

一日，他们来到徐州府东南乡四十五里的一个荒僻地方。见官道旁边有一方池塘，水清澈见底，塘边岸柳茂盛，水草青青，鲜花盛开，是个不错的地方。

小歇之后，准备赶路，老大忽然有个想法，便与老二商量。二人一致认为，这兵荒马乱之秋，整日为躲避杀伐而逃总不是个办法。不如先找个地方安顿下来，以后有机会再去投军效力，拼死沙场。老二同意后，于是老大一家便在塘边搭了一个茅棚，住在塘边。老二继续南行，在离此五六里地又找了个合适的地方安顿下来。

后来，又来了一户苗姓和一户姜姓人家，他们都是山东人，也是为逃避战乱至此。

再后来，又有不少逃难的人，在此落户。这里便成了一个有十几户人家的小村子。

大家公推刘古唐为庄主。苗家户主是个不第秀才，大家让他给庄子起个名字。秀才想了半天，捻须笑了笑说："不如以庄主名字为庄名，咱们又住在塘边，就把庄主名字的后一字加个"土"字，你们看如何？"大家都说好，于是这里便定名为刘古塘。几经沧桑，繁衍至今，现改名为刘塘。

弟弟刘古壮居住的村庄名叫后谢。

河东行政村　下辖后谢、河东、贾庄 3 个自然村。

河东村原名叫秦家湖。当时秦家湖人口很少，村西头有个大洼子，早年叫"西大洼、西河底"。水由此向北流经现在的奶奶庙、位河、文庙等村边。据说这是早年黄河决堤冲刷而成。秦家湖就在这个大洼的东边，因为风景秀丽，位置独特，搬来居住的人也越来越多，姓氏也随之增多，庄体亦逐渐扩大，故而改村名为河东。

新庄行政村　下辖前郎、后郎、新庄、喻庄等 4 个自然村。

郎庄：传说是有一郎姓青年在很早以前消灭了这里为害一方的一群恶狼，为纪念英雄，村名叫作郎庄。后来人口渐多，建房扩村，水塘南称前郎，水塘北称后郎。郎姓人口后多迁居外地，至今村中已经没一户郎姓人家，只偶有回乡祭祖上坟者。村内的郎溪河因为这一带景美禾丰、有金玉富贵气，也被写作琅溪。

新庄：明末，一家境比较富裕的韩姓人家在此盖房置田，并招揽了许多长工，打理田地，慢慢形成了一个村庄模样，称为韩新庄。1959 年，改称为新庄，沿用至今。

喻庄：根据当代工笔花鸟画大师喻继高先生的十二世祖喻仲动碑文记载，喻仲动全家自徐州奎山迁居于此，原庄名康湖，由康姓、史姓、张姓三家居住，新增喻姓一家，为四家组合村庄，自 1722 年后改称喻庄至今。村内也有年长者传说，前清时期有一祖籍湖北的喻姓武将来徐州军镇任总兵，将家族安置在喻庄这个地方，建宅购田，取村名喻庄，传之至今。

当代工笔花鸟画大师喻继高

喻继高，1932 年出生，铜山区棠张镇喻庄村人。1951 年考入南京大学艺术系，1955 年毕业于南京师范大学美术系，1957 年参与筹备并调入江苏国画院，专门从事工笔花鸟画的创作和研究，系国家一级美术师。现任江苏省国画院副院长、江苏省美术家协会副主席、中国画研究院院委、中国工笔画学会副会长、徐悲鸿奖学金委员会委员等职务。

喻继高曾参加全国第三届、第六届、第七届、第八届和第十届全国美术作品展览，并多次参加国际性展览，联合国文委会颁发奖状表彰他在中国传统画上的卓越成就和对世界文化交流作出的巨大贡献。此外，他还为中南海、国务院、天安门楼厅、钓鱼台国宾馆、国家主席办公室等重要场所绘制了多幅巨制。出版有《喻继高画集》《喻继高工笔花鸟画集》《名家名画喻继高》等 20 余部专著。

喻继高的工笔重彩花鸟画近师陈之佛先生。陈之佛工笔花鸟画远承五代两宋，更直接以造化为师，而熔铸以个人的生活感情，观之如同聆听一部华彩乐章，或说是急管繁弦的江南丝竹，是对大自然的讴歌。喻继高的作品有《瑞鹤迎春》《杜鹃山雀》《秋荷白鹭》《樱花小鸟》《白鸽紫菊》《可爱花荫》等。

喻继高艺术馆

田河行政村　下辖田河、宋桥两个自然村。

田河：田姓人家在此定居，因庄子东西两边有河，遂取名田河。

宋桥：传说北宋时期，有一位王侯微服私访寻找儿子来此，遇大河相阻而不能前进，村上众人用木板送他过了河。王侯找到儿子回朝后，感激百姓相助，出银子修建了桥，只说自己姓宋，因此百姓为桥取名宋桥，村庄也取名宋桥，沿用至今。

另传说，北宋著名的二宋双状元宋祁和他的弟弟两位大文学曾经驻留于此，后来因病暂时分别，桥头相送，依依不舍，场面感人。石桥成了送桥，送桥成了宋桥。村名沿用至今。

（撰稿：郭华良、陈思功、李玉好、孙守华、陈善新等）

张 集 镇

张集镇位于铜山东南部，2000 年由原吴邵乡和张集乡合并而成，镇政府驻地在后楼村，距徐州新城区 10 公里，东邻房村，西接棠张、徐州新城区，北与金山桥开发区大庙镇接壤，南于安徽宿县褚兰区交界。该镇是全国最大的金属熔剂生产基地、全国最大的豆奶粉生产基地、江苏省最大的低压阀门生产基地和全省最大的奶牛养殖基地。维维集团的维维产业园就坐落该镇。下辖张集、水口、店西、店东、城头、梁堂、孙湾、孟庄、李村、二陈、伴山、杨楼、翟山、贺楼、魏集、吴邵、下张、邓楼、阎窝、张楼、姥庙等 21 个行政村。

张集行政村 下辖张集、后楼、许庄、徐庄、后赵庄、前赵庄、潘庄、杨洼、韩堂等 9 个自然村。

张集：张集村是个古老的村庄，据铜山大许镇《西滩张氏族谱》记载：在汉末时期，该族原居徐州东乡 22.5 公里处的张家集，后迁居浙江绍兴。又于明洪武二年(1369 年)，由山西平阳府白马城再迁西探头卜居，足见此村历史至少有1 800 年以上。该村以张姓取名，设有集市，原村名张家集，后简称张集。

后楼：原名权楼，因在张集后公路北，故取此村名。

许庄：以许姓取村名。

徐庄：以徐姓取村名。

后赵庄：原名赵庄，以赵姓取村名，因在路北故名后赵庄。

前赵庄：原名赵庄，以赵姓取村名，因在路南故名前赵庄。

潘庄：清嘉庆三年(1798 年)，潘姓在此地居住，故取村名潘庄。

杨洼：原村名为葛李庄，后因杨姓人丁兴旺，又因地势低洼，故改村名杨洼。

韩堂：韩姓早居，并建有家堂庙，故名韩堂。杨洼水库扩建，此村迁至堰上，仍名韩堂。

维维万头澳牛场

水口行政村 位于故黄河南岸，下辖水口、新村两个自然村。

水口：原名河头庄，庄址在堰湾处，即现水口水库的北闸南部。

据说清朝嘉庆年间，故黄河发大水，在堰湾处（水口水库北闸附近）冲开了一个200多米宽的大口子。大水冲垮了整个河头庄，几乎庄毁人亡。对此次黄河决口，清朝政府非常重视，委派宰相刘统勋亲自挂帅指挥抗击洪水。为了抗洪工作的顺利进行，他在今水口村设立了临时衙门，专门用于督导抗洪工作和惩治在抗洪中的贪腐行为与抗洪不力者。当时集中了几万名百姓在此安营扎寨，前仆后继，打桩抛石，挑土打堰。为了鼓励老百姓多挑土，官员在决口处用簸箕放满了铜钱，老百姓每挑一担土，就可以抓一把铜钱。后来决口终于被堵住了，抗洪工作结束，临时衙门被撤销。部分老百姓留在了当地生活，自然形成了一个新的村庄。由于当时堰湾决堤影响很大，周边村庄都称河头庄为水口庄，后来就形成了现在的水口村。抗洪中在临时衙门门前取土形成了一个汪塘，一直到现在，水口村还称此汪塘为衙门汪。

新村：因扩建水口水库，迁建新村，故取村名为新村。

店西行政村 因元朝末年，黄姓在此地开店，故名小店。以村中店为界，在店西的村，便取名店西村。

店东行政村 因元朝末年，黄姓在此地开店，故名小店。以村中店为界，在店东的村，便取名店东村。

相传古时候，在咆哮的黄河边上，有一座繁华的吕梁城，是方圆百里人们商贸、文化交流的中心。吕梁城给当时人们的生活带来了诸多的便利。小店庄就处在吕梁城的西南角几里远处的黄堰下的三岔路口上。三岔路口其中一条是向西南至徐州，一条是向东北至伊庄、吴桥、单集，一条是向东南至房村、双沟。

有一年黄河发水，愤怒的黄河水吞噬了吕梁城，人们无奈之下只得向古城徐州方向迁移，而小店庄就成了商贾运送海盐、农民销售农产品往返的必经之地。

古时候的运输条件很差，农民多数是靠担挑肩扛，还有的用木制的独轮车推，商人就用小毛驴驮。由于路远，人们都要早早动身上路，他们有的凌晨两三点钟，有的甚至上半夜就要动身，走几十里路后路过这三岔路口时人困马乏，往往要歇歇脚吃点东西，牲口也要添些草料。在这种情况下，一户姓刘的人家就在路口边上盖了几间草屋，卖点茶水、饭菜和牲口用的草料等，取名晓店。由于行人来得早，店主早早就要起来接待客人，张罗生意。这样天长日久，知道这里有个晓店的人越来越多，慢慢地来晓店歇脚的、吃饭的，在这附近扎根落户的、做各种各样生意的人也越来越多，就渐渐地成了交通的枢纽、商贾的中转站。到了新中国成立前夕，这里已发展成为闻名方圆百里的大集市，集上有粮行、布匹市、牲口市等。店铺比邻，熙熙攘攘，很是热闹。后来，此村周围又出现很多因姓氏或地势、地形命名的卫星村，如长汪村、范家小院、陶家围子、张家台子、李家台子、刘家祠堂、大桥村、三小楼村等，为了书写方便，人们把晓店也改写成了小店。

在20世纪60年代初期，小店村已形成了拥有17个生产小组，3 000余人的大村，为便于管理，政府将小店村划分成两个行政村管理，1～9组划归店东村，10～17组划归店西村。但两村的老百姓对外仍称自己是小店村的人。

城头行政村　下辖城头、上洪、苗窝、上庄等4个自然村。

城头：因该村位于吕梁城西头，故名城头村。

吕梁城至少可追溯到西周武王姬发开疆封土，在此设吕国国都。

西周初的吕国国都，乃第一座吕梁城，距今约3 100年。唐宪宗的宰相李吉甫在其著作《元和郡县志》载："吕梁故城，在彭城县东五十七里，春秋时宋之吕邑，汉以为吕县。"清朝道光本《铜山县志》载："吕梁城在（彭）城东南"。

据此说明，从周至清，吕梁不但有城，而且还是一座跨越时空 3 000 多年的古城。

吕梁城近邻泗水，北依群山，民间有多次被淹埋的传说。汉朝期间有一次被洪水淹没而迁建的经过，唐朝《元和郡县志》所言"吕梁故城"应当为汉时吕县城。贞观年间又一次发生了吕梁城被淹埋的史实，导致今天吕梁的人们仍津津乐道尉迟恭(字敬德)"扒了白塔庙，建起吕梁城""先建五孔桥，后建吕梁城"等民间故事。清朝同治本《铜山县志》上云："贞观十六年夏，徐州瘟疫流行。秋，大水。"或许是这次大水淹了吕梁城，才发生所谓尉迟恭建城疏河之说。

宋朝神宗熙宁十年(1077 年)，黄河在潭州溃堤，夺汴河冲入泗水，造成吕梁城再次被淹，这次水患在《徐州府志》及《铜山县志》上均有记载。苏轼在《答吕梁仲屯田》诗中，进一步作了证实："岁寒霜重水归壑，但见瓦屋留沙痕"。

吕梁城在唐朝时有多大的面积呢？据《元和郡县志》载："城临泗水，高一百四十尺，周回十七里"。此城约合 5.75 平方公里，约相当于 1949 年徐州市的面积。在中华数千年文明建城史上，吕梁城的规模堪称宏伟壮观。

新中国成立以后，人们在平田整地中，曾于冠山村南的田里挖出古城墙遗址，进一步证明了吕梁城的存在。所以，今城头村是原吕梁城的西门或西关，应属宋时古城所遗存。另据传说，城头村以西是历代官家在此设的法场，专门镇压那些作恶多端的不法之徒和贪官污吏的地方。

在城头村周围不足 180 平方公里内，当年还建有许多卫星城，当地居民至今仍有"九城连环扣，城城出王侯"之说。直至 1855 年黄河北徙，吕梁城至此承载完人类赋予的使命，才悄然退出历史舞台。遗留下城头村周围一片断壁残垣，供人们前往观瞻追昔，怀古咏叹。

上洪：很久以前，黄河水上涨淹没此村，故名上洪。

苗窝：苗姓在山窝居住，故名苗窝。

上庄：原名上林，后因住户增多，改名上庄。

梁堂行政村 下辖西梁、东梁、尖山 3 个自然村。

西梁：原系梁姓家堂庙，庙西为西梁村。

东梁：原系梁姓家堂庙，庙东为东梁村。

尖山：此村在尖山脚下，故名尖山村。

孙湾行政村 下辖大孙湾、小孙湾、黄庄、吴楼等4个自然村。

大孙湾：清初，孙姓迁居大堰湾里，故名大孙湾。

小孙湾：由大孙湾迁出建庄，故名小孙湾。

黄庄：黄姓早居，此村故名黄庄。杨洼水库扩建，此村迁至堰上，仍名黄庄。

吴楼：明末，此地有望水楼，吴姓在此地居住，故取村名吴楼。

吴楼原名杨洪庄。前清时期黄堰(即黄河岸)脚下，在一坑中有不足二亩的高地。杨姓十几户人家逃荒来此定居，开垦种田，种桑织布，自养畜禽，过着悠闲的生活，自称此地为杨洪庄。

后来，因为堰下的渗水不断减少，较高的一些地势逐渐凸现出来，陆续有逃荒人员来此定居。清朝中期，乾隆皇帝派大臣刘统勋来此修复大堰，并在吴姓人家的地上(现吴诗明、吴诗岭两家的宅基地)建一座三层高的望水楼，站在顶楼随时可以观察到黄河的水情。当时，吴家人丁兴旺，短短几年间繁衍到百余口人，再加上望水楼远近闻名。但杨洪庄人少地薄，常受到外来人的侵袭，为保人财安全，后改名为吴楼村。

随着黄河治理工程的结束，看护黄堰的人员渐渐撤离。刘统勋临走时为留个纪念，留下青龙宝剑一把和玉枕一个，放置于吴家，后遭窃失传。望水楼因年久失修而坍塌，只留下十几块刻有石雕的方形条石和两个精制的石鼓，后在“文化大革命”期间也被毁坏掉了。

望水楼的建成给吴楼带来了吉祥，特别是吴姓人家，人丁兴旺，致富有方。清朝中期吴家考取一名拔贡，皇上下令立旗杆，以示后人，现在立杆的石窝子依旧保存完好。

孟庄行政村 下辖东孟庄、西孟庄、后杨家、仁和村等4个自然村。

东孟庄、西孟庄：相传在很久以前，孟庄村这块土地上没人居住，到处是荒草。后来一对夫妇从山东带着四个儿子来此地安家落户。在此安顿好以后，就想给居住的地方起个名字。父亲说：要想以后过上好日子，我们对外要仁义，对内要和睦，咱就给村庄起个村名叫仁和村吧。过了很久，又来了一户姓孟的人家，孟氏家族昌盛，人口众多，有钱有势，他们就把仁和村改称为孟庄村。位于东边的村庄，故名东孟庄。位于西边的村庄，故名西孟庄。

后杨家：杨姓早居，因住在东孟村后边，故名后杨家。

仁和村：原名小刘庄。因大家团结互助、家家安居乐业，遂改村名为仁和村。

李村行政村 下辖李村、西郝庄、党庄、陈楼、韩楼、王堂等 6 个自然村。

李村：因李姓在此居住而得村名李村。

西郝庄：因郝姓早居此地，位于张集西边而得村名西郝庄。

党庄：清乾隆年间，因党姓村民在此居住而得村名党庄。

陈楼：因陈姓早居此地且建有楼房，故得村名陈楼。

韩楼：因韩姓早居此地且建有楼房故得村名韩楼。

据韩姓村民传说，明正德年间，始祖韩经公为避免战乱，由山东省鱼台县南阳镇来到徐州。直到明万历年间，韩氏家族的韩永茂考取进士，为国家作出很大贡献。皇帝为表彰他的功劳，在徐州东南 20 公里处封地 300 顷(约为 20 平方千米)，并立了韩牌坊。

韩家人为保护牌坊，经营好封地，命其子韩啟锐及其佃户迁到牌坊东南 1 里处建庄。庄内盖有百余处房屋，韩啟锐又盖一处三进三出的庭院，院内有鱼塘、花园、亭榭、假山。院中建有一栋四层的高楼，几公里外都看得见，周边村庄都称此楼为韩楼。韩楼村由此而得名。韩楼村的韩楼后被日本侵略者破坏掉了。

王堂：因王姓建有家堂庙，而得村名王堂。

二陈行政村 下辖二陈村、坡里秦、朱洼、卢楼等 4 个自然村。

二陈村：全名二陈集村。清初，因为村北头和村西头居住两个大户人家都姓陈，故得名二陈村。村子很大，纵贯南北的一条大道把村子分为东、西两部分。新中国成立前，苏北地区的两淮及宿迁等地车马去徐州都要经过二陈村，为交通要道。当时的二陈集村有一条大道，商铺林立，每逢农历初一、初三、初六、初八为集日，是周围较大的农副产品集散地，也是当地民众贸易交流的中心。

坡里秦：地处湖坡洼地，因秦姓在此地居住，故取村名坡里秦。

朱洼：朱姓在地势低洼之地居住，故取村名朱洼。

卢楼：清初，因卢姓早居，盖粮仓，做生意，建楼房，故此村得名卢楼。

伴山行政村 下辖伴山、后杨家两个自然村。

伴山：村庄南部有两座大山，东部为黄龙山，西部为玫瑰花山，在中间有座黄枚水库，此村庄依山而建，故取名伴山。

后杨家：杨姓在湖山后居住，故取村名后杨家。

杨楼行政村 下辖杨楼、班庄、赵洼、王庄等4个自然村。

杨楼：因杨姓早居，且建有楼房，故得村名杨楼。

班庄：班庄的来历，一种传说是班庄西北约400米处，现存有清凉寺的遗址。当时，此寺内存有藏经，数量很多，在每年的农历六月，需晒经一次，要用不少人工搬运出来晾晒，故得名叫搬经庄，后简称为班庄。另一种传说是当时在本地居住的移民中，最早来到此地的居民姓班，后来，就把搬经庄改称为班庄村。

赵洼：地处湖坡洼地，赵姓在此地居住，故取村名赵洼。

王庄：因王姓早居此地，故得村名王庄。

翟山行政村 下辖翟山、下庄、旗杆村3个自然村。

翟山：因翟姓早居此地小山坡上，故得村名翟山。

下庄：因此村在翟山北山脚下，故取村名下庄。

旗杆村：清朝咸丰年间，张氏先人张亮基官至云贵及两广总督之职，属内阁一品大员，咸丰皇帝赐匾一块，为其建造府地，并准其树立旗杆，因此村庄得名张家旗杆，后简称旗杆村。

贺楼行政村 下辖贺楼、郝庄、邓场3个自然村。

贺楼：明末，贺氏在此地居住，建楼安庄，故取村名贺楼。

郝庄：因郝姓早居此地，故取村名郝庄。

邓场：因邓姓早居此地，并有大场地用于收晒粮食，故取村名邓场。

魏集行政村 下辖魏集、小河涯两个自然村。

魏集村：元朝时，魏氏始祖魏德兄弟仨人随母从山西曲沃县，东迁至徐州东17.5公里处（位于今小河涯村东南角至下马村西北角一带）定居。明朝中期时，因此地低洼屡遭洪水浸淹，人们无法居住，于是村中魏氏族人商定，南迁1里处建村定居，名曰魏家。明万历十年（1582年），魏氏族人又商定建集市，并建火神庙立碑纪念，村名改为魏家集。

魏家集初更名时，以火神庙为界，庙以东称上马家，庙以西称魏家集。清同治四年（1865年），清政府为防太平军北犯徐州，“昭各直省坚壁清野，以断盗粮……巩固徐土，用以义安（太平无事）”。于是魏家集开始以石建寨（俗称圩子），将上马村和魏家集圈在古寨内，上马家村名遂消失，统称魏家集。1950年开始，实施土地改革政策，取村名为魏集。

该村南部群山环绕，北部有房亭河穿过，山清水秀，民风淳朴。目前，该村工业经济十分发达，是闻名苏北的工业强村。作为全国熔剂产业的主要领军人物，徐州轩辕集团的法人魏道金饱读国学、著书立说、情系家国、惠泽乡里，用一代儒商的价值导向，为一方乡风民企树立了精神标杆。

小河涯：该村坐落在小河边，故取村名小河涯。

魏集豆腐

魏集豆腐闻名乡里，其特点是洁白细腻、弹颤不散，凉拌滑润清鲜，热炒油亮如玉，入口清香爽心。魏集豆腐制作的三大特点：一是原材料选用本地产上等小黄豆；二是水源选用本地清朝初期一口古井的水；三是磨浆选用石磨，弃用机器。

魏集馒头

魏集魏家的“银馒头房”蒸出的馒头，有两个显著特点：一是清香，二是筋道。据这家馒头房的老板介绍，面粉要选上等的，面要揉透，吃起来才能蓬松且有韧性。“好酒不怕巷子深”，如今，魏集馒头不仅走俏周围数十公里，还远销台湾地区。

吴邵行政村　下辖吴邵、林东等自然村。

吴邵：明朝年间，吴、邵两姓在此地安家，此村故名吴邵。

林东：清初，宋姓迁居彭家林坟东，故取村名林东。

下张行政村　下辖下张、上张、肖家、董家、圣庵等5个自然村。

下张：清朝，张姓祖居此地，兄弟俩分家，此庄为老二居住，故取村名下张。下张村是个历史悠久的村庄，自明朝初年就有村民从山西迁入此地居住。村子四周青山环绕，雨季溪水潺潺，沟溢河满。村子中间龙须河横贯，河两侧良田百顷，村民得以飧养安居。

上张：清朝，张姓祖居此地，兄弟俩分家，此庄为老大居住，故取村名上张村。

肖家：因肖姓早居此地，此村故名肖家。

董家：原名涝坡村，后因董姓早居此地，此村故名董家。

圣庵：又名圣水庵。清朝，因此地有尼姑庵，庙前有山泉，时称圣水，故取名圣水庵，后简称圣庵。

邓楼行政村 下辖邓楼、范湖、张桥等自然村。

邓楼：因邓姓早居住且建有楼房而得名。南临故黄河，北依群山。河南稻花飘香，岸北绿柳如烟，真可谓“沃土良田富贵地，山清水秀好庄园”。

新中国成立之前，黄河得不到根治，十年九灾。泛滥的河水如脱缰的野马，九曲十八弯，横冲直撞，冲倒了房屋，摧毁了良田，夺走了生命，带来了灾难。洪水过后，留下了湖、淀、坑、洼，也留下了满目凄凉。上洪、下洪、郝湾、小淀、水口、城头、潘塘、孙湾、张桥、范湖、前坝、后坝，上河头、下河头、杨洼，这些村寨的名称，无一不和泛滥的河水相连，它们叙说着河水的凶猛，记载着人们的抗争，也书写着百姓的苦难。邓楼村初听起来似乎和黄河没有瓜葛，可它却隐含着和水灾抗争的内涵。

据说邓楼村的邓氏先人迁居邓楼时，正遇上黄河泛滥肆虐。为了躲避水患，在半山腰显眼之处凿石盖屋，以求安居。古话说“山高显屋耸”，每当做饭的时候，云迷漫、炊烟袅，云烟缭绕半山腰，烟中房屋更显高，好似高楼插云霄。邓家楼渐渐被叫开了，邓楼村由此而来。其实，过去邓楼村本无楼。

在烽火连天的抗日岁月中走出的邓永清，是一位收藏大家，他把用一生心血收藏的古代名人字画全部捐献给了家乡徐州，并用政府象征性的百万奖励基金建起了永清希望小学。现在，这些价值连城的金品书画已收藏在徐州博物馆，为徐州文化增添了一抹亮丽的色彩，也丰富了古城人民的精神食粮。

范湖：村前有古黄河，范姓在湖边居住，故取村名范湖。

张桥：张姓祖居此地，明初黄河泛滥时修桥，故取村名张桥村。

阎窝行政村 下辖阎窝、徐庄、杏坡 3 个自然村。

阎窝：明朝年间，阎姓在此地的山窝里安家，故取村名阎窝。阎窝教育展览馆，全面展示了 20 世纪 30 年代日本侵略者在该村烧杀抢掠的滔天罪行，是徐州市著名的爱国主义教育基地。

徐庄：徐姓祖居此地，取村名徐庄。

杏坡：古时，此村山坡上栽种白杏（银杏），故取村名杏坡。

白 马 泉

阎窝村的阎山脚下有一眼清泉，泉水甘甜清凉，终日涓涓流淌。一直到 20 世纪 90 年代初，阎窝村、杏坡村、王山村的村民在这里所种植的大面积蔬菜，都是利用这泉水浇灌。

传说过去这泉水很丰沛，向上喷射有数米高。在远处看好像一匹白马在腾跃，汹涌的泉水流入房亭河，向东直泻猫儿窝，故称为白马泉。

在阎山北坡半山上，不知何年何月还建有一座塔和一座庙，此塔在“文化大革命”中被毁掉，此庙也早已不存在了，现址是阎窝小学。传说当时白马泉太凶猛，杏坡湖的大片农田终年起涝，建塔意欲镇住白马泉。可是塔建成之后，泉水仍然很凶猛。这一天，庙中的一个老和尚生气了，用一口很大的锅把它盖住了。又过数年，天遭大旱，久旱无雨，老和尚的一匹“金马驹”口渴难耐，跑到白马泉旁，用蹄子刨，一蹄子把锅底蹬掉了。从此，白马泉泉水就不大不小地流淌着。

白马泉不远处的山麓上，现有一棵数百年的柘树和一棵500余年的黄杨树，依然枝繁叶茂，洋溢着蓬勃的生命力。

阎窝古树

张楼行政村 下辖张楼、苏庄、夏楼3个自然村。

张楼：明洪武二年（1369年），明政府令，迁山西平阳（今临汾市）各县民，至中原归德政府（即商丘）徐州东路屯耕生息。其中一支张姓族人，在族长张胜的率领下，迁入距离彭城东17.5公里处的隆德乡顾贺西庄定居。明嘉靖二十六年至三十二年(1547～1553年)，徐州连续7年发生洪涝灾害，“膏壤每成鱼路”。明万历四十四年至四十五年(1616～1617年)，徐州再次发生水灾，致黄河在狼夭沟(今大坝村)决堤，顾贺西庄复遭大水淹没。张氏族人为避水患，遂南迁500米远至出头山北麓定居，建村取名张家。

清乾隆时期，张氏后人张广居、张际盛、张际泰父子三人，分别出任山西泽州府知府(五品)、商虞通判(四品)、云南大理府浪穹县知县(七品)，家中开始建造楼房，村名改称张家楼，简称张楼。

张楼村本为独立自然村，隶属魏集大队；1979年底，铜山撤社建乡时，与苏庄、夏楼二村合并为一个行政村，曰张楼村，一直延续至今。

苏庄：因苏姓祖居此地，故取村名苏庄。

夏楼：因夏姓在早居此地，建楼安庄，故取村名夏楼。

姥(方言，音同亩)庙行政村 下辖邓庄、姥庙、路庄、魏桥、下马家等5个自然村。

姥庙：原名姥家庙。坐落于张集镇境内，南临老回山，北依房亭河，是个依山傍水的美丽村庄。该村形成于明朝初年，距今有600多年的历史。明朝万历年间，姥姓居民出资在村南面建寺庙，并树碑立传(有碑为证)，从此，姥庙村名就形成了。现在村北靠河边还有一口老井名为姥井，已有300多年的历史。村北还有一座石桥名为姥桥，20世纪70年代初，古石桥重建成钢筋水泥桥，人们依然称它为老桥。清朝中期，该村姥姓人口达到高峰期。清咸丰年间，姥姓家族与公姓家族闹纠纷，有人趁机挑拨说：姥和母是谐音，与公姓在五行上相冲克。于是姥姓氏族强行赶走了公姓氏族，从此公姓在姥庙村消失了。自从清朝以后至今，姥姓人氏也逐渐减少，目前该村仅有十来户姥姓村民居住。1936年，该村潘姓大户出资翻建寺庙，姥庙村更名为潘家村。新中国成立后，该村又称姥庙。

路庄：因路姓最早在此居住，故此村得名路庄。

魏桥：清朝时期，魏家在此地修一座小桥，故此村取名魏桥。

下马家：马姓居住在魏集东北角洼地湖里，此村故名下马家。

清朝时期，该村走出一名曹州府总兵。这位总兵发迹后，在村里建起一处庄园，亭台楼榭，雕梁画栋，闻名徐州方圆百里。20世纪70年代，长春电影制片厂拍摄电影《车轮滚滚》时，曾把这里作为渡江战役指挥部的外景地。这样一处深具明清建筑风格的建筑精品，却没有被保存下来。

尖山的传说

传说在很久很久以前，芜湖岸边有一只恶虎经常出来伤害百姓，这事传到了玉皇大帝的耳朵里。玉皇大帝下旨要龙王派兵前去捉拿，龙王接旨后命令九条龙前往擒拿恶虎。九龙行云来到芜湖上空，正见这只恶虎正在追赶一匹骏马。这匹马被追得筋疲力尽，不能动了，恶虎一口咬掉了马尾巴。九龙见状冲天而下，缠住恶虎。恶虎不能动了，只能胡乱摔自己的尾巴，溅起的泥土在它的屁股后形成三座山峰。最远的一座山被人们称为五台山，中间的一座山被人们称为范山，最近的一座山被人们称为小留山。最终老虎一命呜呼，化作一座山峰被人们称为卧虎山。被咬掉的马尾巴长出一道白草，后来被人们称为白草龙。前方的骏马也化作了一座山峰，人们称它为马山。九条龙化作九道山沟，此山又称九龙卧虎山。

传说唐代纪奕英占山为王，就在此山。因薛刚农历正月十五闹花灯时踢死了太子，犯下滔天大罪，被唐王下旨全家满门抄斩。为保后继烟火，薛家叫薛刚连夜出城直奔卧虎山。因薛刚和纪奕英是从小定的娃娃亲，二人来到卧虎山结为夫妻后，不断招兵买马，日夜练兵准备反攻大唐。大唐皇帝探知薛刚在卧虎山，就派兵前来围剿，山寨被毁。从此皇帝下旨，将卧虎山依山势更名为尖山，尖山因此而得名，一直沿用至今。

吴邵湖庄的传说

吴邵湖庄处于群山环抱之中，其中有万亩良田，形成盆地称之吴邵湖。很久以前，吴邵湖建村庄时是从外地来的两姓人家。一姓吴、一姓邵，两姓同建一个村庄，自然就形成了吴邵湖庄。

吴邵湖庄原坐落在古庙前水井南，以此为中心，后因黄河水泛滥频繁，该庄便分别搬到东西山坡居住。

后来吴、邵两姓人家感到在此村庄居住人财不旺，他们就商定迁出该村庄，各奔东西。

到了元朝年间，又从外地来了杨、蔡二姓在该村庄居住。明末清初杨、蔡两姓发生灾祸，他们便认为此地不宜居住。因为两姓关系亲密，杨姓建议同来同走，另择安居之地。蔡姓同意，后两姓举家同时迁出。

黄河故道

清末以来,已有十多姓氏陆续移居吴邵湖庄居住。目前,李姓人口在该庄最多,而吴邵湖庄名已经简称为吴邵。

(撰稿:魏佳权)

房村镇

徐州市铜山区房村镇位于苏皖两省四县交界处，距徐州新城区 15 公里，是 4A 级吕梁风景区的重要组成部分之一。东临徐州国际观音机场，104 国道、京福高速公路和徐盐高铁穿境而过。房村镇是农业大镇，农产品比较丰富，其中宫品牌黄冠梨和藕乡浓牌莲藕远近闻名，养殖南美白对虾 0.2 万亩，目前已形成一定的区域品牌优势。

房村镇风光(一)

房村镇风光(二)

故黄河将房村镇分为堰上、堰下两个区域。堰上土地肥沃,物产富饶,林木葱茏,风景秀丽;堰下沟渠相通,桥涵错落,鱼藕满塘,赛似江南。有诗为证:“沙薄霜干草不深,萧萧榆柳冷无荫。村园门巷皆鸡犬,比似江南少竹林。”此诗出自明朝刘嵩的《由邳州入房村》。据《徐州府志》记载,明永乐年间,房村为驿站。明代嘉靖年间的冯士雍出任吕梁洪工部分司主事,编注的《吕梁洪志》中记载:“房村,刻舟辏集,居民富庶,亦乐土也。”凌蒙初(1580～1644 年),崇祯十五年(1642 年)擢徐州通判并分署房村(行署位于今房村镇吴湾村内),著有《初刻拍案惊奇》与《二刻拍案惊奇》。

房村镇有下洪、吴湾、郭集 3 座水库,水域面积约 5 000 余亩,一条运料河贯穿南北,临水结村落,推窗见水流,形成旖旎的风光走廊。房村镇总人口 7.6 万人,是国家级生态镇。现下辖房村、周庙、杨场、西王、温刘、马家、鹿湾、鹿台、郝湾、郭集、大牛、大沟里、八王、新庄、尚王、窦家、林场、李楼、李庄、下洪等 20 个行政村，共计 99 个自然村。

房村行政村　房村镇政府的驻地村，下辖中桥、冯小楼子、菜园、房村、刘桥口、吴湾、下摆渡、段庄、徐楼等 9 个自然村。

房村历史悠久，自古就是当地的水陆交通要道，享有盛名。1194 年黄河又一次大改道，滚滚河水夺汴水、泗水河道入海，浩浩荡荡从房村北部流向东南方向，经现房村镇境内十多公里奔腾不息。当时的地方官府利用黄河的水运优势，在南岸设水旱码头，此处为木材市场，取名“方寸口”。当地的房姓大户利用“方”“口”“木”“寸”的字形字音，把木材市场的“方寸口”改称“房村”，并沿用至今。有史料可查，历史上房村曾经是古驿站。明朝成化年间，有个江浦县(今南京市浦口区)的进士去朝中上任翰林院检讨官。他从房村驿乘船路过吕梁，因见黄河漭泱，浊浪浑天，加之小病初愈，心情开朗，即兴作了一首七律《房村将至吕梁》的古诗：“漭泱无穷放此怀，人间着处有高台。病随山水还欹枕，老愧风花又过淮。几句自家真惬意，满船书册古尘埃。云山圈出洪头路，一幅分明太极开。”

周庙行政村　位于废黄河西岸，房村镇驻地东 5 公里处，北靠闻庄，南接温刘，西邻郝湾、李庄。清朝末年，村东边有一座小寺庙，周围人都以周(家)庙称之。以前，周庙村人每年都会举办舞狮以及赛船活动，后来渐渐停止举办。周庙行政村下辖王庄、崔仓屋两个自然村。

王庄：因为这个村多数村民姓王，故称之为王庄。

崔仓屋：传说，清朝后期，徐州有一姓崔的人家在北京做翰林，人们称之崔翰林。他在此地广有田产，春秋二季收取租粮。为便于存放，便在村子中选址修建仓库，当时称作仓屋。周围佃农每年两季都要来到仓屋交租粮，久而久之便成为崔仓屋，也有简称为仓屋的。遗址是一个方圆近两亩地、高于周边两三米的土台，直到今天，仍有人称之为仓屋台子。

崔家仓屋的传说

传说，当年崔家为了保全自家的粮食，雇了一个叫裴红的护院武士。武士白天睡觉，晚上守夜巡查，灯火通宵。冬季闲暇，周围村民彻夜伴着这个武士打牌。这天夜里，皓月当空，武士趁洗牌之际，出房巡查，一眨眼的工夫，武士已经回到门口，口中唏嘘：“好冷啊！”大家一看，他满身的雪花有两指厚。大家都惊奇地问他，这短短的时间跑到哪里去了，弄得浑身雪花。武士回答：

“跑得不远，不过转了百十里路罢了。”人们都称此武士是个“飞毛腿”，同时也对崔家仓屋的面积之大充满神秘感。

筑土台的传说

居住在废黄河边上的先民，早先不知道筑土台防洪。洪水一来纷纷抛弃家产，爬到大树上避难。一个财主怀揣着家里仅存的几十个元宝，爬到大树上。另一个村民把家里仅存的十几个窝头也怀揣着爬到这棵大树上。穷人每天啃点窝头勉强撑着，富人可就不行了，忍痛提出用一个元宝换一个窝头。因财迷心窍，穷人答应了，把剩下的窝头全换了元宝。哪知洪水很久才退，穷人饿死了，富人也饿昏了。富人醒来捡回了他全部财产。后来，当地人吃一堑长一智，堆起土台，在土台上建房子，这样此地就安全得多了。

杨场行政村 位于房村镇政府驻地东北方向 2.5 公里处，下辖王皮楼、孙庄、杨场、李台子、刘场、徐庄、洪庄等 7 个自然村。

王皮楼：以前，村里有个王皮匠，经营皮革生意，他生产的皮革靠黄河水运销各地，因此发了财，在家盖了座较有名气的小洋楼。王皮匠对人和蔼可亲，哪家有困难他都给些资助。在给村庄起名时，大家都想到他家的洋楼，这个村庄便起名为王皮家楼，后称为王皮楼。

福 神 祠

几年前，王皮楼村村民建房在挖地基时挖出四尊石雕神像和一块“正神主位”条石及一块庙记碑。该碑刻长约 30 厘米，宽约 20 厘米。此碑属庙记碑，亦称施主碑、功德碑。其碑文如下：

盍闻王皮家楼敬立

福神祠由来久矣，自道光二十八年秋间，黄河水盛溜，走南岸村庄落河庙宇，神像遂为之具向东流矣。兹因王、许二家陡起善念，心有不忍，与众姓人等公议，立庙设像，虔心敬意，乐助资财，而神之畀麐，当亦无疆矣。

通过碑文不难看出，位于王皮楼村东的这座被埋于地下的神庙叫福神祠，建于清朝道光年间，具体何时则不详，到了道光二十八年（1848 年）秋，黄河溃堤发大水淹没了庙宇，洪水之大，竟然把百十斤重的神像从原址向东方冲走了。历时 21 年后，到了清朝同治八年（1869 年），村民在王永盛、王克义、许志乾和许凤山的倡导下，又集资重修。最后一次修建，距今已有149年，加上道光年以前的年代，该福神祠已有200年的历史了。王皮楼村福神祠，又称五福神。五福神是指福、禄、寿、喜、财五位神仙，又统称福神或五福神。王皮楼村福神祠即福神庙，可惜至今只挖掘出四位神仙雕像和一块“正神主位”条石。另一尊神像一是可能还在地下，未被发现；二是可能道光年间因发大水，不知被冲到哪里去了；三是可能已经被外村人偷走了。古时候，人们因为与某村有间隙，或嫉妒某村比自已村富裕，常常闹出偷神像的荒唐事情。该村的五福神虽系石雕，神像的个头并不大，重不过百十斤，对一个成年人来说，抱起百十斤重的石头，不是难事。正因为少了一位神像，王皮楼村知道神像仍然存世，不便再另造新神像，故而在清朝同治八年(1869年)重修福神祠时，只好刻了一块条石，上书“正神主位”四字，以代福神之雕像。

王皮楼村为什么将福神庙称作福神祠呢？一是该祠全部由王皮楼村百姓捐资建造，意为这里的五位福神只是执掌王皮楼一村的五福，不和其他村发生共享关系。二是各位福神由本村各家轮流看护，意为这是我村专供福神的祠堂，所以称福神祠，而不是福神庙。现在，王皮楼村委会应村民意愿，在该村东边又重新修建一间小祠堂，已将该村祖先们留下的四尊神像安放完毕。

五 眼 井

清朝末年，有一年旱情十分严重，河水干涸，田地开裂，庄稼干枯，土井中很少有水，百姓生活没有着落。当时王皮楼村的一位长者无奈领着百姓到福神祠祈雨，仍然烈日当空，万里无云。后来在村西发现一片湿土，而周围的土地开裂。于是他就召集全村青壮年开挖，挖到两米多深的地方，果然有水渗出，挖到三米就可以见水汪，挖到四米就有泉水汩汩涌出。百姓们见了水十分高兴，连夜挖坑，用砖砌井，用轱辘提水。但那时由于抽水工具落后，日夜派人轮流值班，但水仍不够用，这时有人就提出多挖几眼井，但也不敢挖太多，所以就挖了五眼井，装上轱辘提水，这不但解决了百姓吃水问题，还可以用来浇灌庄稼。再后来，人们渐渐地就把这五眼井遗忘了，五眼井逐年被尘土覆盖。直到2016年施工取土，这埋没于地下多年的五眼井才又重见天日。

西王行政村 位于房村镇最西南处，苏皖两省交界地，南与安徽省灵璧县接壤，下辖前王村和西王村两个自然村。

前王村：此村王姓村民皆属“三槐”王氏，原居于山西洪洞县喜鹊窝。传说在明朝时期，由于黄河发水，山西东昌府一带被河水淹没，致使人畜减少，田地荒芜，人员迁移，村民一支搬迁到福建莆田，另一支搬迁到今徐州前王一带定居，由于是王姓聚族而居，始称王庄。清末民初，陆续有陈姓、赵姓、夏姓等村民迁入此村。

民国时期，该村隶属于安徽灵璧县龙谷乡，直至20世纪50年代才从安徽省灵璧县划入江苏省铜山县管辖，与原先相邻的西王自然村合并为一个行政村，因地理位置居前，为相互区别，故改称前王村。

温刘行政村 位于房村镇的最东部，东与睢宁县双沟镇白湾村接壤，北同伊庄镇为邻，南与安徽省灵璧县相望，属两省三县交界之地，下辖刘土井、西温家、王李庄、张王庄、佟刘庄、小殷庄等6个自然村。

新中国成立初期，该行政村隶属于睢宁县双沟镇。1958年前后，成立了人民公社，这6个自然庄统一组成为一个大队，当时就称为温刘大队，属铜山县房村人民公社管辖。在1980年左右，人民公社撤销后，改称为温刘村，并沿用至今。

刘土井：此地清朝末年废黄河改道形成的一片淤积平原。由于当时地势高，土壤肥沃，吸引很多外地荒民迁来居住，并在此耕种劳作。但是，因地势太高，吃水极为困难，便组织劳力在村庄内开挖了一个蓄水坑。谁知坑内的水不但量足，而且清澈甘甜，以致远处的农户都到此地排队挑水吃。该地周围的群众以刘姓居多，至民国初年，远近闻名的土水坑，便改称为刘土井。

西温家：400多年前，原居住在今温庄自然村的一户人家，其分支在刘土井西侧居住，时间久了，人口越来越多，便形成了村庄西温家。

王李庄：刘土井南侧迁来的几户姓王的和姓李的人家在此安家，时间久了就被称为王李庄。

张王庄：传说现高仓屋一位姓高的在此种了很多田地，并雇用了不少人帮忙，虽然说收成不是很好，但由于田地多，打出的高粱、谷子自然也很多，但因运输条件差，只好就近建了一些仓库（房屋）屯粮，有人在此种地，有人在此看管，不久所住的村民越来越多，就形成了一个小村庄，村庄以张姓、王姓居多，所以村名为张王庄。

佟刘庄：当时在张王庄里住有佟姓和刘姓两户人家，他们相处得十分融洽，但由于他们两家人口少，只能以做苦力为生。后来他们搬离到距此庄南约 1 公里处搭棚居住，几十年后，逐渐形成了佟刘庄。

马家行政村 位于房村镇南部。马家村地处两省三县交界处，南接安徽省灵璧县，西邻安徽省宿县，下辖前马家、后马家两个自然村。新中国成立前，当地国民党代表人物杨号如、陈文丙居住在此，并且挖地沟、修炮楼。村庄有十八连塘，村里有一条东西主干道，两侧是汪塘。村庄以路为界，路南村庄被称为前马家，路北村庄被称为后马家，统称马金城，后总称为马家村。

马家：传说古代有一名姓马的武将在朝中做官，堂号为伏波堂，人称伏波大将军。他的大儿子来到此地落户，为了扩大马氏家族，因当地传说“有马，有槽，有人喂，才能兴旺”的说法，故招引了曹氏、魏氏家族的人来此居住。因马氏家族较大，占总人口的九成以上，所以以姓取村名。

鹿湾行政村 位于房村镇西南部，距离镇政府驻地 7 公里，南与安徽灵璧相邻，东与八王村搭界，下辖林庄、东黄盆、西黄盆、杨场、陈庄子、小马家、鹿湾等 7 个自然村。

林庄：传说，林官庄一个大户人家，从林场河往南开了一个大型木料厂，主要从事木材的加工、转运及销售等业务。因为善于经营，生意越做越大，雇用的人员也越来越多。有一年雨水特别大，导致黄河决口，把木料场冲垮了。自此以后，生意一年不如一年，最后生意没法做了，就在此地耕种劳作了，在这儿居住的人们起村名为林庄。

东黄盆、西黄盆：很早以前，从外地来了兄弟俩，他们先以种地为生，农闲时老大贩卖黄盆，老二跟着帮忙。由于善于经营，生意越做越大，积累一定的资金后，他们就开始投资，自己烧制黄盆。后来，兄弟俩就分家了，老大仍居住原地，老二被分到此村西边继续经营黄盆生意。有一年黄河泛滥，把他们的场地全部给淹没了。兄弟俩没法经营黄盆生意了，只有再以种地为生，虽然人口繁衍越来越多，村名仍分别称为东黄盆、西黄盆。

鹿台行政村 位于房村镇西南部，距镇政府驻地约 5 公里，下辖磁塘、鹿台、孟庄、白庄、前赵庄等 5 个自然村。

鹿台：位于房村镇西南部。“神鹿临凡”的传说在村子里代代相传。相传老寿星为了给凡人增寿，常常让身边的白鹤和梅花鹿去人间采集仙草。有一天，一只梅花鹿来到村子后的西山，因贪恋西山的风景，迟迟不愿返回天庭，便在西山住了 500 年，并采集各种仙草制成仙药给村子里的人治病。后来神鹿返回天庭，村民便在西山上筑高台，以祈求神鹿再次临凡，庇佑村民。高台名为“鹿台”，村子也因此得名。村西有一石碑，据说记载着神鹿的故事，却因年代久远，石碑上仅残留断章，落款已模糊不详。

郝湾行政村 位于房村镇东部，距离镇政府驻地约4公里，下辖郝湾、沟崖两个自然村。

沟崖：原名雪山寺。明朝时，在村东面1公里的地方，有一座小山，山上有座小庙，庙里住着几个和尚。该山山石为白色岩石，远远望去好似一座雪山，故名雪山寺。紧靠山的西侧有一东南至西北走向的人工河流，向东南方向延伸和黄河交汇成“人”字形。在“人”字下的空地上，有一处三槐堂，王姓家族在此居住。后来，由于历史上黄河多次泛滥成灾，导致该寺和沟河被淤泥掩埋。王氏家族迁至寺西约1公里的地方定居，从此在这里繁衍生息，世代劳作，所以此村又名沟崖村。

郭集行政村 位于房村镇西南部，距离镇政府驻地约10公里，与安徽省宿州市甬桥区接壤，下辖前唐山、后唐山、朱坷山、大荒、申集、小海家、孔楼、郭楼、水牛张、单家沟、上山无、李英楼、郭集、前张家、东薛楼、西薛楼等16个自然村。

水牛张的传说

房村镇内西南方向有个自然村落——水牛张村。

传说在很早的时候，由于当时社会黑暗，苛捐杂税多如牛毛，田地荒芜，民不聊生。当时这个小村子里，只住着李姓、单姓、沙姓、赵姓等三十多户人家。但在这众多姓氏的人之中，没有一个能带领大伙走上致富路的。年复一年，小村子的人家依然是一种“种一葫芦收一瓢”的现象，家无隔夜粮，身无御寒衣，过着比黄连还苦的日子。

一天，一位面慈目善、银须飘洒的张老汉，不远千里，携妻带小来此地落户。他把带来的财物多数送给大伙度日，而自己又买了一头母水牛，一来帮助乡邻耕种土地，二来繁育小牛，送给村人喂养。冬去春来，全村就有了99头水牛。

张老汉喂牛爱牛，每年六月酷暑时节，他和村人们就把全村99头水牛分别用绳子连在一起，每头牛的角上绑上一面小红旗，把它们赶到村东汪塘里洗澡，并选一头牤牛领群。水牛在汪塘里一会儿浮在上面，一会儿潜入水底，玩得可开心啦！

一天中午，水牛正在汪塘里洗澡，来了个会测字、算卦、看风水的姓南的先生。他来到水塘边对众人说："这水牛中有一头是妖牛，是妖怪脱生，此妖不除，必有灾难降临。"他并断定那头领头的大牤牛就是他所说的妖牛。乡亲们惶恐不安，当即找来了箭手，射死了大牤牛，鲜血染红了塘水。张老汉疼牛心切，不久也染病辞世。

后来，人们为了纪念张老汉和那99头水牛，就把此庄取名水牛张。

大牛行政村　位于房村镇东北部，距离镇政府驻地约5公里，下辖大牛1个自然村。

原村名为牛家大庄。民间传说清朝道光年间，在伊庄镇赵庄村东一里处，有个村庄名叫小景(井)。村民男耕女织，衣食自足，其乐融融。后迁祖坟于西山，建新居于东南。东南三四里地有牛姓人家居此，随之，景庄村民来此定居，庄体随之不断扩大。因牛家大庄叫起来别口，久而久之演变成大牛庄了。

大沟里行政村　位于房村镇西部，距离镇政府驻地6公里左右，下辖石塘村、大沟里、王庄、闫庄、贺台子、满井等6个自然村。

石塘村：明朝洪武至永乐年间，为了填补苏鲁豫皖交汇一带因战乱灾荒死亡的大量人口，官府下令从山西省泽州、潞州等地向这一带移民。本村的李、朱、王三姓就是明朝洪武年间，从山西省洪洞县广济祠迁徙至此的。李、朱、王三家在荒地的低洼处掘坑采石，在丘岗之上筑房植树、开荒种田、安家落户。后来又从外地陆续迁来了其他姓氏，形成了小村庄。由于姓氏多，不便用姓氏取名，便以村前的大石坑命名为石塘。

八王行政村　位于房村镇南部，南与安徽省灵璧县相邻，下辖八王、双槽两个自然村。

《王氏族谱》上写着"两晋家声远，三槐世泽长"。王姓始祖可追溯到历史上的晋代，由于当时的社会形态渐渐变化、各个部落的混战及生活条件的逼迫，所以王氏祖先移民到山西省洪洞县大槐树安家落户，耕种荒地，勤劳种田，维持家计，繁衍后代。

明朝中期，政府下令百姓移民，这次移民是中国历史上规模最大、持续时间最长、范围最广的移民运动，主要移民到地广人稀的地方(包括江苏、安徽、山东等地)。王氏祖先就是随之移民到江苏安家落户,在荒田上建造房屋,勤恳劳动,繁衍后代。据村里老人讲述,来到八王庄的王氏祖先生了八个儿子,家业兴旺,和谐共处,故把庄名定为八王庄。

双槽:村里井旁边有两个大石槽,大约有500多年的历史。传说,这两个石槽能压制邪恶、使村庄人口兴旺,故把庄名定为双槽。

新庄行政村 位于房村镇东北部,距离镇政府驻地约4公里,下辖宋庄、新庄、汤庄、殷杨庄等4个自然村。

殷杨庄:明末清初,镇江丹阳的殷姓、杨姓两表兄弟家,在黄河行船从事运输,后来到此地。因黄河断水,船无法行走,两家人就在这里开荒种地安家。后来陆续有人逃荒来到这里,就形成了现在的殷杨庄。

尚王行政村 属于铜山区房村镇下辖村,位于徐州东南20公里处,距离镇政府所在地3公里。地理位置优越,交通方便,104国道距离村子不到1公里,镇道房鹿线穿境而过。运料河发源于古黄河一路朝南,靠尚王村西口蜿蜒流至安徽境内。尚王村目前有3个自然村,呈两点一线分布,分别为韩庄、顾庄、尚王,尚王为村支部所在地。

尚王村名的来历,有三种说法。第一种传说是,多年前村里只有姓尚和姓王的两族姓氏人家,顾名尚王村。至今,尚王村姓氏较多的有:孟、刘、孙、温、秦、万、霍、卢、王、李、夏、赵、朱、胡、顾、黄、袁、房、马等姓氏,唯独没有"尚"姓,对于这个现象,有待考证。全村以孟、刘、王姓居民居多。

第二种传说是,在清朝年间,村里曾经出过一个大官,官至尚书,后来此人故去,村人为了纪念他,遂改村名为尚王。"尚"为大官官衔"尚书"的第一个字,"王"意为王者为第一,方圆百里,出来这么大一位官员,没有其他村可与之相比,因而称为尚王村。

沿用至今的对尚王村部分地理位置的称呼与尚王村的村名由来应该有着千丝万缕的联系。尚王村第四、第五居民小组位置,称为圩里,应该是当时村庄的中心位置;第六居民位置称为南门外或者前门;西北第一居民小组位置称为西门外;第二居民小组位置称为小北门,东北第三居民小组位置称为西门外。据说村里出去的官员老家就在圩里位置。在清代,村庄称为圩里。在当时村落周围应该有土墙围起来,称作"圩"。"圩"四周有门,在那兵荒马乱的年代,也是为了保家护村,使一方安宁。

关于村名来历的第三种传说是,多年前,修建村西大桥,就是现在运料河上面的那座桥，有人在旧的桥墩上发现几个字：白塔村。尚王村以前是否叫白塔村，后来又为何改为尚王村，也有待考证。

尚王村东，尚王小学所在位置，多年前曾经是一座古庙。20 世纪 80 年代末期，尚有几间破旧的庙宇存在，包括一些石碑。后来学校翻建，古庙的一些遗迹不复存在。

总的来说，尚王村应该是有很多历史典故的，不仅是村名的来历，而且那座古庙、圩里、白塔村，还有尚王的“尚”字。

窦家行政村 位于房村镇镇区南部，位于两省三县交界处，房灵公路从村中穿过，下辖 6 个自然村，分别是窦家、桃园、海子、温庄、小湾和杨楼，其中杨楼自然村为后来的合并村。

古时候，原村是一个人口少、耕地少的小村子，后来有一大户人家来到此处并带来了豆子这种农作物，并传授给当地村民种植技术，当年获得丰收。此村的豆子远近闻名，百姓的生活逐渐富裕起来，为了纪念豆子给村民带来的丰衣足食，便为村子起名为豆家村，村民也有人改为豆姓，后来豆家村合并了桃园、温庄、小湾等其他村落，成为种植水稻、莲藕、大豆等多种农作物的大村。因《百家姓》中没有豆姓，故“豆”均改写为“窦”。从此，窦家村村名正式形成。

林场行政村 地处房村镇南 2 公里处，与窦家村、八王村、房村相邻。

明朝初年，吕梁城已成规模。此城建于唐初，建城的官员为尉迟公(敬德)，此城方圆几十里，很多村庄名字都与吕梁城有关。此城东南角郝湾、西北角梁塘设有粮行，城南今莱元村种植蔬菜，林场设有较大规模的木料市场，负责木材加工，所以林场村也称为林厂。直至南宋，黄河大改道，夺汴水泗水河道，转入淮河，注入黄海，大水淹了吕梁场，此城毁于一旦，木材市场也随之消失，但林场村的村名一直沿用至今。

李楼行政村 位于 104 国道北侧，黄河古堰从村中穿过，东侧是观音机场，西侧是吴湾水库。现有李楼、单庄、对河、倪庄、刘牌坊等 5 个自然村。

传说在明朝时期，由于黄河发水，山西东昌府一带被河水淹没，当时政府组织百姓迁移，一支搬到福建莆田，另一支搬到徐州。当时有几户姓李的人家从徐州向东南寻找落脚点，后来就在现在的李楼村所在地定居下来。据说有一户李姓人家会做生意，挣到了钱，日子过得比较富裕，就盖起了楼房，后来王姓、施姓、张姓、邵姓等也陆续来此定居，形成村落。在取村名时因李姓先来，并盖上了楼房，所以取村名李楼。

李庄行政村 地处黄河故道南岸，下辖李庄、祭田庄、小郝庄、郝庄、王庄、文庄等自然村。

李庄：1194 年，黄河又一次大改道，浩浩荡荡从吕梁山前流向东南方向，经房村境内十多公里奔腾不息，洪水过后，在流经的地方留下一片泥滩。后又有一户姓李的人家逃荒至此，看到河滩这片土地，觉得可以耕种，所以在此落脚，在河滩上耕种，定居下来。其他逃荒的村民看到李姓人家过上安居生活，陆续郝姓、张姓、王姓等也陆续来此定居，后逐渐形成了村庄，因姓李的人家先来此地，所以村庄取名李庄。

闻庄：位于房村镇东 6 公里处，在故黄河南岸，与一河之隔的伊庄镇马集村卢套村相望。

据《闻氏家谱》记载："民国十年(1921 年)闻氏始修谱，殿元、凤伍、蓝田三公嘱序于予，而授之意曰闻氏一族，祖居河北吕梁雍乾之间，因河调湾(指现在故黄河)避水患而卜居河之南(指现在故黄河南岸)因命名为闻家庄焉由始迁至今二百年所矣"。

下洪行政村 位于镇区北部，与吕梁风景区连成一片，是该风景区规划的一部分。黄河故道观光带穿境而过，村西以村名命名的下洪水库占地 1 500 亩，蓄水 1 000 万平方米，灌溉面积达 1.8 万亩，是铜山较大的水库之一。

下洪村由来已久，饱经沧桑。"下洪"之"洪"，乃"洪水"之"洪"也，言下之意，是说此处曾经洪水泛滥、波浪滔天。原来，古泗水、废黄河曾经在她脚下流过，因为吕梁一带的大山阻拦，滚滚河水折向东南，形成急流险滩，名曰"吕梁洪"，尤其是当年的黄河在此地区流淌六百多年，更是史有记载。在下洪村附近的惊涛骇浪之上，"百尺楼合双夹橹，高歌鸣齐上吕梁"。据《吕梁洪志》记载："吕梁二洪，系运道襟喉之地，……吕梁下闸设洪夫五百人"，"天下总粮船每年过洪者一万二千一百四十三只""盖上下洪相距七里，东南运艘自春徂秋，牵挽不绝"。可见下洪村是与西北方向相距七里的上洪村相呼应的。桀骜不驯的黄河过了下洪村，便蜿蜒向东南流去。明清两代，一些文人墨客对下洪留下了题咏，如清代诗人邱松就挥笔写下《赴下洪》的诗篇："西风瑟瑟水茫茫，霜叶飘零驿路慌。六十里路堤一线，只榆衰柳画斜阳。"

下洪村的悠久历史文化还表现在当地的宗教文化上。村内有泰山奶奶庙、玄武庙和清凉寺。尤以泰山奶奶庙（悬鼎庙）享有盛名，有大殿、东西厢房和许多碑刻，庙前的大铁钟更富传奇色彩。而它的另一姊妹铜钟安放在清江浦，且两个钟分别留下了这样的对话：“叮当叮当，你在下洪，我在清江。”代代相传，至今不变。但作为镇庙之宝的大铁钟（三米多高，三四个人合抱不过来，钟内可放置一麻将床、牌友之外尚可容纳几位看客）却在 1958 年被砸烂运至大庙钢铁厂，庙内塑像、建筑和碑刻等也于 1966 年冬季被彻底摧毁。当年的寺庙圣地荡然无存，今天早已高楼林立，成为村民的住所。

有庙必有庙会，香火旺盛的泰山庙的庙会每年两度，分别在农历的三月初一和四月初一举行。届时，前来赶庙会的百姓络绎不绝，从四面八方而来。半晌十分，泰山庙周围已是人山人海，摩肩接踵，热闹非凡。每逢庙会，亮点纷呈，主要有三：一是商品交易火爆，各种食品、小吃应有尽有，发出诱人的香味；日用百货琳琅满目，瓜果蔬菜等农副产品也一应俱全；且专设有粮行、棉布行、染坊行、柳编行、家具行、木料行、铁货市，还有猪羊市、牲口市等。许多做买卖的人，甚至提前一两天，就选定位置，做好准备，只等生意开张。二是文化娱乐气氛浓厚。唱大戏的、爬刀山、说大鼓、拉洋片、唱丝弦、玩魔术、跑马戏、要猴的，各显神通，吸引了许多男女老少驻足观看，流连忘返，观众常常凑合吃上一顿午饭，下午继续观看，日落西山才恋恋不舍回家。三是前来烧香祈福、求佛赐子者也大有人在。

（撰稿：李立民、张远法、张守信等）

伊 庄 镇

伊庄镇位于铜山区东南部，距徐州市城区 44 公里，面积 107 平方公里。该镇历史悠久，文化底蕴丰富，自然风光兼有北方的豁然大气和南方的钟灵秀丽，历代才俊为古镇留下了亲书笔传。“子在川上曰：逝者如斯夫，不舍昼夜。”便是孔圣人在吕梁观水留下的不朽篇章。另有春秋时代的吕城遗址、孔子行教图碑、孔子晒书山、岳飞、文徵明墨宝石刻等名胜古迹亦坐落于此。伊庄镇区西部为徐州市总体规划确定的吕梁风景旅游区，规划范围涉及伊庄镇和徐庄镇，规划总面积 18 平方公里，景区内人文景观丰富，历史古迹众多，有净莲庵、九山庙、卢套庙、潘君墓、文徵明碑刻《疏凿吕梁洪记》、岳飞碑刻等。自然景观优越，林木茂盛，郁郁葱葱；水源充足，大小山泉十几眼，清澈见底；远近闻名的吕梁奇石产于风景区内。并保留有特色的村庄卢套村，据有关资料记载该村距今已有 800 多年历史，具有丰富的人文地理景观和历史文化内涵。

2000 年 4 月铜山县区划时，把伊庄乡和吕梁乡合并成为伊庄镇。

伊庄镇现下辖伊庄、牌坊、迷马、路山、卢套、马集、洪山、赵圩、晓庄、烈庄、白塔、牛楼、吕梁、冠山、倪园等 15 个行政村，共计 63 个自然村。

伊庄镇风光

伊庄行政村 为镇政府驻地村，下辖伊庄、圩西、圩东、陈庄、蒋王庄、前瓦房、石羊湖等7个自然村，2002年由伊庄、圩西、圩东、陈庄4个行政村合并而成。

伊庄：其实伊庄并没有姓伊的村民。传说在3 600多年前，汤王有个臣子姓伊，名叫伊尹，他精通天文地理，在汤王面前是一个举足轻重的人物，后因去四川赈灾放粮，途中被强盗拦截，大批钱财被强盗抢光，汤王怒之，伊尹被免职，但汤王认为他治国有方，属有功之臣，便赏给他500人马，3年粮饷，命他到沿海中下游另寻沃土粮田。伊尹一路向南，来到今伊庄一带，看到这里群山环绕，山清水秀，人烟稀少，再加上有无际的沃土，伊尹十分中意，就扎根在这块风水宝地，垦荒种田。伊尹在此居住的10年间，开垦了2 000多亩土地，闻名远近，生活富足。10年后，商汤王思念伊尹，便带着3 000人马寻找伊尹。来到伊庄，汤王发现红山上有几座坟，问伊尹山上埋的是什么人，伊尹说是9个丫鬟，汤王就给这座山起名叫九顶凤凰山。汤王走后，伊尹想起在这居住10年，没有庄名，遂以自己的姓氏起名为伊庄。明朝，山西发大水，又有很多人从山西洪洞县喜鹊窝逃难到此地，渐渐形成集镇。

圩西：距镇政府1公里。从前，村里有个圩墙，因该村在伊庄西边，因此取名圩西。

圩东：位于镇政府东边方向，距镇政府1.5公里。因村里有个圩墙，同时该村又位于伊庄东边，所以取村名圩东。村内陈世忠家有一棵大槐树，大约有500多年的树龄。

陈庄：位于镇政府东南方向，距镇政府2公里，以姓氏取村名叫陈庄村。

蒋王庄：位于镇政府东南方向，距镇政府2公里，以姓氏取村名叫蒋王庄。

前瓦房：位于镇政府东南方向，距镇政府2.5公里。传说，在很久之前，该村有一户人家，家庭比较富足，其他户村民盖的都是土墙草屋，唯独这一户盖的是瓦房，后来周围群众给其起名叫瓦房。

石羊湖：位于镇政府东南方向，距镇政府3公里。庄虽小，但有点名气，千里之遥都知道伊庄镇有个石羊湖。石羊湖这个村既没有姓石的，也没有姓羊的，据民间传说此庄名来历却带有神奇色彩。

传说在明朝朱元璋时期，刘伯温夜观天象，见长江中下游有一条闹龙星出世，便禀报朱元璋说，夜观天象，见在长江中下游有一条闹龙星即将出世，要闹大明江山。朱元璋一听，吓了一跳，便问刘伯温此事该怎么办。刘伯温说，请皇上给我 3 000 人马，半年的粮饷，我到长江中下游去除掉这个怪物。朱元璋大喜，便点 3 000 兵马，由刘伯温率领直奔长江中下游寻找闹龙星。

行程数日，有一天在伊庄老黑山脚下安营扎寨。一日早晨，刘伯温向东观望，雾气滔滔，水连天、水连地，茫茫无际、一片海洋，猛然在雾中发现，一条约 10 米长的大青蛇，吱吱乱叫，刘伯温一看这条大蛇就说，原来就是你这个怪物要闹我大明江山。第二天刘伯温吃罢早饭，独自一人来到湖边，在周围巡视一天，寻思除害的良策。回到大营后，他下令在当地找来 150 多名技工，雕刻石羊 3 000 个，按七星八卦阵势安放，又在老黑山顶上搭法台，念了七七四十九天咒语，数月过后，大青蛇慢慢死掉，湖水渐渐退下，此地竟形成了两万多亩干湖，后来成为肥沃粮田，故取村名石羊湖。

牌坊行政村 下辖牌坊、后窑、前蒋家、挑沟涯等 4 个自然村。

牌坊：清明中期，翰林院大学仕为董崔氏树一块碑，村名故称牌坊村。另外，村民董维超家有一处 300 多年的古宅。

后窑：村后有座土窑，该村故名后窑村。

前蒋家：因姓氏而起村名为前蒋家。

挑沟涯：因庄内有一条沟，居民分别居住在沟的两旁，因此沟而取村名为挑沟涯。

迷马行政村 下辖迷马、前学、前纪、下园等 4 个自然村。

迷马：位于镇政府南 6 公里处。村名的由来带有神奇色彩，据传说狄青占山为王，到处招兵买马，拥有良马 500 骑，在山里精心喂养，严格训练。一天狄青寻遍山坳，想选择一块合适的场地作马场，山坳里不是山坡就是山沟，平坦地块稀少。他从东南顺沟而上，走到蝎山后大黑山前突然发现一块高台。这高台方圆 300 米，台上十分平坦，这不正是天然马场吗？狄青立即组织士兵，砍伐树木，围上栏栅，建起马舍、兵器库。这山坳里，有自西北向东南流去的山涧沟，沟里泉水叮咚，清澈见底，林木茂盛，野草嫩绿，水草充沛，是天然的好牧场。平时马儿在山上自由奔跑，个个吃得膘肥体壮。一到战时，将士套上马鞍，拿出兵器，翻身上马，即可投入战斗。

这里的马儿倒也神奇，平时自由奔跑，但总不跑出山坳沟，这山坳四面环山，唯东南出口处有一小山，山下有一个小村庄，战马一到小山前就不再向东南跑去，主动回来，真有点神奇。故后人称这座山为迷马山，称这个村庄为迷马庄。

前学：原名前楼村，因为村前有三处楼房，因此而取名叫前楼。传说，明朝中期，刘伯温来此地看风水，有一天寻访庞山东头，他向北一看，前楼村旗杆数十个，他说这个地方有文化的人肯定多，同时有钱的人家也很多，从此以后改名叫钱学村，时间一久，改称为前学村。

前纪：按村民姓氏取村名前纪村。

下园：因村内有一口古井，常年不停向外流淌着，浇灌着一个很大的菜园，故取村名下园。

路山行政村 位于镇政府南7.5公里处，下辖山西、路山、庞山3个自然村。

山西：因住户在山的西边且依山，故取村名山西。

路山：因住地有山，按姓氏和地名而得村名路山。

庞山：因庞氏家族而得村名庞山。

卢套行政村 位于镇政府西南8公里处，下辖卢套、东朱家、埝头3个自然村。

卢套：据《卢氏族谱》记载：卢姓始宋、元交际，为避兵荒，兄弟三人从山东省青州府诸城县（现诸城市），迁至徐州东南45公里处的卢套村。卢套村原名城山村，城山即卢套最前面中间的一座山，城山村原为洪姓所居，洪姓人少，而卢姓却繁衍昌盛。后来洪姓逐渐迁出，仅剩卢姓独居卢套村。“套”本有弯曲之意，如弯曲的河称河套，弯曲的山称山套，该村南有蜿蜒黄河，北靠巍巍群山，正处黄河套与山套中间，故取名卢套。

东朱家：紧靠卢套东边，因姓氏而得村名东朱家。

埝头：因居住紧靠故黄河埝西头，而得村名埝头村。村内董家有一棵古槐树，大约有300多年树龄。

马集行政村 位于镇政府西南6.5公里处，下辖马集、后楼、新后楼、毛桥、马庙等5个自然村。

马集：从前，马氏家族居住此地，曾设集市，故名马集村。1972年因修建水库，一部分百姓搬到水库东岸山坡居住。

荡舟大美吕梁湖　马集十里杏花香

崔贺庄水库是铜山境内最大的人工湖，在吕梁山风景区的开发建设中，已被命名为吕梁湖。水域总面积1.1万亩，集水面积25.4平方公里，比云龙湖还要辽阔壮观。湖内有两座岛屿，两面环山，叠翠连绵，水天相连，鸟群翩翩，令人胸襟豁然，心旷神怡。

沿湖而行，清风拂面，三春十里杏花、仲夏荷花吐艳、深秋枫林尽染、严冬梅花傲雪，四时风光鲜明。吕梁湖不同于昆明湖的雍容华贵、西子湖的端庄灵秀、大明湖的典雅庄重，然而，她既有天下名湖的娇美，更多了几分历史的沧桑和厚重。千百年来，她见证了彭祖开国、孔子观洪、秦皇求鼎、楚汉相争，也目睹了吕梁人励精图治的历程。

“草长莺飞二月天，拂堤杨柳醉春烟”“碧玉妆成一树高，万条垂下绿丝绦”。可以选一个风和日丽的日子，来到这个波光潋滟、鸟语花香的世外桃源，行湖畔长堤，踏山间小径，把一切红尘俗事抛诸脑后，勿为物累，勿为情伤，任思绪行云流水，天马行空；聆听春的韵律，感受春的气息，尽享“分明看见青山顶，船在青山顶上行”的妙境；体味“远征鸿雁此将留，碧草平湖画舫洲，山色微熏人欲醉，流连缱绻再回眸”的意趣；随桃韵烟柳、杏花春雨、晚霞渔歌、寒雪飞鸿、平湖荡舟、鳖卧沙丘这些玉缀珠联、风物如画的迷人景观，忘物、忘情、忘我，不问今夕何夕……

马集村位于崔贺庄水库东岸，襟山带水，山水辉映，群山北侧有一条东西长 5 公里，南北宽 2.5 公里的杏花园，便是远近闻名的马集金杏园。每到杏花开放和金杏采摘时时，游客络绎不绝。马集金杏是铜山区闻名的特产，远销江苏省外。

吕梁之春

马集杏花村

后楼：因村西头有两座石砌楼房，故取村名后楼。

新后：1972 年因建贺庄村水库，由后楼村迁出，此村故名新后楼。

毛桥：按姓氏和桥得村名毛桥村。

马庙：因庄西南角有一座庙，原庄名叫马家庙，年代一久，后慢慢演变称马庙。

洪山行政村 位于镇政府西 8 公里，下辖崔贺庄、闸口、上庄、耿庄、洪山等 5 个自然村，2002 年由洪山、闸口、上庄、崔贺庄合并而成。

崔贺庄：明朝，由山西洪洞县喜鹊窝迁移到徐州东郊黄河北岸落脚居住，居住户族有崔贺两大户族，按姓氏而得村名崔贺庄。1972 年因修建水库，村民迁出，另建新庄，村民留恋旧村庄，仍用崔贺庄为村名。

崔贺庄浅水藕

崔贺庄于 20 世纪 90 年代开始，因地制宜，利用黄河故道的水沙地，种植浅水藕，种植面积逾万亩。每到荷花盛开的季节，崔贺庄便是一道靓丽的风景线，每年来此赏花的人络绎不绝。崔贺庄浅水藕的销量很大，畅销周边省份，给当地的百姓带来了可观的收入，是当地有名的土特产。

闸口：位于镇政府西 7 公里处，因村南边河道修有一个闸门，该庄又住在闸门附近，因闸门而取名叫闸口。

上庄：位于镇政府西北10公里处，因居住高山坡上，地势较高而得村名上庄。

耿庄：位于镇政府西8公里处，按姓氏而取村名耿庄。

洪山：位于镇政府西8公里，村民居住在两山中间，一到夏季汛期来临时，洪水凶猛，冲下来的泥沙很多，因而取村名洪山村。

赵圩行政村　位于镇政府西9公里处，下辖赵圩、赵庄两个自然村，2002年由赵圩、赵庄两个行政村合并而成。

赵圩：按姓氏和圩墙而得村名赵圩。该村赵家有一处400多年的古宅，现保存完整无缺。

晓庄行政村　位于镇政府西北5.5公里处，下辖王庙、武山、晓庄、大庄、后山、前井涯等6个自然村。

王庙：传说明初，刘伯温看到朱元璋生疑，滥杀开国元勋时，立即使计脱身，浪迹天涯。一天来到吕梁地区的王家村，一眼便看出此地貌看似平常，但地下暗藏着龙脉，有出真龙天子之天相。他虽然离开朝廷，但仍然心系明太祖朱元璋。为保大明江山永固，他便命人在现在的老王村一座似露非露的小山头上建一座神庙，即三官庙，以此压住了龙脉的龙头，后来王家村即改称王庙村。

武山：位于镇政府西北4公里处。村民原来居住在故黄河北岸一个小山头山坡上，按姓氏和山名而得村名武山村。

晓庄：位于镇政府西北5公里处，有人称此村为尤湖，后来逐渐演变成村庄，后改称晓庄。

大庄：位于镇政府西北5公里处，也称尤湖，后改称大庄。

后山：位于镇政府西北6公里处。因该村居住在山坡上，故取村名后山。

前井涯：位于镇政府西北5.5公里处。因庄东头有一口古井，故得村名前井涯。

烈庄行政村　位于镇政府西2公里处，下辖东烈庄、西烈庄两个自然村。

东烈庄：赵氏家族原来居住在这个地方，有钱有势，欺压百姓。他家中养8条恶狗，10头水牛，经常带着恶狗和牛到周围村庄的田里去放养，百姓们敢怒不敢言。外村行人路过此地不敢从他们门前过，只好绕道躲过赵氏家门口，因此外村人给此村取名为烈庄。烈庄村章氏有一棵大槐树，树龄大约有

300多年。

白塔行政村 位于镇政府西北11.5公里处，下辖白塔、周庄、官庄、菜洼、茆庄、李林等6个自然村。

白塔：位于白塔寺附近，据历史记载白塔寺始建于隋初，当时香火极盛。因为寺中有白色浮屠塔，故名白塔寺，又因村子距离该寺近，亦取名白塔村。白塔寺现已消失，至今村北尚有白塔泉和遗留下的白塔寺基石。

周庄：按姓氏取村名周庄。周庄有一座大碑，清朝宣统二年（1910年）给李氏立一古碑，碑名“贞孝之门”。碑料为一般青石，高1.9米，宽0.8米，人工雕琢、手工锈刻，工艺精湛。

菜洼：位于镇政府西北9公里处，地势比较低洼，白塔泉常年流水不停，在这居住的居民喜欢种蔬菜，因此而得村名菜洼。

官庄：位于镇政府西北9公里处，村北山坡上有一座官老庙，因庙名而得村名。

茆庄：位于镇政府西北方向，距镇政府9.5公里。

茆（mǎo音）庄村，原址在官庄北边山坡上，村名郭庄。同时该村有集市，夜间逢集，天一亮，赶集人就疏散了，被称为茆子集。

李林：位于镇政府西北11公里处。村民原居住在山下平原地块，周围靠山，满山遍野树木茂盛，按姓氏和树林而得村名李林。1955年铜山县在此建一座水库，村民迁到山坡上重新建房落户。因徐州市规划吕梁风景区为徐州后花园，2010年该村迁移到白塔南边建一居民小区，村民留恋原来居住的地方，仍然把村庄命名为李林。

牛楼行政村 位于镇政府西北5公里，下辖牛楼、张武山、小陈庄、李桥、单林、干沟涯、栗园、韩庄等8个自然村，2002年由牛楼和单林两村合并。

牛楼：明朝末年，牛姓的一支为躲避战乱，从河南荥阳迁此落户。族人辛勤劳作，积累财富。到清朝顺治年间，家产颇丰，置有宅基地数亩，并建有石墙楼房多处，牛楼由此得名。

牛楼牛氏家族鼎盛时期约在清康熙年间，人丁兴旺，拥有八房之众（家族有八支）。粮田千顷、骡马无数、云鸡（鸽子）百万，家境富裕。除正常生活外，还建造了一些公益和奢华工程。有关这些，至今还有着一些美丽的传说。

响水桥的传说

清朝乾隆年间，牛姓先祖在东禅河上建桥，桥以巨石作桥墩，桥面由厚石板铺就，桥长数十米。桥西北有景山、刘山、鹅头山等，山泉颇多，流水长年不断，最后汇聚一处，通过桥下流入禅河。因桥下皆是裸露的朝向西北的大石，当清澈的泉水流过桥下时，流水撞击石头，便发出哗哗的巨响，数里之外也可闻及，响水桥由此得名。每当夏季山洪暴发，浑浊的洪水漫过桥面，汹涌直下，声如闷雷，更是壮观。

青龙端盘子与水推磨的传说

因有得天独厚的山坡地形和流淌不断的山涧泉水，牛姓先祖由厨房到客厅挖了一沟槽，内有泉水流淌，厨房做好的菜肴放入菜盘中，并将菜盘置于水面木托盘之上，菜肴随着水的流动到达客厅，被称作青龙端盘子。

水推磨也是借助水的冲击力带动磨转动，进而碾压粮食，磨成细面。

更值得一提的是牛氏家族在西山坡置地数十亩修建祖茔。茔地到处苍松翠柚，遮天映日。并顺地势在祖茔东建园门一座，高数米，一高二低三个门洞，主柱、横梁皆是整石做成，周边雕有花纹图案，做工相当精美。进园门内到通道两旁各立一根两米高的方石柱，柱上端卧有石狮。通道两侧还立有和现代人一样高大的石雕文官、武将、石猴，还有许多石桌、石凳等。墓前立有两米高的墓碑，从门洞进入茔地有一条通道直达祖茔。在园门松柏的衬托下，祖茔更显庄严肃穆。可惜的是松柏早已茫然无存了，园门及园内的石雕也在“文化大革命”期间惨遭破坏。

张武山：明朝时，山西洪洞县喜鹊窝张姓和武姓家族迁至一山坡居住，得村名张武山。1972年因在此处建水库，村民又搬迁新居，命村名为新张武山。

小陈庄：据传说这个村庄原来很低洼，一到夏季汛期来临时，经常被暴雨淹没，原来庄名为小沉庄，后来演变成小陈庄。

李桥 ：因居住的村民是李氏家族，村西头有桥，故取村名李桥。

单林：位于镇政府西北 5.5 公里处。单氏墓地在北山坡林立，后人起村名单林。

干沟涯：位于镇政府西北 4.5 公里处。很久之前，从官庄村到干沟涯，因山水冲洗，自然形成一条沟，这条沟平时无水，只有在夏季汛期，积水成河，雨过后，沟又干了，此村故名干沟涯。

栗园：此村是牛氏家族的后花园，花园里栽有很多的栗子树，所以取村名为栗园。

韩庄：因韩氏家族居住此地，所以取村名为韩庄。

吕梁行政村 下辖吕梁自然村，位于镇政府西12.5公里处。

关于吕梁村地名的来历，人们都知道山西省有个吕梁市，殊不知在我国发展的历史长河中，还有一个很古老的东方吕梁，而且它的前身是古吕国的国都。这个吕梁因为有史以来一直雄踞泗水岸边，又因泗水流经吕梁地区形成最大的吕梁洪，成为南北水道的要塞，其繁华程度，在我国帝王时代，屈指可数。

吕梁山前好风光

吕梁村民至今仍有“先有吕梁，后有徐州”的传说。虽然大禹分封天下为九州，其中徐州为九州之一。但是，历史上东至泗洪县、西到砀山县、南达镇江市、北抵兖州，在这片广大的范围内约有十多个徐州。据《中国历史地图集》记载，仅北魏时期就同时存在三个名为徐州的辖区地名，分别称徐州、东徐州、北徐州，导致今时人们称徐海平原又叫“三徐大地”。今徐州原名大彭国或彭城，真正定名徐州是三国时期的事，其后又多次被易名。如是说在夏、商、周三代，徐州只是一个辖区的名称，没有实质上的城池。

五里亭

吕梁村则不同，其前身是古吕国，最早见于殷商甲骨文中。据《殷墟甲骨文实用字典》载："吕，从二口，象脊椎骨节形，卜辞义：借作地名。'癸卯卜，宾，贞；旬亡[祸]方正于吕。'又，'贞：吕不受其年。'"《说文解字》一书中对"吕"字是这样解释的："吕，脊骨也，象形，昔太狱为禹心吕之臣，故封吕侯……"由此可见，无论吕梁或徐州被称作吕国、徐国，还是被称作吕梁、徐州，从历史文字角度看，"吕"应早于"徐"。

关于吕梁，《路史·周世国名记》中云："吕，旋亡为宋邑。"此处虽作"吕国"解释，但在建立吕国以前的年代，已经早就形成吕梁了。郦道元在《水经注》中云："泗水之上有石梁焉，故曰吕梁也。"《元和郡县志》中云："吕梁在彭城东南五十七里，盖泗水至吕县积石为梁也。"《通鉴地里通释》中云："泗水至吕县，积石为梁，故号吕梁也。"此三种说法如出一辙，足见吕梁地名的由来，是因为泗水中先有积石为梁，而后才根据地貌所得名。换言之，"吕梁"一词二意，即"吕"指脊骨，古称"吕、吕骨、吕脊"。"梁"乃泗水河中积石像"房梁"，古称"梁、石梁、房梁、脊梁"，二者相连称"吕梁"，缺一不可。该地名经过历代民间口头传承，后世史官加以记录入册，在甲骨文问世之前的新石器文化时代，应该已有语言上的"吕梁"了。

从 2008 年新划的吕梁开发区看它的地貌，它西起铜山县张集镇的马山窝，东至铜山县徐庄镇赵集村南的权山，南接铜山县伊庄镇的故黄河北，北抵铜山县徐庄镇的烂石山，约 180 平方公里。近百座山峰分为四条山脉，如果在飞机上鸟瞰，宛如四条神龙，皆呈东西走向，峰峦次弟，绵延逶迤。又犹如动物的脊椎骨一般，依次清晰地卧在徐东平原上，也许这就是“吕，借作地名”的原因。

吕梁地名的年代，应在人类发明语言以来或因泗水积石为梁的时代就有了。就时间上而言，虽然其间曾改区划建制称吕国、吕(梁)邑、吕(梁)县、吕梁镇、吕梁乡、吕梁村等，但其地名的历史至少应该有 4 200～5 000 年以上，且一直未曾更名。

吕梁湖

悬水村的传说

伊庄镇倪园行政村所辖的新庄村民小组，又名农科队，其前身是个在历史上颇具名气的山村——悬水村。关于悬水村的来历，还要从庄子观吕梁洪说起。

吕梁洪因其威猛壮观而名扬天下，自从 2 500 年前孔子观吕梁洪后，一晃又过去了 200 多年，自然也引起了庄子的注意。他闻道孔子曾来吕梁洪观洪，自然也要来效仿孔子。他来到吕梁后大吃一惊，因为吕梁洪超出了他的听闻和想象。他见这里群山不高而花繁，众泉不大而水甜，泗水穿涧啮崖而悬涛奔崩，松柏留云托日而鹤舞猿鸣，简直就是人间仙境。他非常高兴，又一次达到了他的那种“大道无为”而又“逍遥自在”的“无为”的境界。

孔子登临处

庄子在吕梁闲游了一番后，不但感受到了大自然赐予的心旷神怡、逍遥自在，而且他回去以后，在其著作《庄子·外篇·达生》中，除客观地记述了孔子观洪外，还对吕梁洪较为详细地作了描写：“悬水三十仞，流沫四十里，鼋鼍鱼鳖之所不能游也。”古时一仞，约合八市尺，三十仞就是二百四十市尺，约合八十米，差不多有二十四层楼的高度。庄子这番话是说吕梁洪的洪峰高悬数十丈，洪浪翻滚冲撞泛起的水泡沫，向下游漂流而去，长达四十里路还未破完。鼋鼍鱼鳖(鼋鼍：爬行动物，体长约两米，脊背和尾部有鳞甲。穴居江河岸边，亦称鳄鱼，鼍龙、猪婆龙，今称扬子鳄。)都不敢在这一带游水。庄子走后，不知过了多少年，在吕梁洪北的山窝里有了个村庄。因为庄子所记载的“悬水三十仞，流沫四十里”，形容了吕梁洪的壮观，人们便取庄名为悬水村。

悬水村名真正见于文字记载的时间是在宋朝，这还有另一段真实而又美丽的历史故事。大文豪苏轼曾在徐州任郡守(即知州)之职。苏轼虽是一方大员，却不谙官家摆谱之道，常走访民间，交友甚广。除人们熟知的云龙山人张天翼外，他还有一位十分要好的文友名叫仲伯达，居住在徐州东南的吕梁城悬水村。仲伯达任屯田员外郎之职，约相当于现在的乡长职务，人们又叫他仲屯田。

苏轼与仲屯田相识后，交往频繁，十分友好。苏轼来徐州上任不足三个月时，黄河在河南省澶州溃堤，洪水十分凶猛，如脱缰野马，夺入汴水、运河、泗水、淮河下淹千里而入海。当时的徐州城危在旦夕，他亲帅全城百姓筑苏堤，拒黄河水淹城之灾。他的弟弟苏辙在《黄楼赋》中写道："熙宁十年秋，七月乙丑，河决于澶渊，东流入钜野，北溢于济，南溢于泗。八月戊戌，水及彭城下。余兄子瞻适为彭城守。水未至，使民具畚锸，畜土方，积刍茭，完窒隙穴，以为水备。故水至而民不恐。自（八月）戊戌（日）至九月戊辰（日），水及城下者二丈八尺。"在这发洪长达近两个月的时间里，为什么洪水退得如此慢呢？苏辙继而写道："吕梁龃龉，横绝乎其前，四山连属，合围乎其外。水洄洑而不进，环孤城以为海。"是说吕梁一带的山峰像牙齿排列在洪水下游的东南方，阻挡了徐州下泄的洪流，加上徐州四周外的山峰合围着该城，水根本出不去。这次水淹徐州，陈师道在《黄楼铭》中亦作了佐证："河决澶州，南倾淮泗，彭城当其冲。夹以连山，扼以吕梁，流泻不时，盈溢千里，平地水深丈余。"面对这么大的洪水灾情，苏轼为了解除徐州的水患，必然就要先到吕梁山区来查泄洪的情况。他来到吕梁，当然首先要与地方官仲伯达交往。

仲伯达居住在吕梁的悬水村，不但任屯田员外郎职务，还是一位文才较好的地方文化人，尤其爱好诗词曲赋，加之吕梁山区风光秀美，景色宜人。他每于公余得暇，常寄情山水，过着半官半隐士的生活，所以苏轼和他一见如故，结为挚友。

这年冬天洪水退后，苏轼再次来到吕梁，他见被水淹过的瓦屋上还留有淤沙和水纹的痕迹，又见到小市冷落，景象萧条，少人行走，鸡犬不闻，唯有麋鹿们成群结队，旁若无人地在街中串行。他心中非常伤感，不觉来到好友家中，二人以酒消愁，谈了一些徐州抗洪的情况。苏轼埋怨朝廷未设宣房（宋朝专门管理河道的机构）官员，造成徐州、吕梁再度严重被淹。经过一阵感叹后，他们抛却烦恼又谈起了文学，互相切磋一番。此刻，寒凉冰冷的官舍，被他们新诗美酒的激情所感染，虽冷也觉得温暖了许多。苏轼走的时候，仲屯田谦虚地拿出新创作的诗，请他给审阅和指导。

苏轼回到徐州，他见仲屯田的诗写得太感动人了，特别是描写洪水对地方造成的凄凉景象，读后催人泪下，如临其境。他联想到徐州曾被大水围城，自己率民众抗洪，不由感从中来，诗意大发，挥笔写下了《答吕梁仲屯田》："乱山合沓围彭门，官居独在悬水村。居民萧条杂麋鹿，小市冷落无鸡豚。黄河西来初不觉，但讶清泗奔流浑。夜闻沙岸鸣瓮盎，晓看雪浪浮鲲鹏。吕梁自古喉吻地，万顷一抹何由吞？坐观入市卷闾井，吏民走尽余王尊。计穷路断欲安适？吟诗破屋愁鸢蹲。岁寒霜重水归壑，但见瓦屋留沙痕。入城相对如梦寐，我亦仅免为鱼鼋。旋呼歌舞杂诙笑，不惜饮酹空瓶盆。念君官舍冰雪冷，新诗美酒聊相温。人生如寄何不乐，任使绛蜡烧黄昏。宣房未筑淮泗满，故道湮灭疮痍村。明年劳苦应更甚，我当畚锸先黥髡。付君万指伐顽石，千锤雷动苍山根。高城如铁洪口快，谈笑却扫看崩奔。农夫掉臂免狼顾，秋谷布野如云屯。还需更置软脚酒，为君击鼓行金樽。”这首排律是苏轼在徐州居官期间，在诗词创作的所有作品中，最长的一篇力作。

庄子观洪和苏东坡的诗，充分说明悬水村的古老。悬水村原址在如今的吕梁湖（原名倪园水库）里。1970 年，农村响应中央兴修水利的号召，原吕梁乡决定修建倪园村水库（该水库于 2008 年更名吕梁湖），而悬水村位于水库中央，遂搬迁至原村址东北约 1 公里处的山坡上重建。

悬水湖

冠山行政村　位于镇政府西 12 公里处，下辖冠山、新庄、尹庄 3 个自然村。

冠山：吕梁村北部有一座山头，名为凤冠山又名塔山。因凤冠山而得村名冠山。

品读凤冠山

吕梁风景区的山体资源非常丰富，山脉走势为东北至西南向，东西长30多公里，南北宽约15公里，景区内有山峰173座，连绵逶迤，兼具南秀北雄之特点。

凭借群山之险，历史上的吕梁堪称徐州的南大门。明冯世雍写道：“吕梁山水虽不及今之一乡，而险阻控持，环引上下，则隐然有虎豹重关之势。东连齐鲁，北属魏赵，南通江淮，西接梁楚，乃敌国必争之地，师行必据之险也。”

吕梁的山是一部厚厚的书，它不仅承载了太多的历史记忆，还有许多富有文化含量的故事情节，需要静下心来阅读。凤冠山地处吕梁风景区的吕梁村后。历史上，黄河改道流经徐州，著名险滩吕梁洪便在吕梁的凤冠山下。

春秋时期，孔子曾驻足凤冠山上，目睹吕梁洪滚滚东去、昼夜不息的壮观景象，想到一代一代不过如浪而逝，遂感叹不已，留下了“逝者如斯夫，不舍昼夜”这一千古名句。观洪路上，因天黑路颠，车轴折断，孔子还因此而道出富有哲学思想经典：“无欲速，无见小利。欲速则不达，见小利则大事不成矣”。

凤冠山上还有许多名人的碑记，最有名的是《疏凿吕梁洪记》。这块碑立于明朝嘉靖二十四年(1545年)，由明代“江南四才子”的文徵明书写。由于书法、文章、刻石俱佳，被称为三绝碑。碑文记载了吕梁洪的险恶和当时的漕运情况，现保存完好。

新庄：位于镇政府西12.5公里处，因尹庄村位于山坡上，土地瘠薄，20世纪70年代由铜山县委把部分村民迁移到故黄河岸边居住，起村名新庄。

尹庄：位于镇政府西北12.5公里处，因尹氏家族在此居住而起村名尹庄。

倪园行政村　位于镇政府西12.5公里处，下辖毛山头、小刘庄、倪园、白楼等4个自然村。

毛山头：位于镇政府西11公里处，又叫尹庄，该村村民大多数姓尹，以姓氏家族而得村名。同时该村在山坡下，且该山叫毛山头，所以取村名毛山头。

小刘庄：位于镇政府西11公里处，因村民姓刘，以姓氏而起村名小刘庄。

倪园：位于镇政府西北12公里处，因倪姓家族而得村名倪园。

江苏最美乡村——倪园村

倪园村地处徐州市东南25公里处，位于国家4A级景区吕梁山风景区核心区域，辖区面积8平方公里，人口2 300人。

倪园村风光秀美，山水相接，饱含乡野情趣。造型别致的青瓦飞檐式楼房，二象扣鼻、八仙洞、石棚沟、悬水湖等众多景点赋予了倪园村清新优雅并彰显着历史的韵味。村庄与环境协调融合，显现出“青山、碧水、蓝天、绿地”的生态之美。

倪园风光

2010年以来，倪园村被徐州市委、市政府定为吕梁风景区的核心村庄，建设依据“修旧如旧”原则，配套完善了供水、排污、网络、供电等基础设施。对主干道沿线田园、现代生态农业园、农家院落等进行科学规划，精心打造，彰显了“古村、古韵、山水、田园、人文、生态”的特色。

倪园村的特色农产品有打野山鸡、土鸡蛋、食用菌、老八区杂粮、悬水湖鲤鱼、玫瑰花茶等。倪园村目前已成为新农村建设与文化生态相互融合的综合性旅游景区，是游客登山戏水、摘果赏石、探奇寻幽、野营度假的好去处。

倪园村先后获得江苏省三星级康居乡村、江苏省旅游度假区、徐州市五好和谐村及第二届“江苏最美乡村”等荣誉称号。

倪园村

白楼:位于镇政府西北13公里处,又名羊场村。因村中有白云楼而得村名。此楼是吕梁地区最古老的一座楼。

白楼村的传说

传说,春秋列国诸侯混战时期,某诸侯王为保存地盘、维护领域、求得吉祥标记,遂调动兵马,组织一批高明的风水先生,在所辖疆域内普查风水,并要求在风水优胜之地建立标志楼。当官府人员率领数十风水先生,骑马来到吕梁山区普查风水时,刚走到大里山的向阳坡处,马匹突然咴咴乱叫,止步不前。官府人员目瞪口呆，这时风水先生们纷纷离蹬下马，仰头观天象，俯首察地理，欣喜若狂，异口同声地说："好一座风水宝地！"于是，官府确定在此地建楼。建楼打基开始时，忽然从楼基下冒出一股白烟，直冲云霄，在楼基上空形成一团团的白云，不停地旋转着。这片白云在盖楼期间，终日不散，游来游去不离此地，直到大楼落成，才自然慢慢消散。于是，人们就称这座楼为白云楼，称此村为白楼村。

（撰稿：李广治）

单　集　镇

单集镇位于铜山区东部，距徐州市新城区 28 公里，面积 135.2 平方公里。该镇由原吴桥乡、单集乡合并而成，镇政府驻单集村。该镇历史悠久，文化底蕴雄厚。出土的汉化像石（纺织图）为国家一级保护文物（现藏徐州市博物馆），玉水牛（现藏国家博物馆）价值连城。下辖单集、郁楼、八湖、临阵头、新河、洪楼、闫庄、大曹庄、姜集、詹湖、路东、英山、邢楼、姚庄、岳楼、庙山、贺庄、卢庄、东黄集、沈桥、寿山等 21 个行政村，共计 110 个自然村。

石臼等农具

单集行政村 为镇政府驻地村，下辖单集、范庄、赵庄、草庙、张庄、小单庄等6个自然村。

单集：原名禅河镇，因村民多为单姓而得村名。传说在明朝嘉靖年间山西洪洞县老鸹窝一个名叫单世通的人，贩卖大红枣到此，后渐渐形成村落，故名单集村。单集村后建起集市，通商贸易，形成集镇，镇区有单家花园井遗址。

“烂银单”的传说

故黄河两岸原来无人居住，到明朝初年，朝廷才从山西洪洞县喜鹊窝迁来一些人到这里落户。传说，有一个名叫单世通的，夫妻俩来到单集村住下，以卖大红枣、豆腐为生，过着平淡的日子。

有一年，他们家中母猪下了一窝小猪，因没有东西喂养，妻子就将这群猪赶到蒋墓山南面的土丘上放养（这个土丘在姜集村和八湖村之间，俗称“大疙瘩”）。第一天，猪从泥土里面拱出四个银娃娃，妻子抱回了家。第二天，猪从泥土里又拱出一些银块，妻子以为那只是一些白石头，没有在意。

这一天，单世通卖完豆腐回家了，他高兴地对妻子说：“瞧，这块银子是我积攒下来的，你把它收起来吧 。”妻子看了看说：“谁稀罕这个，在我放猪的地方，猪从泥土里拱出来的全是这个东西。”说着又把四个银娃娃抱给丈夫看。单世通一下惊呆了：“这是四个银娃娃啊 ！”他拉着妻子的手说：“快，带我到你放猪的地方去看看。”夫妻俩来到土丘上，单世通惊喜若狂：“啊！ 这全是银子，这全是银子啊 ！”他对妻子说：“快，先捎带一些回家，再拿口袋来背。”他们白天黑夜地背啊，背啊，破屋子里快堆满了，可土丘上的银子怎么也不见少。他们建了几座楼房，把四个银娃娃安在主楼的四个角上。单世通夫妻俩由原来的穷人，一下子变成了富人。

一天，单世通进城办事，见很多人围着一张告示。他问旁人告示写的是什么，旁人告诉他，是金山寺的捐银告示，捐银最多的人，将被称为金山寺的镇山主。单世通心想：我有用不完的银子，捐些给金山寺，当个镇山主多好。

回家之后，他将这个想法告诉了妻子，妻子同意了。这天，他来到金山寺大殿里，见摆了几十桌酒席，捐钱的人各就各位，只剩下一个上位没人敢坐。有人推着单世通说：“单先生，你是天下有名的富豪，那上位你为何不坐啊？”单世通也没推辞，就大大方方地坐在了上位。酒过三巡，菜过五味，老禅师拿着捐单说:"现在,请各位施主施舍银两。"单世通坐在上位,当然得他先捐。可他不识字,就说:"这样办吧,等各位捐献之后,剩下的我全包了。"老禅师连连叫好:"单施主说话真痛快,大方,大方!"其他的人本来想多捐一些的,听了单世通的话,也就有意少捐了。等众人捐完之后,老禅师发现已收到的捐银不及所需银两的三分之一,就来到单世通跟前问道:"单施主,这剩下的银子不知你能否凑齐?"单世通毫不在意地说:"差多少,到我那儿去运吧。"

与老禅师约定的日子到了,单世通想到银库里去看看银子,门一打开,一股霉气扑鼻而来。单世通拿了一块银子,见上面已发霉,又发现很多银块上也都已发霉。于是,就叫家人把银块全都拿出来晒一晒。

老禅师带着众僧来到了单家,见院子里全是银子,都已发霉了,不禁叹道:"真乃'烂银单'也。"此话一传十、十传百,后来,"烂银单"的外号便传开了。

扒宝鸡(脱骨鸡)

权家酒店是单集镇的一家老店,经营有近百年了。权家酒店的菜肴味鲜美而独特,尤其是店里的"扒宝鸡"(脱骨鸡),更是名扬四方。

在当地,也有人把"扒宝鸡"称为"无骨鸡"。它的做法比较独特,在"无骨鸡"里面装有八样东西,其中必须有四样海鲜(如鱿鱼、海参、海米等),一起烹制而成,所以就叫它"扒宝鸡"。

烹制好的"扒宝鸡"形状完整,色泽白润,肉质鲜嫩,营养极佳,就连其名字也是一语双关,"扒"字一是"脱"的意思,二是"八样"的含义。

单集村的"苏牛农庄"坐落在美丽的吕梁自然风景区东麓,占地 1 000 余亩,是集种植、养殖、饲料加工、生物有机肥生产、沼气能源利用、食品研发生产和市场营销、物流运输于一体的现代生态农业园区。

范庄:清末,范姓迁居此地居住,故取村名范庄。

赵庄:清末,赵姓迁居此地居住,故取村名赵庄。

草庙:此村原有一座用草建成的庙,故取村名草庙。

张庄:清末,张姓迁居此地居住,故取村名张庄。

小单庄:清末,单姓迁居此地居住,故取村名小单庄。

郁楼行政村 位于镇政府驻地东北 5 公里处,下辖郁楼、张王庄、前李家、仓屋、小陈庄、小曹庄、单庄等 7 个自然村。

郁楼:北宋时,郁姓在此居住并建有楼房,取村名郁楼。

张王庄:明末,因张、王两姓在此居住,取村名张王庄。

前李家:原名小李家。明末,李姓居住在陈姓财主仓库前面,而得村名前李家。

仓屋:明末此地原是陈姓财主的仓屋,后来居住的人多了便起村名为仓屋。

小陈庄:清末,陈姓迁居此地居住,取村名小陈庄。

小曹庄:清末,曹姓迁居此地居住,取村名小曹庄。

单庄:原村名为陈单庄。清末,陈姓、单姓迁居此地居住,后来单姓人口多,故改名单庄。

八湖行政村　位于镇政府驻地西南 2 公里处,下辖八湖、三官庙、后下泉、前牛家、前周家、马庄、段家、周圩子等 8 个自然村。

八湖:原名八户村。2002 年,马庄村并入八湖村。据传在明朝嘉靖年间,山西省洪洞县老鸹窝有 8 户人家迁徙来到此地居住。此地原本杂草丛生,荒无人烟,这八户人家垦荒屯田、植树造林、开挖河道,在此生息繁衍,渐渐形成村落,取村名为八户村,后来演变为八湖村。

三官庙:明末,原来此村内有一座塑有三官神像的庙,故取村名三官庙。

后下泉:因村后有一泓清泉而得村名后下泉。

泓清泉的传说

传说宋太祖赵匡胤,当年在将墓山一带领兵作战时被困在山上饥渴难忍、人心涣散。赵匡胤焦急万分,头枕剑柄,渐入梦境。梦见从树林深处飘出一位白发苍苍的老者,走到赵匡胤面前,轻声细语说道:“只要你用随身宝剑往东南一指,3 里地外就会出现一泓清泉”。赵匡胤顿时醒来,随手拔出宝剑,用剑往东南方向一指。过了一会,随身士兵来报,东南 3 里处突然出现一股清泉,泉眼有水桶那么粗,足够 20 万人马饮用。后来当地村民一直用石磙子(碾压粮食的古农具之一)堵住泉眼,以防发生涝灾,即使在大旱之年,此泉也从未干枯。直到 20 世纪 70 年代,村西山上挖防空洞时,泉眼才逐渐变得细小,不过仍水流不断。

前牛家：清末，原牛姓村民在将墓山前居住，故取村名前牛家。

前周家：清末，原周姓村民迁来此地居住，故取村名前周家。

马庄：清末，原马姓村民迁来此地居住，故取村名马庄。

段家：清末，原段姓村民迁来此地居住，故取村名段家。

周圩子：又名南圩子。周姓最早在此地居住，村周围筑有围墙，取名周圩子。另传说宋太祖赵匡胤当年在将墓山一带领兵作战，临时增设的一个前沿阵地。因当地地势低洼，遂命令士兵用土筑起圩坝。因在赵匡胤指挥所的南边，故名南圩子，后来村名一直沿用至今。

八湖山芋粉丝

八湖村地处高亢丘陵地带，非常适宜种植山芋。传说在300多年前，周姓先祖8户人家最早从山西洪洞县喜鹊窝迁到此地后，开荒垦田，种植山芋。山芋最早曾是当地居民的主食之一，可以生着吃、煮着吃、蒸着吃、烤着吃，炒着吃、煎着吃。180多年前，周姓先祖利用祖传的手艺把山芋加工制作成粉丝、粉皮招待客人，后来逐渐扩大生产规模。山芋系列产品走上市场后，深受当地群众欢迎。现如今，八湖粉丝因质优味美而远销国外。

八湖山芋粉丝

临阵头行政村 位于镇政府驻地东部5公里处，下辖临阵头、韩桥、草湖、小李家、小临头等5个自然村。

临阵头：村民又称其为临头村或是林头村，与大许镇的东探头村、西探头村互为犄角。

民间流传着一首歌谣："赵匡胤下河东，东探头，西探头，一马放到临阵头。"传说当年宋太祖赵匡胤有一次在大许、单集一带与敌作战时，敌方在此布阵，宋太祖因对敌方布阵的情况不了解，就派出一小股精兵打探消息，过了一个时辰左右，探马来报。赵匡胤忙问道："情况如何，快快报来！"那将领磕磕巴巴说了半天，赵匡胤仍一头雾水，不禁大怒："拉下去，重打五十大板！"这时，随身的士兵听出门道来，急忙禀报"我主息怒，我来代报"，于是就说打探消息的将领趁夜色苍茫，东探一头、西探一头、一马杀到临阵头。宋太祖大喜，于是重奖随身的士兵。后来宋太祖因为情报准确获取大胜。为了纪念这次战役，遂命名经过的这三个村落分别为东探头、西探头，临阵头。

韩桥：明末清初，韩姓居住此地，村前河上有座小桥，故取村名为韩桥。

草湖：此地地势低洼，长草成湖，当地居民遂取村名为草湖。

小李家：明末清初，李姓迁居此地，取村名为小李家。

小临头：明末清初，从临阵头迁出几户人家到此地居住，取村名为小临头。

新河行政村 位于镇政府驻地东北4公里处，下辖新河、小陈庄、小闫庄、新河西、新河中、新河东等6个自然村。

新河：原名新河口村。因紧靠房亭河，村内有条南北河交汇处的小河，因河口较大，故叫新河口。明末清初，村内共有姓氏22个，其中周、张、赵、陈、王姓人口较多。因"新河口"叫起来别扭，"新河"二字较顺口，故改称新河村。

小陈庄：清初，陈姓在此地居住，取村名小陈庄。

小闫庄：清初，闫姓在此地居住，取村名小闫庄。

新河西：村内有条小河，因该村位于西面而得村名新河西。

新河中：村内有条小河，因该村位于中间而得村名新河中。

新河东：村内有条小河，因该村位于东面而得村名新河东。

周三孝桥的传说

新河村的西边有座桥（位于房亭河上），村民叫它周三孝桥。此桥至今已有百余年的历史，传说周家先人排行老三的独自来此地居住，其父母在老家周楼居住。因中间隔河，他来回照顾二老不方便，故修小桥。此举不仅方便其孝敬父母，同时也给周围乡邻带来了方便。时间长了，此桥被村民称为周三孝桥。

洪楼行政村 位于镇政府驻地北1公里处，下辖洪楼、樊楼、小郭庄、程庄、周楼等5个自然村。

洪楼：清初，洪姓在此地盖起土楼居住，取村名洪楼。

樊楼：清初，樊姓在此地盖起土楼居住，取村名樊楼。

小郭庄：清初，郭姓在此地居住，取村名小郭庄。

程庄：清初，程姓在此地居住，取村名程庄。

周楼：清初，周姓在此地盖起土楼，取村名周楼。

汉代画像石

洪楼村曾出土汉代画像石。原石1953年出土，现藏于中国国家博物馆。该画像石高99厘米，宽216厘米。画面分两个层次：上层为人物故事，下层是一座富豪庄园，右边有娱乐表演，一间大厅坐满了观赏者，其中“纺织图”位于下层左边的织布操作间。1999年3月16日，国家邮政局发行了一套文物题材的特种邮票——《汉画像石》，引起了广泛的关注。此套邮票共6枚，其中“纺织图”与“舞乐图”就取材于单集镇洪楼村出土的汉代画像石。邮票取材的纺织图画面，清晰地展现了汉代纺织工艺中的三个环节：用络车调丝、用纬车摇纬、用织机织绢帛。而在其内容上则刻画了几名织女在紧张地劳作，全然不顾室外戏耍舞乐的喧嚣，足见“忙于生计”的压力，可谓是汉代古诗“鸡鸣入机织，夜夜不得息”的生动写照。

闫庄行政村 位于镇政府驻地东北4.5公里处，下辖姚湾、贾湾、闫庄、马园等4个自然村。

姚湾：此村原名窑湾。明末清初，因此村有砖瓦窑在房亭河拐弯处而得名，后村名改为姚湾。

贾湾：明末清初，村名为夹河湾，因为此村位于禅河与房亭河夹湾里而取名，后来改村名为贾湾。

闫庄：原村名为新河湾。明末，闫姓迁居此地，遂取村名闫庄。

马园：明末清初，马姓村民最早在这里种菜园，故取村名马园。

大曹庄行政村 位于镇政府驻地东北 6.5 公里处，下辖大曹庄、皮台子、齐家庙 3 个自然村。

大曹庄：原村名为曹家湖，传说清朝年间有一家姓曹的搬进此地居住。此地低洼，所以取村名为曹家湖。后陆续又从各地搬进孟姓、张姓、白姓、王姓等移民，庄体扩大，所以改村名为大曹庄村。

皮台子：原名郑家村。早在 400 多年前，郑姓兄弟两人从山东搬来在此居住，取村名郑家村。清朝年间，裴姓人家迁来此地，裴家很富有，筑起高台子建房，称裴台子村，后来改村名皮台子。传说，再后来裴姓先祖触犯王法，惨遭满门抄斩，只逃出两名家丁，隐姓埋名去了他乡，庄名皮台子却一直沿用至今。

齐家庙：清朝时期，齐家庙村西有一座大寺庙，历史悠久。后从山西洪洞县喜鹊窝搬进一家姓齐的在寺庙东安家乐业，取村名齐家庙村。该庙在“文化大革命”期间被拆除。

姜集行政村 位于镇政府驻地西南 3.5 公里处，下辖姜集、詹庄、黑土地 3 个自然村。

据《姜氏家谱》记载，姜集村源于明朝万历年间建村，至今已有 400 多年历史。传说，当时村庄住有廉、葛、姜、苗等共四个姓氏。因廉、葛、姜、苗家族之间有矛盾，后其余三姓迁出此村，仅留姜姓在此居住。姜集村明末建有庙堂一座，清光绪年间重修，现存有庙堂碑一座。民国七年(1918 年)，经姜姓带头捐款把庙堂改建为小学学校，设一至六年级；民国二十四年(1935 年)，铜山县政府办公地址曾一度设在此学校内，并在校内设了警楼，现存有警楼碑一座。

姜集：原名姜苗庄，后因姜姓有钱财、有势力，改村名姜集。村内有一口古井，直到今天，姜集村六队的村民都还在吃这口井里的水。

詹庄：明末清初，从詹湖迁居此地，起村名詹庄。

黑土地：明末清初，有村民从外村迁来此地，因此村土质呈黑色，故取村名黑土地。

詹湖行政村 位于镇政府驻地西 3 公里处，下辖詹湖、前齐集、后齐集、西耿集、东耿集等 5 个自然村。

詹湖：詹湖村坐落在将墓山的北麓，房亭河的南岸。明末，詹姓在此地居住，庄后一片洼湖地，故取村名詹湖。

根据《詹姓族谱》记载："相传宋太祖赵匡胤创业时，曾在我处南山麓排下战场，战斗惨烈，死骨遍地，士兵就地埋葬，将领用青石砌的墓葬之，故此山取名为将墓山"。明朝时期，1480 年左右，詹姓之祖"容"、"赋"二公，由安徽徽州（现江西婺源）迁址彭城（今徐州）东、沟以南、将墓山北，将墓山曾以二公之名改称为芙蓉山。时光流逝，先祖辞世，"芙蓉"已逐渐被人淡忘，巍巍将墓山毅然矗立在詹湖村的正前方。

将墓山的传说

很久以前，将墓山不叫这名字，只是一个无名的小山。

传说，宋太祖赵匡胤有一次与敌军打仗，战场就在现今单集镇东临头村附近。赵匡胤亲自督战，他的人马被敌军围困在这座小山上。赵匡胤带领将士，奋力抵抗，敌军多次攻打都败下阵来。敌军的首领扮作一个老头，向当地老百姓打听情况，老百姓告诉他说："这座山上没有井，也没有山泉，只要围困，使山上宋军断水，他们便不战而败。"敌军首领按此照办。几天过后，赵匡胤的守军因断水，而失去了战斗力。敌军趁机冲上山头，赵匡胤的人马伤亡惨重。赵匡胤命令全体将士一人一捧土，掩埋那些战死的将士，就形成了这座小山。后来赵匡胤封这个小山为将墓山。将墓山北边有条路，因当年赵匡胤走过，人们便称它为皇路。以后，这个战场上住了人家，起名为临阵头。而今也有人错将"临"字写成"林"，临阵头村也称为林头村了。

关于将墓山还有另外一个传说故事：很久很久以前，有一个农民，在将墓山的山坡上开荒时突然挖出一杆铁棍，虽然这杆铁棍是铁质的，但却没有一点锈迹。农民很高兴，他正想用此撬石头呢。他顺手将铁棍插在地上，谁知，插铁棍处突然裂开一条缝。这条缝越来越大，原来是个洞门。农民拎着铁棍好奇地走了进去。这个洞一直通到将墓山的正中处。农民来到最深处，走进了一个灯火通亮的大厅。大厅中央有一匹金马在拉磨，旁边有一位姑娘正往磨眼里倒着东西，磨出的都是金灿灿的豆粒子，亮得刺眼睛。

姑娘见到农民手中的铁棍，高兴地迎了上来，说："大叔，你是在哪拾到这把钥匙的？"农民说："这是一杆铁棍啊。"姑娘道："这不是铁棍，这是我丢了多时的开山钥匙。既然你给我送来了，就交给我吧。"农民见姑娘向他要铁棍，就说："我还想用它撬石头呢！"姑娘指着磨说："只要你将钥匙还我，我给你一捧豆子，你可以买无数杆铁棍，还能让你一辈子享福。”农民听姑娘说要给他豆子，就笑着说：“我家有好几口袋豆子，你就给我一捧钱吧。”姑娘听了很高兴，就指着屋角说：“那儿的钱，你能拿多少就拿多少吧。”农民脱下褂子，包了一包铜钱，走出山洞。他刚出洞门，洞口就合上了。

农民回家之后，村民问他从哪儿弄来这么多钱，他就把实情告诉了村民。一个老头说：“金马拉磨，磨出来能是豆子吗？那是金豆子啊！再说，你不该将那开山的钥匙还给她。你要是拿回来，我们老百姓就有用不完的金子啦。”农民说：“这些钱我不是白拿的，是一杆铁棍换来的，不该拿的东西我不拿。”

前齐集：明末清初，齐姓在此地居住并设过集市，庄中间横穿一条马路，因在路南面，所以取村名前齐集。

后齐集：明末清初，齐姓在此地居住并设过集市，庄中间横穿一条马路，因在路北，所以取村名后齐集。

西耿集：明末清初，耿姓在此地居住并设过集市，因在小土山西，所以取村名西耿集。

东耿集：明末清初，耿姓在此地居住并设过集市，因在小土山东面，所以取村名东耿集。

路东行政村　位于镇政府驻地东南 7.5 公里处，下辖路东、前鲍家、连三庄、安庄、孙庄、小鲍家、马庄、陈庄等 8 个自然村。

路东：自古就有一条南北大道从村中穿过，因该村位居大路以东，故起村名路东。

前鲍家：明末清初，以鲍姓取村名鲍家。因邳州境内有后鲍家，故取村名前鲍家。

连三庄：原梁井台、王井台、邢井台三村合并成一村，故取村名连三庄。

安庄：明末清初，此村的村民多姓周，以安家落户之意取村名为安庄。

孙庄：明末清初，以孙姓取村名孙庄。

小鲍家：原村名孙楼，后该村鲍姓买了孙家的楼后，取村名为小鲍家。

马庄：明末清初，以马姓取村名马庄。

陈庄：明末清初，以陈姓取村名陈庄。

英山行政村　位于镇政府驻地东南 6.5 公里处，下辖英山、北徐庄、王庄 3 个自然村。

英山：因村后有英公山，故取村名为英山。

该村地处铜山区东南。传说此地曾有唐朝徐茂公土墓。徐茂公即英国忠武公李勣(594～669年)，原名徐世勣，字懋功。唐高祖李渊赐其姓李，后来为了避唐太宗李世民讳，改名为李勣，汉族，曹州离狐(今山东菏泽东明县东南)人，唐初名将，与李靖并称，被封为英国公，为凌烟阁二十四功臣之一。早年从李世民平定四方，后来成为唐王朝开疆拓土的主要战将之一，曾破东突厥、高句丽，功勋卓著。

北徐庄：明末清初，徐姓在此居住，取村名徐庄，因与西北徐庄镇重名而改村名北徐庄。

王庄：明末清初，王姓在此居住，取村名王庄。

邢楼行政村 位于镇政府驻地东南12公里处，下辖刑楼、刘庄、薛庄、小董庄、张庄、水口等6个自然村。

邢楼：本村是个比较大的村庄，也是邢姓较多的一个村，据传说200多年前，本村有一姓邢的大户人家在村中盖一土楼，后本村便取名为邢楼。

刘庄：据传说在150多年前，有一村民名叫刘宝堂，在现刘庄段看守废黄河堰，居住在村庄的最南头，当时刘庄只有百余口人。依照当时习俗：以村南头第一户居民的姓氏为村名，故得村名刘庄。村名沿用至今。

薛庄：明末清初，因薛姓在此居住，故取村名薛庄。

小董庄：130多年前，有户姓董的老汉，从鹅头山东坡柳叶河畔，迁居双塔路两侧，外村人称此村为两半庄。因本村村民全部姓董，后逐渐称小董庄。

张庄：传说450多年前，有一个将军叫张亮，住在张庄。为了饮马用水，他率领官兵打了一口井。张亮带部队走后，这口井也方便了张庄村居民饮水。为纪念张亮将军，于是把自己的村庄命名为张庄。

水口：原是一姓李村民在此看守废黄河堰。300多年前，洪水在这里把黄河堰冲开，形成一个大口子。洪水过后，留下一片几百亩的洼地，后来姓李的后代越来越多，形成村庄，就把这个小村庄称为水口村。

姚庄行政村 位于镇政府驻地东南21公里处，下辖姚庄、孙滩、牛蹄山3个自然村。

姚庄：位于徐州市铜山区东南方，东邻邳州、南邻睢宁，有“一只公鸡叫三县”之名。北面山峦起伏，有枣山、拓山、韭菜山、小北山、庙后山、庙东山六座，村民依山而居。村东北角有千年古寺(龙泉寺)遗址，西邻白马湖，以前有柳姓、夏姓、逯姓等村民居住，现存有柳汪沿、夏园、逯井等遗迹。传说，因逯姓打响场与朝廷犯禁遭抄家灭族，后其他姓氏也先后迁走，再后来顾姓等姓氏陆续迁入此村而居。因为从前有人挖窑烧制泥瓦、盆、罐而得村名窑庄，后改名为姚庄，但无姓姚的村民在此居住。

孙滩：明末清初，孙姓在山脚下的湖滩居住，故取村名孙滩。

牛蹄山：村后有座山，名叫牛蹄山，故取村名牛蹄山。

传说王母娘娘在岳山上坐月子，派牛魔王下山寻找鸡吃，牛魔王来到一座小山旁，发现一只鸡正在“咕咕”叫，连忙脚蹬石头、拉弓射箭，石头上至今留下深深的牛蹄印，因此得村名牛蹄山。

岳楼行政村 位于镇政府驻地东南 26 公里处，下辖岳楼、山窝、拐山、群强、北楼、岳山、不落庄、羊山等 8 个自然村。

岳楼：传说几百年前，黄河决口，河水急流南下，大水冲到黄山前山头折个大弯，直奔南楼及北楼而来，淹没大片粮田及村庄，南楼、北楼却在大水中毅然挺立，安然无恙。正巧王母娘娘在岳鸡山坐月子，后人为记住这段传说以及此山的威武、楼的壮观，由此而取村名为岳楼村。

山窝：此村的村后边有两个山头，北边的山头叫青牛岭山，南边的山头叫圈山。传说宋朝时这两个山上住着胞兄弟俩占山为王，后来赵匡胤铲除了这两个山大王。这两个山大王死后，其手下就把他们葬在青牛岭山、圈山的中间，俗名双王墓。“文化大革命”期间，双王墓被毁坏，夷为平地种上庄稼。此后青牛岭山、圈山改名山窝山，后来居住的人多了，就命名为山窝村。

拐山：传说几千年前，花山前有一个小湖泊名叫白马湖。湖边建有个兖州城，有一天早上县官正在洗脸时，突然发现有一个兔子向县官作揖行礼。县官一看是兔子就非常生气，于是随手拿起弓箭追赶兔子。这只兔子跑到拐山山头后又向庙山山头跑去，这时突然从身后传来“轰轰隆隆”的声音，县长转身一看，“乖乖，不得了啦！”兖州城顿时陷入一片汪洋大海之中。县官这才明白，原来兔子救了自己。后来，县官就在庙山山头建成庙宇，日夜烧香敬奉兔子。出山一拐到庙山，拐山村由此得名。

群强：明末清初，群强村原叫二虎庄，分为大群强、小群强两个村庄，群强有两个山头，山名为二虎山。

北楼：宋朝时，黄河决口前，北楼住有两户人家，分别建有两栋楼房，南边一栋，北边一栋，两栋楼房中间是一条大沟。后来南楼在黄河决口时被淹没了，仅留下北楼，北楼由此得名。

岳山：此地有个山头叫岳鸡山。传说王母娘在山头做了一个月山大王，并且生下大仙女，鸡被吃光，山头没有鸡，后来改为月鸡山，又名岳鸡山。另外还有一传说，几百年前，当地居民上山开荒，发现一汉代古墓，墓中有陶制鸡俑两个、陶碗等若干个，遂起村名月鸡山，后来改称岳山。

不落庄：传说几千年前，有许多凤凰从此路过，飞到白马湖转一圈，又飞到南山凤凰台转一圈，观察地形，寻找安居之地。凤凰发现此地没有生存条件，于是就没落下，飞到别处安家了。俗话说“凤凰不落无宝之地”，所以村民起村名为不落庄。

羊山：以山头来命名，此地共有三个山头，传说分别名叫青龙、白虎、羊家山，后来取村名为羊山。现在羊山四组村民陈令喜院内有一棵明清朝时古槐树，需用五六人手拉手搂抱才能合围，古树内有大洞。村民间流传着当年抗战时，曾有一位新四军交通员在此树洞躲藏日军，得以顺利把情报送出。

庙山行政村　位于镇政府驻地东南23公里处，下辖庙山、眠山、张家滩、石庄等4个自然村。

庙山：明末清初，因山上有庙而得村名。原庙坐落山顶，三间后大殿，三间前大殿，三间东廊房，三间西廊房。后大殿青砖小瓦构建而成。大殿供奉阎王爷，东间彩塑小鬼，西间彩塑判官。庙大门在前大殿，东头向南，有和尚三十多人。山周围石墙高数米，分北大门、南大门，内住百姓，有集市，分为农历带有三、八的日子北门逢集，农历带有五、十的日子南门逢集。每年农历四月初八逢庙会，人来人往，许多村民上庙求神烧香。山南黄河，穿越庙山向东而去。原庙名为潭云寺，传说永乐年间改称张庙，后来又改为庙山。此庙在1958年被扒掉盖仓库建牛舍。庙山自古有“三山一河”（庙山、眠山、小山、黄河）之称。

眠山：明末清初，因村后有眠山而取村名眠山。

张家滩：明末清初，原村名后湖，张姓住在河滩边，取村名张家滩。

石庄：明末清初，以石姓而取村名石庄。

贺庄行政村　位于镇政府驻地东南4.5公里处，下辖贺庄、施堂、吴桥、王台、李庄、后李、戴庄等7个自然村。

贺庄：传说贺庄的先民是唐朝著名诗人贺知章的后人，于明朝时从山西洪洞县老鸹窝迁徙来此地居住，取村名贺庄。

施堂：当地曾建有施公庙，据说是宋朝时施全的后人所建。据汤阳县《岳飞庙志》记载：施全，钱塘（今浙江杭州）人，原为殿司小军官，对秦桧主和误国，谋害岳飞极为仇恨。岳飞被害后的第九年即南宋绍兴二十年（1150 年）正月，施全挟刃藏于众安桥下，待秦桧乘轿赴朝路过时，直前行刺，未中被捕。秦桧亲审。全正气凛然，破口大骂："举天下皆欲杀虏人，汝独不肯，故我欲杀汝也。"秦桧大怒，将施全处以极刑。施全激于义愤而行刺秦桧，《岳飞庙志》记载比较翔实。后人在河南省汤阴县岳庙山门对面，建立施全祠。明万历年间，彰德府推官张应登又铸施全铜像立于中央。铜像高六尺，头戴兜鍪，身穿铠甲，手执利剑，怒目握拳，直指祠前秦桧等奸党跪像。而在施堂村施全像是泥胎金粉贴身及祠庙已毁于清朝末年。

吴桥：明末清初，此村吴姓村民较多，自古村西就有一座小桥，横卧在柳叶河上，故村名为吴桥。

王台：明末清初，因该村地势低洼，王姓垫台建房，故取村名王台。

李庄：明末清初，因李姓村民居多，故取村名李庄。

后李：明末清初，此村在贺庄村后，又因李姓村民居多，故取村名后李。

戴庄：明末清初，因戴姓村民居多，故取村名戴庄。

卢庄行政村　位于镇政府驻地东南 4 公里处，下辖卢庄、北李、小张庄、大荒、张后场、张庄、侯庄、刘庄、周庄等 9 个自然村。其村名大多以本村居住的大姓村民来命名。

卢庄：明末清初，因卢姓村民居多，故取村名卢庄。

北李：明末清初，位于卢庄北边，又因李姓村民居多，故取村名北李。

小张庄：明末清初，因村小，以张姓取村名小张庄。

大荒：新中国成立前，该村周围是大片荒地，长满芦苇、茅草，故取村名大荒。

张后场：明末清初，因张姓在单姓打谷场上建村庄，故取村名张后场。

张庄：明末清初，以张姓取村名张庄。

侯庄：明末清初，以侯姓取村名侯庄。

刘庄：明末清初，以刘姓取村名刘庄。

周庄：明末清初，以周姓取村名周庄。

东黄集行政村　位于镇政府驻地东南 11.5 公里处，下辖东黄集、花山、宋庄、闫山、前楼、后楼等 6 个自然村。其村名大多以村民较多的姓氏来命名。

东黄集:明末清初,此村黄姓村民居多,又因设集,故取村名黄集。后来为了与西北黄集镇有区别,故改村名为东黄集。

花山:原名凤花山,因背依花山而得村名。

宋庄:明末,宋姓迁居此处居住,故取村名宋庄。

闫山:明末,闫姓迁居山旁居住,故取村名闫山。

前楼:明末清初,该村有村民在花山前建有土楼,故取村名前楼。

后楼:明末清初,该村有村民在花山后建有土楼,故取村名后楼。

沈桥行政村 位于镇政府驻地东南13公里处,下辖沈桥、季庙、段山、周山头、小周家等5个自然村。其村名大多因本村居住大姓来命名。

沈桥:明末清初,此村沈姓村民居多,村前建有一座小石桥,故取村名沈桥。

季庙:明末清初,此村季姓村民居多,村里建有一座火神庙,故取村名季庙。

段山:明末清初,段姓选择在小山坡定居,故取村名段山。

周山头:明末清初,周姓选择在小山坡定居,故取村名周山头。

小周家:清初,周姓从周山头迁出另外建村,故取村名小周家。

霸 王 山

霸王山因西楚霸王项羽与汉刘邦争权位在此屯兵扎寨而得山名。山脚下有龙泉寺遗迹,山上有一“保萱冢”(旧时尊称母亲为萱堂),传说为霸王母亲的坟墓。当年楚霸王在军情紧急的情况下,其母亡故,只得就地掩埋,以作纪念(此坟墓被毁于20世纪70年代)。另有一清冽坑井,名曰“霸王井”,据说是为西楚霸王的兵马饮水而凿(现已被村民挖奇石掩埋)。“霸王山”北边(在今庙山村)有一水潭曰“黑龙潭”,传说古代有条黑龙常在潭里沐浴,霸王也多次在这里洗澡。

单集龙泉寺

龙泉寺位于沈桥村境内。据史料记载,古龙泉寺始建于前2年,东汉中平五年(188年)扩建,共有寺院建筑108间,僧众3 000多人。该寺既是我国较早的寺院之一,也是古文化遗址中最大规模的寺院之一。北宋末年,迁址到江浙一带，如今只有古龙泉寺遗址留存。

龙泉寺一带因“山青、水秀、洞奇、泉灵、稻香”而闻名。这里有天然溶洞，洞内石笋、石柱千奇百怪。这里泉水丰富，著名的有呵泉、龙泉、珍珠泉等，均属优质矿泉水。优质的矿泉水孕育了出名的香稻米，素有“一家煮饭十家香，十家煮饭香满庄”之誉。

淬 剑 井

霸王山上有淬剑池、砥剑石等遗迹。相传西楚霸王曾在此设炉造剑，三年造成龙泉雌雄二剑，其剑青光闪烁、锋利无比。淬剑池位于山巅，池不大，水不深，但终年不枯，水清鉴人，颇为神奇。山上还有一砥剑石，又名试剑石，俗称石卵，匠人多在此处试剑。山下村中也有十口淬剑井，其中有六口井已被当地人用青石板盖上，井内已无水可取，但仍有四口井，井水清澈甘甜，即使大旱之年也从未干枯过。至今，当地人仍在取水淘米、做饭、洗衣、浇菜。

白马湖之白龙马传说

白马湖位于单集镇沈桥村北部，占地百余亩。南宋绍熙五年(1194 年)，黄河溃口南徙后逐渐成湖。

传说，从前白马湖旁边住着一位老人，孤寡无嗣。老人家在河滩开了几亩荒地种些庄稼，闲时就逮些虾、鱼、黄鳝之类上街叫卖，日子还算过得去，只是感觉太孤单。

有一天，老人到湖边去收鱼篓，远远看见一只鱼鹰贴在水面上追赶一条小蛇。小蛇雪白雪白的，拼命向前游，就像一条白线。鱼鹰紧追不放，眼看就要啄住它了。小白蛇灵机一动，一头钻进沟边的鱼篓里。鱼鹰追到鱼篓跟前，感觉没有希望捉住小蛇了，就飞走了。

老人取上鱼篓，倒出这条小白蛇。小白蛇只有笔杆粗，除了两个黑眼睛，全身雪白如玉。他非常喜爱这条小白蛇，舍不得将它放走，就带回家去养着，与之为伴。他放在水盆里，天天用虾米喂养它，视它为宝贝。一连喂了几天，老人突然发现小白蛇长出了四只爪子，又过几天头上长出了两只角。

“哎呀，这不是一条小白龙吗?”老人又惊又喜。

小白龙渐渐长大了，盆里放不下，他就买口大缸，放在缸里养着。小白龙见到老人总是摇头摆尾，非常亲热。老人很开心，生活充满了乐趣。就这样一连喂了三年，小白龙长成了大白龙。有一天，白龙突然开口说话了，它说：“老爷爷，承蒙你精心喂养，我现在已经有了功力，我不能老盘在缸里图享受，我要为你做点事情。”

老人说：“你是龙，我是人，你能替我做什么事情？”

白龙说：“我能变成马，可以帮你耕田、拉磨。”

老人将信将疑，白龙叫他离远些。只见一道白光腾空而起，落在地上一个翻身，白龙变成了一匹大白马。老人被眼前的情景惊呆了，激动地说不出话来。从此老人走到哪里白龙马就跟到哪里，形影不离，就像一对父子。

老人得到了一匹白龙马，这消息一传十，十传百，连皇上都知道了。

“皇帝最喜欢的就是宝马，”当地的知府想，“我要是能把这匹白龙马献给皇上，定能升官发财。”他知道这匹马是龙变的，绝非凡马，就带了三千兵将去捉它。白龙马被赶到一块凹地里，知府下令围捕，三千兵将把白龙马团团围住，就准备用套索套住它。突然白龙马一声长啸，口中喷出水柱，顿时狂风大作，暴雨如注，顷刻之间凹地变为泽国，于是成了今天的白马湖。

寿山行政村 位于镇政府驻地东南 13.5 公里处，下辖寿山、栗园、牌坊、羊鼻等 4 个自然村。

寿 山

寿山，地处徐州东 45 公里处，旧称寿麓山，也称寿鹿山。寿山风景秀美，适宜居住，是有名的长寿村。清朝康熙年间，盱眙县儒学教谕李棠瑞曾赋诗赞曰：“山气氤氲草色新，晓烟晚雾欲迷津。当年若有人曾到，不向桃源去避秦。”

关于寿山，有文字记载的历史可追溯到元朝，而以明末清初最多。元朝至元年间，有李氏子聪公由东峄金注河（元隶下邳，明改属峄县）迁居至英公山，历经数百年，其裔益众，已为当地著姓，乃分居以英山、寿山、花山、黄山为中心的铜、邳、睢诸地，故世称四山李，四山于元明属睢治黄山社，又有睢宁四山李之说。有十世祖贤公、茂公始迁至寿山而居。

寿山人杰地灵，历史上曾出过许多名人：有负笈游学、夙有声于海内的李趋庭；有文治武功、歼匪岭南的四会主簿李枝芳；有被钱谦益誉为“半壁长城汉条侯”的县令李枝翘；有被刘晋蕃称为“国之柱石”的六品别驾李枝荨和为世干城的武举李枝青；有才高八斗、文泽后世的李枝芃和李玉铉；有官居正五品的武举李敦孚……据《李氏族谱》所载，明清礼部尚书龚鼎孳、钱谦益、曾楚卿、太史殷伯岩曾驻车停舟造访本地名胜，并与当地名绅有缟纻之交。条侯先生居都门七年与户部尚书张玉书父子三人交往甚厚，条侯弃世，张玉书曾为其撰写碑文，《李氏族谱》也有张玉书为序。

多槐亭

明朝万历年间，"四山李氏"十二世祖趋庭公于寿山南麓手植槐树一株。清朝康熙二年(1663年)癸卯，槐树已大可数十围，久为远近所闻名。其子府别驾枝蕚公觅稚槐之良者广植之，并于旁建一亭，名为多槐亭，遥与湖心楼相望。后因战乱和年久世湮，古槐早为枯木，然其古风犹存，述说着寿山的沧桑。

栗园：该村以前种植大面积栗树，故取村名栗园。

牌坊：清初，该村有一贡生在此建一牌坊，故取村名牌坊。

牌坊

明朝崇祯年间，有居花山"四山李氏"十四世祖玉铉公长子，名滋，字德润，不富于年，于崇祯甲申(1644年)以年二十五而终，其妻房孺人以十九寡，并抚孤子杰成人，四十五而殁。清康熙以文德治天下，下诏民间举忠孝节义之有关于人伦者，屡诏褒旌，以厚风俗正人心。清朝康熙十六年(1677年)，桐城姚士塈司铎睢宁，杰以母节孝举。清朝康熙二十五年(1686年)值抚军大中丞汤斌察访节义郡县核旧案，上其事，允。岁终汇奏，寻擢礼部尚书领官詹赵士麟继之，以清朝康熙二十六年(1687年)农历四月初六日入下礼部议，五月初二日，题覆该地方官给地丁银三十两，听自建坊。

《李氏族谱》中有康熙三十八年(1699年)杰公所撰的《敕建节孝坊记》。《李氏族谱》收录节孝坊征诗十四首和奉政大夫刑部贵州清吏司郎中桐城姚士暨撰写的《德润公讳滋暨元配旌表节妇房氏墓表》。

节孝坊遗址就在现寿山行政村下的牌坊村，牌坊村也由此而得村名。

羊鼻村：羊鼻，古称偃王避，四山《李氏族谱》记载了此村名来历：徐偃王，名诞，生活在约前 1000 年，是西周徐国国君，徐偃王无视宗周的规定，首先僭越称王，将 31 世的封君变成了王，都泗水（今徐州），周穆王率军西进，紧迫黄河。周穆王“畏其方炽，乃分东方诸侯命徐偃王主之”管辖 500 里范围。徐偃王对下属以仁义相待，有 36 个诸侯向他朝贡臣服。后来周穆王命造父联合楚军进攻徐国，徐偃王主张仁义不肯战，遂败逃，数万百姓感其义跟随。徐偃王临终曰：“吾赖于文德，而不明武务，以至于此。”作为“徐文化”的代表人物，徐偃王当之无愧是徐州文明史的奠基人、开拓者和领袖人物。徐偃王败逃之际，曾避难、隐于此地，即后人所谓偃王避，意为偃王避难之处。偃王避一直沿用至清末，后因口口相传，讹传为羊鼻。

（撰稿：周　亚）

徐庄镇

徐庄镇于2000年4月经铜山县区划成立，由原铜山县毛庄乡和徐庄乡组成，以原徐庄乡中的古老村庄徐庄村命名。（注：2014年徐庄镇划归徐州经济开发区管辖。因材料征集时徐庄镇尚属铜山区，故在此一并列入。）徐庄镇政府驻地腰庄村。全镇下辖重埠、山黄、薛湖、安乐、王楼、赵疃、毛庄、吴楼、苑山、龙田、土楼、金井、张家、徐庄、王桥、太平庄、周庄、岳庄、来安、黄集、岗楼、吴集等22个行政村，共计113个自然村。

徐庄镇虽为区划新建镇，但其历史久远，据徐庄镇圣人窝村洞山上现存的古石臼考证，在我国史前龙山文化时期，这里就有人类先民居住了。但是，据《铜山县志》和《徐州府志》及目前能收集的部分姓氏族谱记载及老人传说，在元、明封建王朝交替时期，因为连年战争、水患、瘟疫，造成华北平原人口锐减，十室九空，“赤野千里，不闻鸡犬之声”。自明朝洪武二年(1369年)至明朝嘉靖年间，官方以山西省平阳府(今临汾市)洪洞县为中心，举行了7次大移民，加上地方自愿型的小移民，共计20余次。大量的移民来华北一带定居繁衍，形成了新一轮的居民聚集现象。是故，徐庄镇同其他镇一样，自然村多是明朝以来形成的格局。不同的是，徐庄镇北部系黄河冲积平原，在唐宋以前，这里最低海拔不过10米，是徐州市东部比较突出的低洼地区，非常不利于人们居住。所以，北部地区移民较之南部更多，很少有明朝以前的古老自然村。徐庄镇位于徐州市东郊，自然景观与人文景观丰富。陇海铁路在黄集村设有黄集火车站，徐海公路、霍连高速公路、京福高速公路呈“十”字形纵横贯通，黄金水道京杭大运河、长江下游南水北调工程徐洪河穿境而过，距徐州观音飞机场仅15公里，交通运输十分便利，地理位置非常优越。

全镇总面积138.8平方公里，南部山区有46个山头，9个山区湖泊和水库。山区出产奇石、磬石、砚石、砭石、化石、玉石、矿石，品种繁多，属徐州市吕梁奇石范畴。植被茂盛,生态原始,几乎囊括华北平原全部生物种类。

重埠行政村 下辖赵集、半楼、重埠、周楼、曹圈等5个自然村。村委会位于镇政府东南方,至镇政府约13.5公里。

赵集:明朝末期,赵姓三兄弟迁居在此落户,后来又开设了易贸集市,此村故名赵家集,后简称赵集。

半楼:清朝晚期,任姓一户迁居此处,建楼一半即倒塌,此村故名半截楼,后简称半楼。

重埠:明朝中期,张姓迁居此处,因村周围有10个小埠子,此村故名重埠。

周楼:清朝中晚期,周姓在此建楼定居,此村故名周楼。

曹圈:清朝末期,邳州八义集曹姓大户将祖坟葬此,看护祖坟的住户后建起羊圈,此村故名曹羊圈,后简称曹圈。

山黄行政村 下辖山黄、圣人窝两个自然村。村委会位于镇政府正南方,距镇政府约10公里。

山黄:明末,黄姓弟兄三人迁此村居住,此村故名三黄。后因为该村坐落在大山的北坡,后更名为山黄。

圣人窝:圣人窝自然村是个古老的山村,历史久远。该村曾在2010年“徐州市第一届魅力乡村评选活动”中被评选为徐州地区“最具历史文化魅力村”。说起圣人窝村名的来历,还有一段美丽而又真实的故事。

圣人窝的故事

据《列子·黄帝》和《庄子·外篇·达生》记载,2 500多年前,孔子官居鲁国大夫之职,住在曲阜讲学,十分儒雅。一日,他听说吕梁洪非常雄伟壮观,便想来观看,聊慰生平。农历六月初,发洪的汛期就要近了,他急备车马,带领子贡、子路、颜回等学生驱车前往。他们一行之众,车轮滚滚、烟尘荡荡,行约半日,路遇一位商贾。孔子问道:“此去吕梁,尚需几日?”商人说:“吾往来此间久矣,需三日之功也。”孔子怕耽误了时日,赶不上观洪,遂命车夫加鞭,欲将三日之途两日行结。当天行至很晚,他们才投宿休息。第二日鸡叫头遍,孔子就叫醒学生们,急急驱车上路。未料想,行不数里,因天黑路颠,车轴“咔嚓”一声从中折断。他们无奈,只好再回客栈住下,找工匠修车。孔子所乘之车,不比平头百姓的毛驴小车,乃属大夫品级之官车,为四马所拉,车料非普通之材所能建造。木匠们费了许多周折,才从山中寻到一株上乘的枣树，围粗斗余，使用工役数十人，好不容易弄回店中。直至日暮总算是换上了新轴，修好了车。孔子一行人只得依旧下榻该客栈。一夜无话，次日鸡鸣，他们又急忙套车赶路。从此，该店更名“鸡鸣客栈”。孔子及学生们满身尘土地行走到圣人窝村南约5公里的洪山下。恰在此时，他与被问道的商人不期而遇。商人与孔子一阵寒暄，奇怪地问他为什么会落到毛驴车的后面，这么久才来到此地。孔子似有所悟地说：“无欲速，无见小利。欲速则不达，见小利则大事不成矣。”商人笑而不答，点首以对，作歌而去。

《庄子·外篇·达生》中是这样记载孔子观洪的“孔子观于吕梁，悬水三十仞，流沫四十里，鼋鼍鱼鳖之所不能游也。见一丈夫游之，以为有苦而欲死也，使弟子并流而拯之。数百步而出，被发行歌而游于塘下。孔子从而问焉，曰：‘吾以子为鬼，察子，则人也。请问蹈水有道乎？’曰：‘亡。吾无道。吾始乎故，长乎性，成乎命。与齐俱入，与汩偕出，从水之道而不为私焉。此吾所以蹈之也。’孔子曰：‘何谓始乎故，长乎性，成乎命？’曰：‘吾生于陵而安于陵，故也；长于水而安于水，性也；不知吾所以然而然，命也’。”

孔子与泳者的这段对白是说：“我以为你是鬼呢？仔细看你却是人。请问，游泳有什么特别的技术吗？”泳者说：“没有，我哪有什么技术门道，我起初是经常玩水，长大了就习以为常，有一些成功也是自然而然的现象。跟水中的漩涡一块儿潜游到水底，又跟着向上翻涌的旋流游出水面，顺着水势而不做任何的违拗动作。这就是我之所以会游泳的方法了。”孔子又问：“什么叫做起初是故常；长大是习性；有所成就在与自然呢？”那人又进一步解释说：“我出生在山陵地方就安于靠陵近凌的生活，这就叫故常；长大了又生活在水边（谋食）就安于水边的生活，这就叫作习性；不知我为什么会这样地活着，这就叫作命里注定的（自然现象）。”这番回答，使孔子十分信服。其实，孔子似乎有些太谦虚了。住在距水近的人会游泳，就好比住在高山上会狩猎那样，实在是太寻常不过的事了。

孔子与泳者闲谈一番后，他见滚滚东逝的洪水，汹涌澎湃，一浪接一浪的向前方赶去，昼夜不息。顿时悟出人生苦短，岁月催人老，一代一代，就像泗水的洪浪那样追逐着逝去，他便立于川上感叹道：“逝者如斯夫，不舍昼夜。”此句颇具哲理的名言，传遍了全世界，人们也热衷于借此对人生感慨抒情。

六月天像娃娃脸，说变就变。天渐渐由晴转阴，浓云密布，沉雷由远及近裹地而来。孔子带领学生们急急寻路返回，当他们来到现在的圣人窝村时，雨便淅淅沥沥地下了起来，天也快黑了。他们只好停驻车马，就地取了些树枝茅草，临时搭建了个简易的窝棚住下。后人在这个三面环山的山窝中建了个村庄，名为圣人窝。

“天然氧吧”美 樱桃俏八方

在铜山东南的吕梁山区，有一个美丽村庄，名为圣人窝。它山清水秀、古朴自然、樱桃诱人，堪称世外桃源。

生态环境是这个美丽山村的最亮底色。作为省级森林保护区，圣人窝的森林覆盖率接近90%。每年4月一到，整个村庄便掩映在绿树之中，成为一片绿色的海洋。

圣人窝树多，古树亦多，其中不乏珍稀名贵品种。仅洞山一地，就有树龄在400年以上的棠梨、乌桕、橡树、苦檀和君迁子等珍稀古树10多棵。在洞山山北脚下的乱石缝中有一棵君迁子，虽经500多年风霜雨雪的洗礼，依然枝繁叶茂，壮志不已，傲然屹立于群山之中，顽强向上的生命活力令人起敬。

春风里，在碧波荡漾的七龙湖西岸的数百只天鹅，时而漂游嬉戏，时而闲庭信步，时而引颈高歌。忽地，一对天鹅扇动羽翼，腾空而起，振翅飞向蓝天。一转眼，它们在空中划过一道优美的弧线，宛若并蒂雪莲翩然落入人间。随着鸟悦园天鹅养殖基地在圣人窝落地生根，这些千姿百态的精灵，已经与这里的湖光山色融为一体，成为圣人窝一道亮丽的生态景观。

一方水土养一方奇石。作为吕梁奇石的重要组成部分，圣人窝山中的磬石、莲花石、蚰蜡石、黄青石、海螺石、玉质石等奇石，不仅有北方山石大江东去的刚健豪迈，亦具南方灵石小桥流水的精致典雅，有的温润如玉，有的扣之有声。

洞山南麓，有龙华寺及白云、隐仙二洞。白云洞深约10米，向里张望，逐渐开朗。村中老人讲，隐仙洞深不可测，为苏北地区最大的天然溶洞。

圣人窝不仅山青、石奇、树古、洞幽，山泉也多。圣人泉、青龙泉……它们就像一首首清亮悠扬的歌谣，把这个静谧的山村渲染的更加灵动迷人。白日的喧嚣悄悄隐去，泉声伴着月光，层次更加分明，声音更具神韵，如拨动的古筝，其声悠远；如弹捻的丝弦，其音舒缓；如玉女吹箫，其调清亮……时高时低，时急时缓，时断时续，汇聚成一曲奇妙和谐的交响，让我们仿佛听到岁月的更迭，历史的沧桑，生命的繁衍和成长……

龙华寺遗址

圣人窝洞

七龙湖是圣人窝的一处仙境。这个面积不过千亩的小湖泊，像一面流光溢彩的宝镜，镶嵌在村庄北首，空灵淡雅，宁静神秘。徜徉湖岸长堤，瞭望东南扬帆处，那一叶木舟载着的是不是西施姑娘，正穿越花丛，缓缓向东……

圣人窝村樱桃栽培历史久远，据说其历史已有2 000多年，为曲阜孔圣人家的移栽品种。当苏北大地还残留着严冬的韵味，这里已是樱桃花争艳，春机盎然。因此，圣人窝又得名樱桃沟。“晚霞初月两茫然，闪闪灯光小渡船。唯问樱桃何日嫁？东风已到码头前。”当代著名古体诗人黄新铭先生的一首

《小夜樱桃》。此诗让闻名一方的圣人窝樱桃，早已蜚声海外。多少年来，圣窝樱桃已经成为这个小村最响的一块招牌。圣人窝樱桃之所以肉厚核小、汁多味美、个大形娇、营养丰富、成熟期早，主要是得益于此处土地肥沃、生态优美和独特地理地貌形成的小气候。

近郊游何处去？圣人窝风景独好……

圣人窝樱桃沟

薛湖行政村 下辖贺窑、薛湖、小邵楼3个自然村。村委会位于镇政府东南方，至镇政府约12公里。

贺窑：贺窑村是个古老的村庄，据该村老人传言，该村的老窑址曾出土过汉朝五铢钱泥范(即钱模。在东汉时期，全国各诸侯国均有铸钱的权力，民间亦有许多私自铸钱的现象)。20世纪70年代以前，贺窑村和茅村镇内的华村是铜山最大的民间陶器烧制作坊，当时全村有烧制陶器的大型土窑近20座，今尚存两座。因为贺姓先民在此盘窑烧制陶器，故名贺家窑，新中国成立后简称贺窑。

薛湖：明末该村叫张家洼，清初更名薛家湖，后简称薛湖。薛湖村原有古庙一座，因该庙是由吴姓人家出资所建，村人称吴家庙。该庙是徐州市东部地区唯一一座娲皇庙，庙内供奉女娲娘娘，每年农历三月十五是女娲娘娘的圣诞之日，以此为庙会正日。该庙历代香火鼎盛，享誉乡里。后庙会一度中断，于 1983 年经铜山县工商局批准，在原址恢复庙会活动，会期仍是农历三月十五，遗憾的是娲皇庙已不存在。

小邵楼：清朝末期，从现在的大许镇邵楼村迁来的几户邵姓人家到此居住，故名小邵楼。

安乐行政村 下辖安乐、周庄、前贺楼、后贺楼、李楼、小李楼等 6 个自然村。村委会位于镇政府正南方，距镇政府约 9 公里。

安乐：据安乐村《郭姓族谱》记载，明朝中期有位郭姓逃难避祸之人，系唐朝郭子仪之后裔，在此搭建一个茅草宅居住，取名宅子村，简称宅村。后为了纪念该村名人郭乐三，故更村名为安乐村。

周庄：清朝初期，周姓在此落户居住，故取村名南周庄，新中国成立后简称周庄。

前贺楼：明朝末期，贺姓在此定居，分为两个村庄，此庄在南，取名前贺楼。

后贺楼：明朝末期，贺姓在此定居，分为两个村庄，此庄在北，取名后贺楼。

李楼：清朝初期，李姓在此建楼定居，取村名李楼。

小李楼：民国初年，李姓两户人家从李楼迁此居住，故此村取名小李楼。

王楼行政村 下辖王楼、蓝庄、王楼河北 3 个自然村。村委会位于镇政府东南方，至镇政府约 8 公里。

王楼：传说明朝建立后，朱元璋为了永保江山万代，下旨令刘伯温走遍天下破除龙脉。刘伯温来到王楼村西南的黄龙山下，见一条黄龙已经跃跃欲试，将山拱起约 300 米高，正准备到房亭河中饮水。若是饮凡间水成功，此龙便接了红尘之缘，就可投胎幻化人身，将来便是一代真龙天子。刘伯温见此，立刻吓出一身冷汗，暗暗责怪自己只图贪恋吕梁风光，差点误了皇上的大事。他火急火燎地顺着龙头的朝向来到王楼，以查看风水为幌子，找到该村王姓财主说："你家若能建起一座高楼，再挖下一眼深井，将来定可以百子千孙，万代富贵。"财主闻言大喜，便盘窑烧制砖瓦，聘请能工巧匠，择日动工。未及 3 个月，楼已经建好，只有深井尚未挖好。财主心急，每日亲自督工，还不惜加餐加钱，唯求早日竣工。

再说黄龙在地下蠕动身躯奋力前行，渐渐离房亭河越来越近，已经闻到清冽酣畅的河水之气。它心中窃喜，弓背欲作最后一拱。恰在此时，挖井工匠一铣狠狠地挖下，正好挖在黄龙前伸的龙须上，将龙须切断。黄龙负疼急急退回，井下泉水汹涌，甘甜怡人。从此，黄龙化作了巍巍黄龙山，它向东北方向所拱起的高土坡至今犹在。财主因为建楼高大，就定村名叫王家楼，后简称王楼。

蓝庄：清初，蓝姓在此定居，故取村名为蓝庄。

王楼河北：该村土地原属王楼村所辖，因为村民下地干农活路程较远，不易管理，于20世纪60年代开始，原毛庄人民公社从王楼及其他村迁民在此耕种，农场由公社定名为王楼河北农场，1987年改名为公社养殖场，改革开放后更名为王楼河北。

赵疃行政村 下辖赵疃、小赵疃、小李庄3个自然村。村委会位于镇政府南方，距镇政府约9公里。

赵疃：明朝中期，赵姓迁居于此。因为该村坐落在山里，经常遭受山禽野兽侵害，像个乱糟糟的疃铺，故而取名赵疃。后来从此村迁出定居的新村叫小赵疃，所以当地居民习惯上称该村为大赵疃。

张良与双峰山

赵疃村南有座双峰山，海拔210多米。因为山体东西双峰并列，故称双峰山，又名峰山。

双峰山上原有一处废弃的房基，据明朝嘉靖《徐州府志》记载："双峰山下有七十二泉，多涸，上有张良厌气之所。"另据明朝冯世雍《吕梁洪志》山川篇云："东北曰峰山，下有七十二泉，今或眢瞖不食。相传张良厌气之所。上有翻白草，可入药。"这两部志书所言的张良，就是史称"兴汉三杰"之首的留侯张良。

汉朝开国以后，张良亲眼看见韩信、彭越一大批功臣相继被诛，明白了"飞鸟尽，良弓藏，狡兔死，走狗烹"的道理，便决定离朝廷而去，不再过问政事。司马迁在《史记·留侯世家》篇中言及此事："留侯乃称曰：'家世相韩，及韩灭，不爱万金之资，为韩报仇强秦，天下震动。今以三寸舌，为帝者师，封万户，位列侯，此布衣之极，于良足矣。故弃人间事，欲从赤松子游耳'乃学辟谷，道引轻身。"张良所说赤松子是上古神农时代的雨师，传说他能呼风唤雨，常到昆仑山西王母那里去做客，被后世道家奉为祖神之一。正因有此传说，张良才说"欲从赤松子游耳"，这里"从"字应释为学的意思。后人习惯将"从"

字释为“随”之意，只是一种美好而又理想化的祝愿。由此看来，张良确实随赤松子道长云游修道去了。

张良云游到什么地方去了呢？他并没有走远，来到了徐庄镇赵疃村南的双峰山，于山上修建了厌气之所而在此厌气。所谓“厌气”即道家的吐纳道引之术，今称气功。

在高祖刘邦逝后，张良也驾返仙山了。《史记》载：“后八年卒，谥为文成侯。子不疑代侯。”张良自从离开刘邦云游修道后，就再也没有过问皇家诸事，虽然再次返朝纲赴国丧，终因去心已决，被吕后留了寥寥数日便走了。

唐朝李白在《经下邳圯桥怀张子房》一诗中吟道：“子房未虎啸，破产不为家。沧海得壮士，椎秦博浪沙。报韩虽不成，天地皆振动。潜匿游下邳，岂曰非智勇。我来圯桥上，怀古钦英风。唯见碧流水，曾无黄石公。叹息此人去，萧条徐泗空。”诗的最后一句反映出一个史实，张良逝后，诗人不言其他地名，单道徐、泗之地，足见张良生前未出此地区，也印证了史志所言不虚。

张良在双峰山修道并未终其毕生，老年时可能仍回到故居封地。《括地志》云：“汉张良墓在徐州沛县东65里，与留城相近也。”今微山湖微山岛上有其墓，应指《括地志》中所载。但是，千百年来民间则传说张良不愿意过问朝政，害怕逝后被朝廷问罪或小人盗墓，便派下人走满全国，建了许多假墓，有“一夜三千张良墓”之说。若照此说推理，张良逝后，很有可能葬在他修道而钟爱的双峰山周围。可以肯定的是，他生前确实在双峰山上隐居过，方有被后世史官在青史上予以注笔的结果。

不知过了多少年，人们为了纪念张良这位中国人智慧化身的偶像，在双峰山东北的无名小山上建了座张良庙。小山因有庙而得名，今人多称为庙山，又名药山。

小赵疃：清初，赵姓分支从大赵疃迁居于此，此村故名小赵疃。

小李庄：清初，李姓在此居住，取名小李庄。小李庄南边有座山，名叫庙山，又名药山。山上有庙，一种传说是张良庙，供奉的神仙是兴汉三杰之一的张良。另一种传说是药王庙，供奉的是神农氏。

毛庄行政村 下辖上毛庄、下毛庄、黄山后、岗上集、垄子、杨家、马湖庄、臧庄、时楼、寿桥、李桥、陈庄、苗家等13个自然村。村委会位于镇政府南方，距镇政府约6.5公里。

上毛庄：明朝中期，毛姓、王姓、张姓人家迁居在此，因为该村近于烂石山北的山岗上，遍地茅草，荒凉无比，遂取名上茅庄。“文化大革命”初期，原“茅庄人民公社”为了表达忠于毛主席，加之与本县“茅村人民公社”容易混淆，更名为“毛庄人民公社”。上茅庄亦随之更名为上毛庄，并沿用至今。

上毛庄村有一座建于明朝时期的古寺，该寺供奉的是观音菩萨，寺院宏大，占地数十亩。后因为教育事业发展的需要，被改建为毛庄乡中心小学，该小学于20世纪末教育改革时被撤并取消。该寺院至今已有400余年历史，每年农历的二月十九是观音菩萨的得道成佛日，定为庙会正日，庙会曾中断过，但已于1982年再次恢复，至今尚存。

下毛庄：明朝中期，上茅庄王姓、张姓分支迁来此地居住，取名下茅庄。清朝同治本《铜山县志》“地理篇”中记载“徐州东六十里，有集名茅庄集”可证，后改名为下毛庄。

下毛庄自然村在清朝至新中国成立初期还有一个村名，名叫茅庄圩子。传说，因为茅庄集是徐州东比较大的古集，南临黄龙山，北靠房亭河，集市以南紧靠徐州市至邳州土山镇的官道，地理位置特殊，是兵家必争之地。在历史上只要遇到战争年代，就有官兵在该村周围挖壕沟、筑圩子，进行屯兵。最后一次在茅庄集建圩子是因为直奉战争。茅庄圩子在历史上曾有酿酒业，因为是用黄龙山的泉水酿造，其酒质甘畅醇厚、酒花不散、绵软悠长，堪称酒中上品，有“徐州西北凤凰嚓，徐州东乡高粱烧”之名，享誉徐州一方。茅庄圩子的酒业一直延续到人民公社成立前，后因为计划经济政策而中止。“一地一方水，一酒一秘方。”可惜的是，该高粱酒的秘方现已下落不明。

黄山后：清初，王姓迁居在此，因为村庄坐落在黄龙山北坡，故取村名为黄山后。

岗上集：岗上集村是个古老的自然村，传说历史上该村又名岗上集郡，可见至少在东汉废除郡县制以前便已有该村。约在汉末以来，各封建王朝又在此村设驿站，称岗上集驿，直至清朝末期废除驿站。至今，该村村民还习惯称村东南的一块地方为“马趟子地”，意为当初这块地是驿站用来遛马的专用地。

岗上集村有座华佗庙，据现存的清朝时期该庙的修缮碑文记载，此庙建于明朝初期，之后便兴起了庙会，是吕梁山区最盛大的庙会之一，至今已有600余年历史。庙会曾中断过，但已于1982年再次恢复，至今尚存。现在因华佗庙没有了，华佗庙会也没有了往年的盛况。每年农历二月十五日，是岗上集华佗庙会的正会日，历时三天，以纪念神医华佗为活动核心。为神医华佗祈祷香火旺盛，祈求华佗保佑人间太平安康。同时，也祈求华佗老祖保佑自己及家人百病不生，长命百岁，多子多福，万事如意。

垄子：新中国成立初期，由王、孟、汪、黄四姓迁居此地。因该村位于黄龙山东北的坡垄之上，故取村名垄子。

杨家：清朝末期，杨姓迁居此地，故取村名杨家。

马湖庄：清朝中期，马姓迁居此地，因为住在岗上集北的湖洼之地，故取村名为马湖庄。

市级非物质文化遗产——铜山大鼓

铜山大鼓起源于清朝道光年间，由安徽省宿县和灵璧传入今日的铜山区，分张、沙、杨三大派系。由渔鼓演化而成，艺人有“丢下渔鼓，改换大鼓”之说，主要分布在铜山区徐庄镇及贾汪等地区。清末民初至20世纪50年代为铜山大鼓说唱的鼎盛时期。据不完全统计，当时的铜山区有说唱艺人4 000多人。“文化大革命”期间，铜山大鼓被停止说唱10多年。改革开放以后，以民间艺人张立仁为代表的艺人又逐渐恢复了说唱。20世纪90年代初期，张立仁经常被徐州市及各县广播电台邀请录制大鼓说唱，为活跃广大人民群众的文化生活，宣传党的路线、方针、政策作出了很大的贡献。21世纪以来，由于人们对文化生活内容需求的改变以及电视的普及，如今铜山大鼓说唱的场所及次数均越来越少。

张立仁大鼓

臧庄：明朝中期，臧姓一支由古镇窑湾迁居徐州东的贺村。而后，由贺村迁来两户村民居住此地，此村故取名臧庄。

时楼：元朝末期，时姓人家在此建楼居住，故取村名时家楼。明朝晚期，时姓迁出，黄、吴、周三姓迁入，依旧沿用时家楼村名，新中国成立后简称时楼。

寿桥：明朝初年，王姓迁居此地，村南有东西大路，王姓兽医在村西南路上建石桥一座。因当时人烟稀少，从桥上往来的野兽比行人还要多，此桥故而被称为兽桥，村名亦连带取名兽桥。至清朝，乾隆下江南经过村南大路兽桥，当地官员深感桥名不雅，遂将兽桥更名为寿桥，桥边的路更名为皇路，故而此村连带改名兽桥庄为寿桥庄。因为皇路两旁多黄色砂浆卵石，路基多是由富含铁质的紫色山淤土构成，至今当地村民仍流传："铜帮铁底砂浆路，一步能跨三孔桥"一说。

李桥：清朝末期，李姓财主在此居住，并在此地修建一座石桥，故而取村名为李君桥，后于 1940 年更名为李桥。

陈庄：清朝中期，陈姓一支迁居此地，村庄故名陈庄。

苗家：清朝初期，由吕梁苗氏"东阳堂"一支迁居此地，村庄取名苗家。

吴楼行政村 下辖野窑、小野窑、吴楼 3 个自然村。村委会位于镇政府西南方，距镇政府约 7.5 公里。

野窑：野窑自然村是个古老的村庄。传说，元末之前该村名为凤鸣庄，居住着姚姓人家，以烧制陶器为生。到了明朝初期，一个县官带领衙役前来收取苛捐杂税。因为征收数量太多，引起窑工反抗并且和衙役打了起来。县官愤怒地说，这些窑场工人太野蛮，遂改庄名为野窑。

小野窑：1960 年以后，为了便于管理距离村庄较远的耕地，从野窑村迁居部分村民到此地居住，后取村名小野窑。

吴楼：明初由大吴镇迁居吴姓一支在此建楼定居，故名吴家楼，后简称吴楼。另有一个传说，吴楼原名贾家楼。

苑山行政村 下辖苑山、小郭庄两个自然村。村委会位于镇政府西南方，距镇政府约 5.5 公里。

苑山：苑山村坐落在一个海拔约 40 米的小山岗上，传说北宋太宗时期，因皇家有位妃子被贬至此处定居，故在山上为其修建了一个御苑。到了明朝时期，御苑已经破败不堪。沛县有位姓朱名五军的人逃难来到此地定居，因为这里有宋时建在小山岗上的御苑，故而取名苑山。苑山有一座全神庙，建于明朝，该庙规模宏大，占地约 20 亩。淮海战役中，解放军曾设指挥部在苑山。新中国成立后，因国家急需发展教育，将该庙拆除，改建为苑山小学。

小郭庄：清朝末期，郭姓迁此定居，取村名小郭庄。

龙田行政村　下辖卷上、李家、邵家、龙田等 4 个自然村。村委会位于镇政府南方,距镇政府约 3 公里。

卷上:清朝嘉庆年间,大财主张伯亮的羊圈修建在此,故名圈上,后改称卷上。

李家:清朝初期,李姓一支迁居在此,故名李家庄。因村庄不大,人们习惯称李家或小李家。

邵家:明末,邵姓迁此定居,村庄取名邵家。

龙田:该村原名为老和尚庄,清末时期,龙、田二姓人家迁居此地居住,村庄更名为龙田。

土楼行政村　下辖土楼 1 个自然村,村委会位于镇政府西方,距镇政府约 4 公里。

土楼:清朝中期,该村财主用土坯建成一座简单的土楼,故取村名土楼。

金井行政村　下辖金井、许庄、郭庄、丁庄、胡家、小王庄等 6 个自然村。村委会位于镇政府西南方,距镇政府约 4.5 公里。

金井:明朝末期,金姓人家迁居在此,并挖掘了一眼水井,故取村名金井。

许庄:清朝末期,许姓人家迁居在此,村庄故取名许庄。

郭庄:清朝末期,郭姓人家迁来此地定居,村庄故取名小郭庄。

丁庄:清朝末期,丁姓人家迁来此地定居,村庄故取名丁庄。

胡家:明朝中期,胡姓一支迁居在此,故取庄名为胡家庄,新中国成立后简称为胡家。

小王庄:清末,王姓迁居此地,故取庄名为小王庄。

张家行政村　下辖汪赵庄、张家、后场、新庄等 4 个自然村。村委会位于镇政府西南方,距镇政府约 5 公里。

汪赵庄:清朝晚期,汪、赵二姓迁居此地,故取庄名为汪赵庄。

张家:明朝嘉靖时期,从山西省平阳府一带有张姓弟兄 6 人迁居徐州地区,其中一支定居在此,以姓氏取庄名为张家庄,后简称张家。

后场:清朝末期,此村居住的是李姓人家,因为屋后是个打谷场,故取村名为后场。

新庄:明朝以前,该村以陈姓为主,原名小陈庄。到了清朝,其他姓氏纷纷迁居来此,更村名为新庄。

徐庄行政村　下辖黄庄、前场、邓家、徐庄、凌庄等 5 个自然村。村委会位于镇政府南方，距镇政府约 3 公里。

黄庄：明朝中期，黄姓迁居在此，以姓氏取村名为黄庄。

前场：清末，该村前有个打谷场，故取村名为前场。

邓家：清朝中期，邓姓一支迁居此处，故取村名为邓家。

徐庄：徐庄是一个古老的自然村，据该村《徐氏族谱》记载，该村徐氏为周穆王时期古徐国国君徐偃王的后裔。

据史料记载和民间传说，徐国建立后，经夏、商、周历时计 1 649 年，传 44 代君王。它的鼎盛时期是徐偃王时代，《后汉书・东夷列传》上云："(周)康王之时，肃慎复至，徐夷僭号，乃率九族，以伐宗周，西至河上。(周)穆王畏其方炽，分东方诸侯命徐偃王主之。偃王处黄池东，地方五百里，行仁义，陆地而朝者三十有六国。穆王后得骥騄之乘，乃使造父御以告楚，令伐徐，一日而至。于是，楚文王举兵而灭之。偃王仁而让权，不忍斗其人，故至于败。乃北走彭城武原县东山下，百姓随之者以万数，因名其山徐山。"以上是说徐偃王伐宗周的事件，发生在周穆王三十五年(前 942 年)。周穆王正在昆仑山西王母处狩猎，他闻报偃王作乱，急骑上新得到的骥騄宝马，以一日千里的速度返朝，命楚国攻打徐国。徐偃王见周穆王反应的甚快，又见楚国强大，为了百姓免遭生灵涂炭，便不战自退，带领数万臣民到彭城武原县东徐山一带开荒种地去了。徐山就是今天吕梁北的小徐山，由此可证《徐氏族谱》所记载属实。位于该村南边的砖瓦厂在 20 世纪 90 年代取土时，在地表以下约 5 米处挖出的古陶碗和灰烬遗迹证明，在汉末或唐朝以前，徐偃王后人一支迁此地繁衍生息，故该村以徐姓取名徐庄。

凌庄：明初，凌姓迁居在此，该村以姓氏取名凌庄。

王桥行政村 下辖后王桥、前王桥、桥南头、乔庄、吴老西等 5 个自然村。村委会位于镇政府西方，距镇政府约 2 公里。

后王桥：明朝中期，王姓氏族迁居此地，并建设了一座石桥，故取村名王桥。新中国成立后，因为建设公路，将此村一分为二，更名为后王桥。

前王桥：明朝中期，王姓氏族迁居此地，并建设了一座石桥，故取村名王桥。新中国成立后，因为建设公路，将此村一分为二，更名为前王桥。

桥南头：清朝中期，该村由王桥迁徙而来的几户人家在此居住，因位于王桥村正南，故名桥南头。

乔庄：清初，乔姓迁居在此，故取村名乔庄。

吴老西：清朝中期，因为吴姓迁居在此，故取村名吴老西。

太平庄行政村　下辖尤家、周家、宋家、柳家等 4 个自然村。村委会位于镇政府西北方，距镇政府约 1.5 公里。

尤家：明朝末期，尤姓人家迁居此处，故取村名为尤家。

周家：明朝末期，周姓人家迁居此处，故取村名为周家。

宋家：明朝末期，宋姓人家迁居此处，故取村名为宋家。

柳家：明朝末期，柳姓人家迁居此处，故取村名为柳家。

据传说，明末便有了这 4 个村庄。到了清朝康熙年间，此地区多次发生洪涝灾害。周围村庄被淹，唯有这 4 个村庄安然无事，故而又将这 4 个村庄统一称作太平庄。

周庄行政村　下辖周庄、柳八集、范庄、王庄、陈庄、王场、吴庄等 7 个自然村。村委会位于镇政府东方，距镇政府约 1 公里。

周庄：明末，周姓人家迁居此处，故取村名为周庄。

柳八集：明末以前，该村原名悦来集。清朝顺治年间，柳姓家族排行老八的人来此居住，并在此开设集市贸易，故取村名为柳八集。

范庄：清朝初期，范姓迁居此处，故取村名为范庄。

王庄：明朝末期，王姓迁居此处，故取村名为王庄。

陈庄：明朝末期，陈姓迁居此处，故取村名为陈庄。

王场：清朝初期，王姓在此地设打谷场并建有场屋，后有了居住人家，故取村名为王场。

吴庄：清朝初期，吴姓迁居此处，故取村名为吴庄。

岳庄行政村　下辖岳庄、常庄、前牤庄、后牤庄、詹庄、潘庄、姚庄、周家、丁庄等 9 个自然村。村委会位于镇政府东北方，距镇政府约 3 公里。

岳庄：清朝初期，该村由大许镇岳海村岳姓迁居此处，故取庄名为岳庄。

常庄：明朝中期，常姓一支迁居在此，故取庄名为常家庄，后简称常庄。

前牤庄：明末，该村因为饲养牤牛很多，又因为该村位于前边，故取庄名为前牤庄。

后牤庄：明末，该村因为饲养牤牛很多，又因为该村位于后边，故取庄名为后牤庄。

詹庄：清朝初期，詹姓一支从单集镇詹湖村迁居此地，故取村名为詹庄。

潘庄：清朝时期，潘姓一支由潘塘村迁居此地，故取村名为潘庄。

姚庄：明朝末期，姚姓迁居来此，故取村名为姚庄。

周庄：清朝初期，周姓一支迁居此地，故取村名为周庄。

丁庄：清朝初期，丁姓迁居在此，故取村名为丁庄。

来安集行政村 下辖来安集、李庄、小徐庄、小周庄、鸭庄、旺庄、杜楼、周黄等8个自然村。村委会位于镇政府东南方，距镇政府约3.5公里。

来安集：明朝末期，有个名字叫来安的财主在此居住，后在此设集，故取村名为来安集。

李庄：明朝末期，李姓迁居此地，故取村名为李家庄，新中国成立后简称李庄。

小徐庄：明朝末期，徐姓一支由徐庄迁居此处，故取村名小徐庄。

小周庄：清朝初期，周姓一支迁居在此，故取村名为小周庄。

鸭庄：清朝初期，该村地处非常低洼的湖滩，村民爱好养鸭，故取村名为鸭庄。

旺庄：明朝末期，便有此庄，到了清初乾隆年间，该庄人口繁衍兴旺，故取村名为旺庄。

杜楼：清朝乾隆年间，杜姓迁居来此，建楼定居，故取村名为杜楼。

周黄：清朝初期，周黄二姓人家迁居此处，故取村名为周黄庄。

黄集行政村 下辖崔瓦房、河湾、双井、胡家、黄集、柳楼等6个自然村。村委会位于镇政府东南方，距镇政府约5.2公里。

崔瓦房：清初，据《崔姓家谱》记载，徐州明朝时期的翰林院大学士崔涛的后裔一支，迁居此地，买下张姓财主的瓦房居住。张姓迁出后，此村取名崔瓦房。

河湾：清朝初期，有贺、周、张等姓人家迁居此地，因为该村位于房亭河岸的转弯处，故取村名为河湾。

双井：明朝末期，方姓迁居此地，掘了一口水井，取村名为方井。后来因为风水先生认为用姓氏命名水井不吉祥，故更名为双井。

胡家：明末胡姓迁居此地，故取村名为胡家。

黄集：明朝初期，黄姓一支迁居此地，并在此开设贸易集市，故此村取名黄集。

柳楼：清中期，柳姓在此建楼定居，故取村名柳楼。

岗楼行政村 下辖半楼、岗楼、七村、柳园、肖庄、刘庄等自然村。村委会位于镇政府东南方，距镇政府约 7 公里。

半楼：明朝末年，该村建楼一半，故此村取名半截楼，后简称半楼。

岗楼：明朝末年，该村财主建了一个看庄稼瞭望用的岗楼，故此村取名岗楼。

七村：该村建于明末，因为距离大许镇西滩头村七里，故此村取名七里村，后简称七村。

柳园：清朝时期，柳姓在此建设了一块很大的菜园，故此村取名柳园。

肖庄：清初，肖姓迁居此地，故此村取名肖庄。

刘庄：清初，刘姓迁居此地，故此村取名刘庄。

吴集行政村　下辖周刘庄、黄庄、吴楼、吴集、冯庄、小邵家、邀庄等自然村。村委会位于镇政府东南方，距镇政府约 2.5 公里。

周刘庄：清末，以周刘二姓人家迁居此地，取村名为农瓦房，因为该村周、刘二姓为旺族，今人多称其为周刘庄。

黄庄：明末黄姓由黄集迁居一支在此，故取名黄庄。到了清朝，更名后卷上。今两个村名都在使用。

吴楼：清末，吴姓建楼迁居在此，故此村取名吴家楼，新中国成立后简称吴楼或小吴楼。

吴集：清末，吴姓迁居此地，曾设集市未成，故此村取名吴集。

冯庄：清初，冯姓迁居此地，故此村取名冯庄。

小邵家：清中期，由今大许镇邵楼村邵姓一支迁居此地，故此村取名小邵家。

邀庄：据该村老人传说，明朝中期便有了邀庄这个村。清朝康熙年间，因为官家修一条大路通过该村，遇到一棵大树，迫使大路绕道修建，其后此村更名为邀庄。

邀庄村有座古庙，原名叫玄帝庙。供奉玄帝神像。因为该庙里的和尚善医，历年来为一方百姓治病且施药不计报酬，久而久之，人们习惯称该庙为施药堂或施堂庙。每年农历三月二十八为庙会日，直至清末因为战乱终止。该庙现存正殿三间，已被村民居住。

（撰稿：张世龙）

大 许 镇

大许镇位于铜山区东部边缘，距徐州市区49公里，距徐州观音机场38公里。全镇总面积129平方公里，镇域东西相距17.9公里，南北相距13.6公里。大许镇是徐州市规划的5个卫星城之一。东与邳州市碾庄、八义集镇交界，南部与单集镇接壤，西部与徐庄镇毗连，北部与贾汪区的塔山、紫庄镇为邻。

大许镇域的开发，有近千年历史。2000年4月7日，经江苏省民政厅批准，原大许乡和太山乡合并为大许镇，驻地在大许村，下辖37个行政村。2002年1月20日村级合并，全镇设大许、横山、邵楼、小墩、东探、后王、刘鹿、太行、朱庄、岳海、板桥、房亭、简城、青山、麻沟、团埠、郑庙、大吴、河西、九山、沙庄、西探、朱庙等23个行政村，原有的101个自然村因此自动消失6个，现有95个自然村。2006年6月，镇政府办公楼迁至后王村境内。

大许行政村 下辖大许、李瓦、黄楼、大王庄、小薛、大薛、韩庄、小孙庄、方刘等自然村。

大许：该村始建于明洪武年间，山西洪洞县大移民，许氏祖先首先在此落户建村，起名大许村。当时的大许村很小，只有几十户人家，并且都在一个圩壕里面居住，所以也称圩里村，后来圩外有人建房居住，称小南庄。自从修了东陇海铁路，建大许家火车站，法国人在此建天主教堂后，村子不断扩大，人口不断增长。新中国成立以来至2006年，大许村一直是乡、镇政府驻地。

大许天主教堂

大许最早来的传教士为法国人艾来沃，于民国十一年（1922年）建成尖顶西式教堂大许天主教堂。此教堂是罗马式建筑，总面积360平方米，高21.75米，堂内有粗而笔直的花旗松廊柱，结构精巧且显示出了此建筑的古老沧桑。

堂北修女院，西屋 6 间，堂屋 3 间，1 间过道，加上其他房间共有房屋 19 间。1925 年又置地建南院，有西屋 8 间，堂屋 15 间，马厩 3 间，门楼 1 间，加上其他房间共有房屋 31 间。到 1946 年，已建房 55 间，占地 30 亩，另有圣堂一所。

大许天主教堂作为铜山县天主教堂总堂，早期时，开办了学校。教友人数达 2 000 余人，每次过教会瞻礼节日和圣诞节时，教堂内人头攒动，教堂外商贩云集，热闹非凡。

大许天主教堂

大许家火车站

大许家火车站位于镇区南端 50 米处。车站中心里程为东陇海铁路 188 km+278 m 处，车站占地面积 3.232 2 亩，建筑面积 1 360 平方米。火车站始建于 1919 年，至今已有 90 余年的历史。

大许家火车站

横山行政村 位于大许镇东北部，距镇政府驻地 9 公里，因山体为东西走向而得名横山，故取村名为横山村。下辖横山、河南王家、邵桥、吴山东、李山东等 5 个自然村。

该村是大许镇的大蒜基地和花卉苗木基地，每年大蒜种植面积在 2 000 亩左右。该村建造有一座万吨大蒜冷库，有利于切实解决蒜农卖蒜难的问题。

横山的故事

徐州东大塔山一带有 9 座红石山，横山是其中之一，由于山是东西横着的，故起名横山。民间传说，长了横山头，不出天子出王侯。明朝洪武年间，朱洪武为保大明江山万古千秋，在此山上建了一座关帝庙，破坏风水。关帝庙附近栽一棵银杏树，这棵银杏树直到 1967 年才被砍伐，砍伐时树的腰围达 5 米之多，树高达 15 米有余。这棵树在太山街放了几年，后来被加工成了沙庄闸的闸门。提起这棵千年银杏古树，人人深感惋惜。而更传奇的是此地有关关公显灵的传说故事。

关公显灵传说故事之一：每年农历正月十三和五月十三，关帝庙都要举行大型庙会。为了让庙会更加热闹，每年的庙会都有戏班子前来唱戏。话说这一年农历五月十三，从河南来了个戏班子，准备唱三天大戏，没想到第一天就出大事了。他们选了“关公斩蔡阳”这出武戏，看戏的人特别多，人山人海，戏演得非常精彩，呐喊声此起彼伏。观众越是多，演员越有兴致，演到关公举刀去斩蔡阳时，传说关公显灵了。扮演关公的演员手里本来拿的是木制大刀，没想到手起刀落，扮演蔡阳的演员人头落地。这下子戏班人员傻眼了，人命关天，这还了得，戏不能再演了，三场大戏只演半场就被迫停演。从此以后，再也没有戏班敢在这里演关公斩蔡阳。

关公显灵传说故事之二：传说清朝乾隆年间，横山村有一个村民，因家中贫穷，将父母孩子都留在家里，独自一人到山西省周至县做小生意。他人在外，心在家，一心想念爹娘。这天夜里，突然做了一个噩梦，梦见老父亲病危，呼唤儿子回家。这个人在全村是出名的孝子，虽然妻子也很孝顺，对待公婆如同亲生父母，可毕竟自己不能亲自在父母跟前尽孝。一觉醒来，闷闷不乐，哭哭啼啼，茶饭不思。那时不像现在交通和通讯方便，全凭两条腿走回家。他日夜兼程往家里赶，半夜中，他恍惚看到一个红脸大汉，牵着一匹枣红色大马，站在自己身边，询问他是什么事让他这么伤心地在赶路。这男子说，梦见家父病重，一心想念儿子，可山高路远，千余里路，何时才能回到家里？红脸大汉问他家在哪里，那人说：“家在徐州东的横山村，山上有座关帝庙，庙旁边有棵银杏树。”大汉说：“你骑到我的马背上，双眼紧闭，不叫你睁眼千万别睁眼，我把你送到家里去。”男子想父心切，迷迷糊糊上了枣红马，闭上双眼。就听见一阵风响，马腾空而起，飞起来了。不多时，听见马蹄着地。大汉说：“到家了，你把眼睛睁开吧。”男子睁眼一看，看到了那棵银杏树和关帝庙，果然到家了。他急忙跪下磕头谢恩，可是，大汉和马已不见踪影，这才知道是孝心感动了神仙，得到了神仙相助。男子回家叩见父母，把事情的经过细说一遍。这才想起是关公显灵相助，急忙拿香烛来到关帝庙，烧香磕头，竟出现枣红马身上还流着汗呢。

梨园行政村 据传600多年前，村东有相当大的一片梨园，当时有李、王两家祖先在此居住，由此取村名为梨园村。梨园村在大许镇最东北部，与贾汪区耿集办事处地相邻，下辖梨园、前徐家、东北楼3个自然村，距大许镇政府驻地12公里，是大许镇的大蒜基地。

朱、王、赵、潘一家人

大概是在宋朝，徐州东乡有一个姓朱的，一个姓王的，一个姓赵的，还有一个姓潘的，此四人均以要饭为生。白天各自去到各庄要饭，晚上回来一起休息，他们住在一家地主存放牲口饲料的草屋里。日子长了，四个人有了感情，结拜为仁兄弟，续续年庚，朱、王、赵、潘四人依次称为老大、老二、老三、老四。白天出去要饭，谁要到好吃的饭菜就省下来，带回去分给其他三位弟兄吃，谁要有个头疼脑热的，其他三位弟兄就去请郎中抓药为其治病，兄弟四人相依为命，情同手足。

一晃几年过去，四个人的年龄逐渐大了。这一天，老大突发奇想，要攒钱置地，娶一个媳妇。三位弟弟也觉得有道理，没有女人，就不能生孩子，没有孩子，就绝后了，攒钱置地娶媳妇，一致同意。四个光棍，怎么攒钱？犯愁了。老大说："兄弟们别愁，咱们有的是力气，大塔山周围到处都是荒地，咱们一边要饭吃，吃饱了就去开荒地，开出地就好办了，我到地主家商量商量，借些麦种种下去，来年收麦子还他。"主意一定，大家动手开荒种地，头一季麦子丰收，打了好几口袋小麦。下一季种上豆子，又是丰收。几年下来，有粮有钱，动手盖房子，兄弟四人有了自己的家。老大说：俺弟兄仨都年龄大了，四弟年纪还小一点，咱凑点钱，托人给老四说个媳妇，往后生儿育女，养活咱们四个老头子，大家一致同意。谁知媳妇娶进门，接连生了四个儿子，四兄弟高兴极了，都十分疼爱四个儿子。老四心想，有了老婆孩子，多亏三位哥哥，不如把四个孩子分给四家喂养，将来都不绝后。话一说出，皆大欢喜。于是，每人领养一个孩子，安家立业。后来孩子们成家，娶妻生子，传流后世。大塔山一带，朱、王、赵、潘一家人的故事流传至今。

梨园村芦编

梨园村芦苇编织品有：芦席、草帽、篓子、折子等，多为苏、鲁、豫、皖、晋、陕等地人们日常生活中的必须用品。大许镇梨园村的芦编，以其精细、美观著称，在市场上独占鳌头，当地流传的一句口头禅"前徐家的草帽梨园席，东庄闺女去赶集"，即把梨园村的草编与美女相提并论。

梨园村的芦苇编织，已有 300 多年的历史。目前，这项传统的民间手工艺术濒临灭绝。2009 年，铜山县在抢救非物质文化遗产时，老艺人王德胜被确定为这项艺术的传承人。

邵楼行政村 邵楼村在大许镇的西南部，与单集镇交界，距大许镇政府驻地7公里，下辖邵楼、宋庄两个自然村。

邵楼村起源于明朝洪武二年(1369年)，距今已有600年之久，原名孤堆村，当时驻有刘氏一族，因其孤单一丘，故名孤堆村。明朝洪武二年(1369年)邵氏康节祖二十世孙邵自大从河南洛阳安乐窝东迁于此地，据资料记载，因邵自大勤于垦荒耕田，经数世经营，置地千余亩，安居于现在邵楼的西北角，又建楼房一座。而孤堆刘氏一族因遭遇匪患，人口灭绝，孤堆村不复存在，村名始被邵家楼取代，后又因朝代更替及方便对外联络，邵家楼被简称为邵楼。邵楼集是大许镇最早的集市，约有300年历史。由于大许村起集，邵楼集逐渐冷清，于1970年停办。

小墩行政村 下辖小墩、前柳、中柳、后柳等4个自然村。

据说，村名由来与秦汉之际的军事家韩信有关。韩信10万兵马东征，行至铜邳交界处，忽然探马来报，下邳涨潮，恐殃及至此，兵部不能前进，为防患于未然，韩信命部队停止前行，安营扎寨，并下令筑圩造墩，用于潮水来临时入墩避难。东边的墩子大，称之为大墩(在今邳州市境内)；西边的墩子小，称之为小墩。

东探行政村 位于镇政府东南4公里，下辖东探、桃园两个自然村。

相传五代时期，后周大将赵匡胤的一个兵营驻扎在将墓山下的临阵头(现单集镇林头村)，当时战情紧急，赵匡胤的兵将被围在将墓山，为打破被围的局面，赵匡胤亲自率兵前去解围，当他率部东渡黄河，行军约35公里时，探马来报，前面有两个村庄，是其军必经之路，这两个村的村民十分粗悍骁勇，需谨慎行军。赵匡胤闻言俯在马背上，不敢正视，慌里慌张，东探一头，西探一头，策马疾驰，一气跑到临阵头村。960年，赵匡胤建立大宋朝，定都河南开封，称宋太祖。民间流传一首歌谣："赵匡胤下河东，东探头，西探头，一马放到临阵头。"不言而喻，东探头这个村名就由此而来。

"汪上桥、桥上桥，桥是井，井上庙"：描述的是在两个天然形成的大水塘中间有一条人行道，道宽六七米。在路中央有一座十分精致的木制小桥串通两个水塘。在桥的东侧有一眼古井，此井水丰沛而甘甜，半个村庄的人家都吃这眼井的水。在古井西南有一座土地庙，后被毁于"文化大革命"期间。

“大白龙”“二黑虎”

清朝末年，清政府腐败无能，社会动乱，匪寇四起，其统治地位摇摇欲坠。那时东探头村是大许地区的一个核心村，管辖大王、朱庙、姚庄、张瓦房、西探头、邵楼、朱庄、临河及单集乡的新河口村。庄主权势较大，当时庄东头有一条官道，北通塔山，南达睢宁双沟。军队、车马、商贾、匪寇昼夜可见，这种情况对东探村威胁很大，庄主张有权与其子张玉振为防御土匪抢劫，筹集资金请设计师设计、建造围墙及庄门。围墙建好后又建3个大庄门，在围墙4个角及其要害处建造炮台，据说炮台建造相当有水平，各炮台按几何原理成对角相互照应。用生铁铸造两门大炮和数门小炮。这两门大炮分别被命名为“大白龙”“二黑虎”。“大白龙”内径约30厘米，“二黑虎”内径约20厘米，威力相当大。因紧靠官道，庄人将这两门大炮架在东南角炮台上，后来官道改道在西门外，这两门大炮又架在西南角炮台上。据说在民国年间，有一群土匪妄图抢劫东探头村，庄主闻讯，命炮手点炮威慑土匪，结果两炮齐发，炮声轰鸣，震撼大地，将地处距东探村村东南约4里路之遥的新河口村村头一排大柳树树头齐齐削去，吓得土匪抱头鼠窜。因此，民间流传一首民谣：“大白龙、二黑虎，炮药装了两石五。四十五里路听炮响，二十五里路一扫光。”

这当然是夸张之词，但两门大炮确实威慑八方，赫赫有名。遗憾的是，在新中国成立初期，“二黑虎”被黄集人借去，“大白龙”后也被人盗去，至今下落不明。

后王行政村 2006年起为大许镇政府所在地，由前王、后王、前火庙、后王庙、邵庄等5个自然村组成。

前王村、后王村：明洪武年间，有一王氏人家随着大迁徙的潮流从山西迁到横山村，在那里只住了3天就搬到了如今的前王自然村后边的高台上居住。这户人家在这里发家致富、人丁兴旺，日子过得特别红火，在当地很有名气。家族到了鼎盛时期，此户人家为了炫耀富裕，便打起了响场（响场就是把场地掏空，用木板在上面支撑起来，到处挂满了铃铛。然后再找来10匹颜色不同的大马，将马脖子也系满铃铛。让马拉着石碌磙跑，石碌磙上也挂满了铃铛。人们赶着马在场上旋转起来，气派非常壮观，声音也特别悦耳）。此举当时在这一片地方影响较大。事后，有好事者竟把此事上报到县衙，说王家有犯忌之举，于是县衙派人查办，王氏家人听说后纷纷逃离此处，有的逃到西边的麻沟村，有的逃到北边的塔山村、殷庄村。直到现在麻沟村和殷庄村的王氏后人认为自己的祖上是前王村的王姓。最后这里只剩下身有残疾的兄弟俩，不愿离开此处。他们兄弟二人相依为命，为了安全起见，兄弟俩一个搬到距原址南边的300米处住下，一个搬到距原址北边的500米处住下。后来兄弟俩幸免处置，成家立业。兄弟俩居住的这两个地方慢慢地聚集的人越来越多，就变成了村庄。在南边的村庄就取名前王家，在北边的村庄取村名为后王家。

刘鹿行政村　位于镇政府驻地西南2公里处，东靠大许村，北紧靠323省道，南靠东陇海铁路，西部与徐庄镇接壤。下辖刘鹿、孙庄、靖集和条脊等4个自然村。

刘鹿：清朝初期，有6个铁匠在此支炉打铁，做铁器生意，并建房居住，成家立业，建立村庄。原村名为六炉村，因六炉与刘鹿谐音，又因刘姓居多，逐渐将村名演化为刘鹿。

太山行政村　位于大许镇政府驻地东约4公里处，323省道两侧。下辖太山、马庄、李庄、闫庄、西桃园、姜庄、龙集、吴庄和苗圃等9个自然村。

太山村始建于约400多年前，原村名为可怜庄，由李洪俊和王氏两家族迁至此地定居。王家曾在此建庙，名曰太山娘娘庙，后改为太山庙，庙址在现太山铸造厂北侧。1952年因九山村建小乡，太山庙被拆除改建九山学堂。村庄因庙得名太山庙村，后来简化为太山村。太山村太山集市起源于新中国成立后，是周围较大的集市，现每月15个集日，逢双日为集市。

马庄是一个远近闻名的扫帚专业村。此村的扫帚加工业已有100多年的历史。

朱庄行政村　位于大许镇最南部，与单集镇接壤，距大许镇驻地8公里，下辖朱庄、林河、小李庄、吴庄等4个自然村。因朱姓村民居多，故定村名为朱庄。

朱庄烈士陵园始建于1988年，占地3亩，建烈士纪念馆4间，树烈士生平纪念碑24座。由江苏省委原书记江渭清题写碑名。

岳海行政村　位于镇驻地西南方6公里处，由小岳和岳海两个自然村组成。

据传，元朝成宗年间，岳氏家族为了逃避当时的战乱，从陕西来到此地之后，开荒种田，历经800多年，繁衍生息至今，便形成了现在的村庄。小岳村是从清朝年间，由岳氏家族中的岳海迁到小岳村定居，距今已有300余年的历史。

明 槐

岳海村中有一棵古槐树，树干粗需两人合抱，高约10米，约有500余年的历史。该树植于岳氏后代岳崇宽房前，是岳家传家之宝。岳家人严加看管，精心呵护，不让任何人攀爬折枝，至今根深叶茂。主人把该树说得非常神奇。传说：有人曾折一枝，马上头疼生病，许愿方愈；村中不论谁家小儿被惊吓致病，只要到树前祷告几句便会痊愈；如哪一年枝叶特别茂盛，族中必生贵子；如哪一年枝叶枯萎，定有不祥之事发生；该树世代保佑岳家人丁兴旺，财源茂盛。岳海村中流传着关于明槐的众多神奇传说。

板桥行政村　位于大许政府驻地东北7公里，运河南岸，与贾汪区接壤。由板桥、东刘山、西刘山、田山、夹山、王庄、塔山街、庙西和横棒等9个自然村组成。

板桥村与大塔山上的庙西村之间有一条小河，为便于两村往来，明万历年间，百姓用木板搭一座小桥，故取村名板桥村。村内有东刘山、西刘山、田山、夹山与大塔山等5座山。因村名与清代书画名人郑板桥同名，故名声大振，闻名遐迩。

四月八庙会

塔山街每逢农历四月八日便会举行牛王庙会，据说是为了纪念牛王而设的一种庙会。由于农历四月初八临近麦收，每年的农历四月初八这天，四面八方的村民便前来赶庙会。杈杆、扫帚、扬场锨、碌碡、赶牛鞭、镰刀，各种农具摆满市场，木器家具一眼望不到边，地方各种特色小吃更是让人垂涎。每年的庙会，都演出几台大戏以助兴，附近的各村村民，自发组织秧歌队，在庙会上义演。自明朝建庙以来，庙会从不间断，一直延续到1968年，后中断。1978年，太山乡工商所张贴告示，恢复庙会活动，依旧沿用农历四月八为正会日。2003年，庙会迁至大塔山前逢会，规模远不如从前宏大。

李府墨松林

据村内老年人回忆，大塔山前原有李姓“陇西堂”祠堂。祠堂周围松柏数千株，遮天影日，远望墨绿荫郁，人称墨松林，远近闻名。传说明朝军师刘伯温为保大明江山万古千秋，决议斩断天下龙脉。一日，他来到大塔山前，只见这里雾气滔滔，山头在雾气中犹如苍龙昂首。他料定此地日后定出真龙天子，于是禀报洪武帝，在这里建了一座庙，取名增福寺，用来斩断龙脉。当时由于财力不足，庙的规模不大。直到明朝万历四十三年(1615 年)，神宗翊钧发现各地诸侯烽烟四起，李府人才辈出，恐江山不牢，埋怨庙小镇不住真龙天子的出现，将原来的小庙推倒，重新扩建增福寺。

清朝乾隆年间，李府出了个名人李升龙，在山西做了知府，后官至巡抚，因与和珅不睦，被和珅斩首示众。终因冤假错案，乾隆皇帝为其平反昭雪，将其葬于大塔山前的李府墨松林。墨松林后被毁坏一空。

牛 王 墓

原增福寺的东边有一座高大的坟茔，当地人称为牛王墓。相传，当年建增福寺时，在庙南约 1 公里的大田里有一座窑，建寺庙的所有砖瓦，都是这座窑烧制的。当时挑选了一头大黄牛拉车运输，这牛力大无比，颇具灵性，装好车它独自拉起就走。上山卸完货，它转头把空车再拉回土窑，往返其间，直到把增福寺建成。农历四月初八这天，大黄牛活活累死了。为了纪念它，人们把它埋在增福寺东边，筑一个高大的坟墓，墓前立碑，以示敬仰。并以农历四月初八为庙会日，牛王庙会就这样传流至今。

麦草搓绳拉塔

大塔山上不知何年何月建的塔，也不知塔是什么样子的，有人说是一座，也有人说是九十九座，无历史记载，只是传说。塔究竟弄到哪里去了呢？

建隆元年(960 年)，赵匡胤以“镇定二州”的名义，谎报契丹联合北汉大举南侵，领兵出征，发动陈桥兵变。他黄袍加身，代周称帝，建立宋朝，定都卞梁开封。传说原来定的不是现在的开封，是徐州市贾汪区的汴塘镇。已经开始破土动工建筑城墙和城门楼了，后又起了变化。

有一个村庄，住着几十户人家，庄上有一家财主，雇了一位长工。这位长工少言寡语，干完活就用麦草搓绳。有人问他：搓绳是做什么用的？他说：拉塔。不知搓了多长时间，也不知搓了多少绳子。这一天，他挨家挨户借牛，问他借牛干什么的，他还说那两个字：拉塔。别人都把他当成憨子，应允了他。都把牛喂得饱饱的，等他来借牛。但是，等一夜他也没来牵牛。第二天人们问他为什么不来牵牛，他说：牛已经借过了，塔也送到汴塘去了。大家回家一看，各家的牛身上都是大汗淋漓的，再一看，山上的塔没有了，听说塔真的拉到汴塘，那个人也从此消失，无影无踪。麦草搓绳拉塔的故事流传至今。后来又怎么不在汴塘建都的呢？传说，赵匡胤要挪一箭之地，谁知箭射出去，被一只神鹰衔走了，一直衔到河南的开封，就在开封建都了。

房亭行政村 距大许镇政府驻地8公里，由靳家村、房亭村、大刘村和小福庄等4个自然村组成。

房亭：位于东陇海铁路南侧的房亭河畔，因房亭河而得村名。2010年春季，该村作为全国农业现场会的一个粮食生产基地点，国务院副总理回良玉率领全国分管农业的部、省、市级领导视察了该村。

西衢法公禅师之塔

西衢法公禅师之塔位于房亭村境内。塔高3米，汉白玉石质，由塔底、塔座、塔身、塔帽和塔顶5个部分组成。据推测，该观音堂建于明末清初。该塔正面刻有“观音堂上第三代西衢法公禅师之塔”；一侧刻有“大清乾隆岁次乙亥仲春谷旦立”。据村民传说，观音堂当年有房屋几十间，塑有许多神像，为佛门圣地，堂地750余亩，禅师几十人，香火旺盛。1938年以后，国民政府在此设立打盐营，禁止食盐私营。观音堂直至1949年后才堂毁僧散，残留几间房屋作为村小学校。“文化大革命”中，该塔被破坏掉。该塔于1984年作为文物被太山乡文化站保管，2000年4月7日，撤太山乡并入大许镇，该塔又被房亭村运回原房亭小学保管。西衢法公禅师之塔被定为县级保护文物。

简城行政村 位于镇政府东北部，距镇政府驻地8公里。东与邳州市的才庄相连，位于323省道北2公里，二八河从村西纵贯。由简城、夏河、丁庄、后王家、胡家、后姚、青山，朱园、香棘园等9个自然村组成。

简城：建于宋朝初期。赵匡胤打下江山，建立大宋朝。他起初准备定都汴塘，并在离汴塘10多公里的南部建一座小城，也就是现在的简城村。但是后来他只建了一座小楼就停工了,因故西迁至开封,简城没建起来。人们在此建房居住,成了村庄,起名简城村,并建起集市,集市一直沿用至新中国成立初期。现在,村民仍把村中的一条路称之为简城街。

丁庄的传说

简城村有一个自然村叫丁庄,可是没有一人姓丁,这是怎么回事呢?村中流传着这么一个故事。

相传,清朝乾隆年间,丁庄全部是姓丁的村民,200多口人没有分家,吃一锅饭。丁庄人以种地为主,家里还开染坊、油坊、铁匠、木匠铺,按照每个人能力大小和爱好,分派做活。家里一切收入归一家之主掌管,有一个负责账目的先生,一切事务家长说了算数。家里有一口大锅用于烧稀饭,几口小锅用于炒菜,十几盘鏊子用于烙煎饼,统一开饭,吃完饭各干各的活。一年四季穿的衣裳、鞋、袜,也是统一制作。一个小家庭一处住房,逢年过节送节礼也是统一标准,就像现在的军事化管理一样。当时这个大家庭日子过得很红火,人们都很羡慕,传了十几代,也没有分家。

到了光绪年间,作为一家之主的老头去世了,按理说该传到他的长子掌权,可是,老太太不让,她来掌管一家大权。老太太也是按照老头生前的管家方法管理的,可老太太没有威望,子孙们不服从其管理,有的偷吃小灶,有的偷东西送给自己的亲戚,干活消极怠工,家境逐渐败落,子孙们纷纷要求分家。老太太不允许分家,一气之下,下了毒手。这一天中午,做好菜饭,在开饭之前,老太太偷偷在饭锅里下了老鼠药,准备与一家人同归于尽,这个阴谋被做饭的一个媳妇看到了,告诉大家不要吃这顿午饭,吃了会被毒死。消息一传出,一家人闹翻天了,逼着老太太吃锅里的饭,老太太没办法只得自己吃下一碗,吃完就被毒死了。其他人把家里的财产草草分了,各奔各的亲戚,离开了这个庄子。

后来,姓李的一家人搬来居住,逐年繁衍,这里便成了李家的村庄。但是丁庄这个庄名一直没改,沿用至今。

青山行政村 下辖青山、宋园、香棘园3个自然村,2002年1月20日合并到简城村。青山村始建于2 000多年前,相传是由朱氏家族从山西洪洞县迁来定居。

青 龙 山

青山村内有一座青龙山，坐落在北房亭河畔。山体为南北走向，山上的石头绝大部分为红质火石，唯有山的东南坡有一条石垅为青色石质，形似一条长龙，青龙山因此得名。青龙山自古以来有许多传奇故事在民间流传。

因青龙山与众不同，是座风水宝山。曾有传说：青龙山，石两样，不出天子出宰相。所以，有很多人从远地迁此建房落户，欲让其子孙后代成龙成凤，得高官厚禄，光宗耀祖，享荣华富贵。由此，青龙山村不断扩展，人口越增越多。传说青龙石逐年向前延伸，山前有一口大渊子，渊深莫测，有人曾撑船到此渊中心处，用 1 公斤生丝线拴上石头往下坠，不得其底。山上的青龙石每年延伸，若干年后，青龙头若伸到渊子里，山将会得水而长高，天子就降临人间。

到了明朝，朱洪武的军师刘伯温观天象，看到南京北约 350 公里处，有一颗星格外明亮，掐指一算，那里要出天子，将改朝换代，于是向洪武帝上奏。朱洪武一听，吃了一惊，立即下道圣旨，派军师刘伯温到青龙山破解风水，斩断龙根，保住大明江山的万古千秋。

刘伯温带着 3 000 兵马，一路巡查，终于在古房亭河东岸看到一座山，到山上一看，正是他所算之山。山虽然不高，却与众不同，首先是一山出红、青两样石色，青石垅活像一条大龙。山前古河流水，一口深渊可通东海，树木森森，山清水秀，风景宜人，真乃是一块风水宝地。如不斩断龙根，真龙天子出世，大明的江山社稷不会长久。确定之后，刘伯温的兵马来到山的南麓，下令挖断青龙头，不让青龙向前延伸。村里人传说，挖的那口汪塘成了红色血水塘，至今水塘的水还是红色的。斩断龙根后，刘伯温生怕压不住青龙，又在山上建了一座庙，彻底镇住了真龙出现，保住了大明的江山。

如今，青山依旧在，不见真龙出。青石垅上尚有传说的金马驹子蹄印、金蛤蟆窝、月牙桥。村里严加保护，禁止在此开山采石，可是，屡禁不止，自然风景逐年破坏，所剩无几。

麻沟行政村 下辖麻沟 1 个自然村。

据说，秦汉之际，韩信因项羽不予重用，一气之下，投奔汉刘邦，与楚为敌。韩信率 20 万兵马，从彭城出发东征下邳项羽部，部队行军至麻沟一带，前方探马来报，项羽正率兵马西进，攻打彭城汉军。韩信下令部队停止前进，安营扎寨，修筑工事，堵截项部，开挖战壕，战壕上面用棍棒和麦草盖上。项羽的骑兵快速来到此地，未加提防，战马纷纷落入战壕，韩信下令弓箭手射箭，敌军死伤惨重，后面的残余队伍拓荒而逃，汉军大胜。后人在此建村，起名马沟村，后改名为麻沟村。

麻沟村村名的来历，还有另一种说法，从前村中有很多人种麻，麻需要在水沟里沤熟方能剥掉皮，晒干后用来搓绳。人们在村中挖一条沟，专门沤麻，故村名为麻沟。

2008 年，麻沟村西部建 300 余亩钢架塑料大棚，种植无公害设施蔬菜，远销各地。村中富余劳力多到大棚打工，以增加一份收入。

团埠行政村　位于京杭运河南岸，北房亭河穿境而过，323 省道北 2 公里，距大许镇政府驻地 4 公里，下辖团埠、许台、丁楼 3 个自然村。

团埠村地处火石山地带，地下有红石岩。据传说，明朝洪武年间，秦、王、许、窦四家从山西迁此定居，并建村。后黄河发洪水，大量泥沙把本来不高的小山淤平，成了地下山。发洪水时，只露出山头，周围都是洪水汪泽，北房亭河穿境而过，来往舟船只有在此高地周围停泊，船民靠岸定居。因泊船较多，当时称此地为船埠，船与团谐音，后改称团埠。

该村村民有种植大棚蔬菜的习惯，全村每年种植蔬菜面积均在 400 亩左右。近年来又发展葡萄、水蜜桃等水果种植 400 余亩，部分村民又发展起泥鳅、鳝鱼繁殖与寄养，不仅在本地销售，还外贸出口至其他国家和地区。

“庙上庙”的传说

团埠村有三座庙，大庙、二庙和三庙，总称团埠庙。这三座庙排列在东南西北的一条斜线上，相隔仅有百余米。大庙建造雄伟，主殿内雕梁画栋，殿顶飞檐走兽，东西两殿小瓦梳垄，檐栋高啄。二庙和三庙只有三间殿堂。据传说，古时侯村里飞来一条巨龙，长数百米。为了不让巨龙飞走，在一位南先生的建议下，修此三座庙。分别庙镇龙首、压龙腰、稳龙尾，使巨龙安心长卧，给人们带来福音。当年三座庙香火旺盛，香客来自方圆几十里。

据说原庙已被洪水冲毁，庙址淤于地下，现在的庙是清朝修建的，庙下还有一座古庙，所以有“庙上庙”之说。20 世纪人们在新庙址上破土动工建筑时，惊奇地发现原庙地基与传说的古庙的地基完全相吻合，上下垂直距离六米多，印证了“庙上庙”之传说。

“井上井”的传说

团埠村大庙西边百余米处有一口由四块厚重的青石板扣成的方形大井。往下六七米处，是一个小圆形的井口，是几百年前被洪水淤埋下去的一口井，两个井口高度重合。传说这口井是巨龙的眼睛，再旱的天，都不会干涸。而今，人们用上了自来水，乡亲们并没有掩埋它，只是用水泥板盖上，永保它的清澈、甘甜与神秘。这就是当地传说的“井上井”。

郑庙行政村 位于大许镇最东部，与邳州接壤，距镇政府驻地 7 公里，由郑庙、夏家、后刘、桃园等 4 个自然村所构成。

郑庙：清初，由郑、夏两家建庙，故定村名为郑夏庙，后改称为郑庙村。

郑庙村近几年以大蒜为龙头产业，每年种植大蒜 3 000 亩左右。

大吴行政村 位于镇政府驻地东南部 10 公里处，大吴村由大吴、沟上、闫楼 3 个自然村组合而成。

由于离周围集市较远，村民赶集十分不便，1992 年大吴村兴起集市，逢每月的 2 日、4 日、7 日、9 日为集市日。

河西行政村 位于镇北部偏西，距镇政府 6 公里处，包括宋庄、上河湾、河西 3 个村庄。

河西村是远近闻名的豆腐专业村。

九山行政村 距大许镇政府驻地东 2 公里，位于 323 省道和 252 省道交叉处，由大九山和小九山两个自然村组成。

因村中有一座红石山，且有 9 个小山头，故此村取名九山村。

九山村的传说

相传，很久很久以前，天上有 10 个太阳，烈日炎炎，地上草木干枯，人、畜无法生存，眼看着地球上人类就要灭绝。天神杨戬看在眼里，急在心上，担着两座山，手拿一根神鞭，追赶太阳。10 个太阳被他打掉了 9 个，那 9 个太阳都落在了九山这一带，变成了 9 座红石山，拯救了天下黎民百姓。那一个太阳要不是躲在嫲嫲菜棵子底下，也被打掉了。那 9 座山也就是现在的大塔山、小塔山（在贾汪区塔山镇境内），刘山、田山、夹山、青龙山、横山、岱山（在邳州境内)和九山等。九山是最小的一座山,且有9个小山头,人们在这里居住,村名就叫九山村。由于山体较小,村民长久开山采石,年多日久,不但山头没有了,而且下凿数米深,成了一口大汪塘。清朝乾隆年间满池荷莲,村民管这口汪塘叫藕池。汪塘的西面是明朝建的一座寺院,叫香亭院,又名一手禅院。房屋百余间,塑有神像,当年也是佛门圣地,且有集市。据说,乾隆下江南,听说徐州东的九山村有一座大庙,并有“山下有水山上流”之美景,便不顾随从官员劝说,决然来到九山观景。当他看到九山村五谷丰登,树木森森,池塘里荷叶碧绿,荷花飘香,鱼游浅底,香亭院香火缭绕,人们安居乐业,一派生机勃勃的景象,欣然提笔,留诗一首:“树木森森人烟欢,只见庙貌不见山。十籽莲中鱼戏水,风吹荷花朵朵鲜。”这首诗后来请匠工刻在石碑上,保存几百年,至今很多村民仍会背诵这首脍炙人口的诗句。直到新中国成立后,庙毁僧空,满池荷莲也不见了踪影,唯有一口大汪塘仍在村当中,从不干枯。“山下有水山上流”的景色,是因为山在水底,水在山上。残存的庙,后改为学堂,1949年后改建为村里的小学校,原庙址成为村民居住地。

徐州名吃——菜煎饼

很久以前,九山村杨府有一位孝顺的儿媳,会一手烙煎饼的绝活。有人形容她的煎饼好:“推得细,烙得薄,一风刮到房亭河。”每次烙煎饼,她总是把最好的煎饼卷上大葱,放点盐,浇上香油,送给公婆吃,自己吃滑拓子煎饼。后来公婆牙掉光了,吃不动煎饼卷大葱,她想,如果把大葱切碎,拌上油盐和鸡蛋,倒在刚烙的煎饼上,再用烙好的煎饼一卷,老人吃起来就不费劲了。尝试做出来的煎饼果然很好,不但老人非常喜欢吃,大人小孩也都喜欢吃。后来,她用韭菜、萝卜、白菜等都可以做菜煎饼。据说,中间的一截必须留给老人吃,因为中间一截菜多。一传十,十传百,菜煎饼就传开了,现在已成为徐州名吃之一。

沙庄行政村 位于大许镇东南部,距镇政府8公里。由大沙庄、小沙庄和魏家3个自然村组成,村委会设在小沙庄村。东陇海铁路从村中横穿,二八河、一手禅河、北房亭河在此汇聚,有着得天独厚的水利资源。大沙庄在铁路南侧,村子比较小;小沙庄在铁路北面,庄子比较大,因此人们都说:“大沙庄不大,小沙庄不小”,也有“大沙庄小,小沙庄大”之说。小沙庄村东建一座无名烈士陵园，立有一块墓碑，上书“淮海战役大耿庄阻击战烈士纪念碑”，作为青少年教育基地。

西探行政村 下辖西探1个自然村。

西探村内有枝子楼一座，分为上下两层，共六间房，墙体材料为青砖包土坯，白灰膏勾缝，房顶结构为木棒、青瓦，构造严谨结实。传说，西探枝子楼原为白氏家族所建，配有东西廊坊和五间大殿，塑有神像作为寺庙，村民惯称白家楼，又称白家庙。后契转为张氏祠堂，年代久远，无从考证何年所建。历尽沧桑，楼体斑驳，门窗早已破烂不堪，房顶坍塌，墙砖时有村民扒去镇邪。东西廊坊和五间大殿，新中国成立后被拆除。1978年重修房顶，唯有枝子楼幸存至今。1953年4月8日成立西探乡，枝子楼作为当时的乡公所办公楼。撤销西探乡后，枝子楼又作为西探大队办公室。后西探村的村部选址新建后，此楼闲置，无人问津。张氏后人张世龙诗赞枝子楼云：“画栋朝南乱紫云，雅名枝子寓人伦。乔直梓俯承天道，盖见芝兰满院春。”

朱庙行政村 朱庙村位于大许镇东南部，距镇政府驻地5公里，由朱庙、姚庄、张瓦、小赵家等4个自然村组成。

因清朝初期朱氏家族在村中建一座小庙，只有三间庙屋，有院子，供村民烧香拜佛，所以得庄名朱庙。

（撰稿：杨权业）

茅 村 镇

茅村镇位于徐州市北郊 8 公里，面积 84 平方公里。镇政府驻地在官山村。下辖洞山、龙庄、赵庄、岗头、任庄、梅庄、檀山、梁山、大庄、留武、班山、茅村、小张家等 13 个行政村，共计 67 个自然村。

茅村镇历史悠久，文物古迹众多，有全国罕见的汉画像石墓、北洞山汉墓、蔡王墓遗址、桓魋墓等。其中汉画像石与苏州园林、南京六朝石刻并列为江苏“三宝”。2006 年汉画像石馆被列为“徐州市爱国主义教育基地”。

洞山行政村 下辖洞山、鹿庄、许台子 3 个自然村。

洞山：位于茅村镇南 5 公里，大运河北岸，以山名得村名。原来叫桓山，明代建有桓山寺，亦称圣女庙。有人考证圣女庙为“中国第一佛寺”的龙华寺。洞山村有洞山、土山、北楼山、西山等共 4 座小山，因春秋时宋司马桓魋在桓山凿洞为墓，故称洞山。村内有国家级文物保护单位“北洞山西汉楚王陵”，1986 年发掘，1988 年建成，已对外开放。

洞山西汉古墓

洞山西汉古墓在洞山村东，古墓上方封土 10 米，南北长 35 米，东西长 70 米。村民最初都认为其是土山。墓中主、侧室中的主要陪葬品大多已被盗走。1954 年，村人在古墓东南方向取土时，发现了墓门。1966 年秋，洞山大队凿石建码头的时候，二次入墓，取出了部分玉器，但不完整，墓内的泥塑已遭到破坏。1986 年 10 月，徐州博物馆和南京大学历史系对古墓进行联合发掘，又出土了大批珍贵的历史文物，其中有金缕玉衣、金器、玉器等物件和近百个造型优美、体态各异的彩绘陶俑，万余枚铸有“半两”字样的钱币，其中重要的文物数十件。墓室内布局严谨，结构精巧，并为防潮涂了大量的固体水银“朱砂”。

考古工作者根据有关史料以及出土的钱币、“楚御府印、楚官私丞”等11枚印章的出土,初步断定这座墓的修建时间大概是前201年至前154年,距今已有2 100多年的历史。从时间推断,墓主人应该是楚王刘交、刘郢或刘戊之中的一位。这座地下宫殿规模之大,全国罕见,为研究西汉时期的文化、建筑、生产力以及诸侯管辖下的这一地区人民的生活习俗、社会历史提供了宝贵的资料,被列为国家级文物保护单位。1990年洞山胡姓村民在挖地时,发现一只价值连城的玉虎,徐州电视台对此进行过报道,现收藏于国家博物馆。

洞山汉墓

在茅村乡西南的桓山上,是春秋时期宋国司马桓魋的墓,依山而凿,所以后人称为石椁。桓魋是齐桓公的后代,在宋国官居司马,掌握兵权。墓道原有石碑,被毁于“文化大革命”时期。西边的峭壁上有“桓魋石室”四个大字,至今隐约可辨。整个石椁由人工凿成,巧夺天工,令人惊叹。通过石椁,可以看出古代劳动人民的智慧,也可以看出古代贵族的骄奢。桓魋石椁是一处著名古迹,北魏郦道元《水经注》中有记载,并有诗为证。北宋元丰二年(1079年),苏轼曾带儿子苏迈和王适等八人游桓山,写下了:“(一)侧手区区岂易遮,奔流一瞬卷千家。共疑智伯初围赵,犹有张汤欲漕斜。已坐迂疏来此地,分将劳苦送生涯。使君下策真堪笑,隐隐惊雷响踏车。(二)茫茫清泗绕孤岑,归路相将得暂临。试著芒鞋穿荦确,更然松炬照幽深。纵令司马能镵石,奈有中郎解摸金。强写苍崖留岁月,他年谁识此时心。”宋代陈师道来此游览，留诗《桓山》："平江如抱贯秦洪，双岭驰来欲并雄。是物皆为万世计，阖棺犹有一朝穷。林峦特起终有污，美恶千年竟不空。尚有风流羊叔子，稍经湔洗与清风。"

桓魋石椁

鹿庄：宋末，鹿姓在此定居，取村名鹿庄。

许台子：宋末，许姓在此定居，取村名许台子。

龙庄行政村　下辖龙庄、张台子、大山、庙山和小李庄等 5 个自然村。

龙庄：明朝中期，龙姓从河南迁到此地居住，取村名龙庄。

张台子：原是一片低洼的湖地，张姓来此垫土居住，取村名张台子。

大山：该村位于庙山北、官山南，处于两山之间的山坡上。此村所在的山体比南北二山都要大，故取村名大山。

庙山：因该村有一座明朝时期所建的庙宇在山坡上，故取村名庙山。

小李庄：因该村有李姓居住，且比东边的大李庄小，故取村名小李庄。

赵庄行政村　下辖大赵庄、大李庄、祖庄、东南庄等 4 个自然村。

大赵庄村：传说赵灼和赵炳是蟠桃的大财主，这两家拥有土地 4 800 余亩。为了便于收租存粮，赵炳在小赵庄，赵灼在大赵庄都建起了仓库。后因黄河决口，徐州地区一片汪洋，水下去后，赵灼在原仓库的地方取土盘台子，在土台子上重新盖仓库，当地人称仓屋台子或赵家仓屋。因为赵灼是老大，所以取村名大赵庄。

大李庄：明末，由徐州西关迁来的李姓到此地定居，故取村名大李庄。

祖庄：清朝中期，祖大年兄弟从郭桥迁此定居，取村名祖庄。

东南庄：清末时期，赵氏家族分居，一部分人迁至赵庄的东南角居住，取村名东南庄。

岗头行政村　下辖大岗头、东岗、上李家、后许家、权家、前王家、张信家等7个自然村。

大岗头：明朝中期，此地被洪水淹没，仅露出一山头，故取村名大岗头。

东岗：该村坐落于大岗头村的东面，取村名东岗。

上李家：该村姓氏较多，其中李姓人口较多，故名上李家。

后许家：该村有许、石、王三姓居住，其中许姓人口最多，在上李家村后，故取村名为后许家。村旁有一棵元朝初期栽种的黄芽树，至今仍在。

权家：因权姓村民较多而得村名权家。

前王家：有王姓居住在权家之前，取村名前王家。

张信家：清末，该村有一名叫张信的勇士，经常与本地的恶霸、地主、土匪抗争，远近闻名，故取村名张信家。

任庄行政村　下辖肖场、杨庄、聚兴庄、叶台、后王家、后肖场等6个自然村。元末明初，红巾军起义，战乱频发，民不聊生，纷纷背井离乡投亲奔友，找寻安定的地方避难。任姓先祖从山东来徐州落脚，辗转多地，最后在铁刹宅(子房山)附近定居。他们既经商又务农，后来，在不老河两岸置办了百余亩田产，建房定居，人丁兴旺，形成大户，取村名任庄。

肖场：因此村肖姓居多且祖居至此，故取村名肖场。

杨庄：清初杨姓从河北、山西迁来此处定居，取村名杨庄。

聚兴庄：清初赵、叶、鹿等多姓氏聚集此地建村，取村名聚兴庄。

叶台：清初，此庄叶姓居住者较多，取村名叶台。

后王家：清初，此村王姓居住者较多，取村名后王家。

后肖场：该村坐落于肖场之后，取村名后肖场。

梅庄行政村　下辖大蔡丘、小蔡丘、梅庄3个自然村。

大蔡丘、小蔡丘：蔡丘村分为大蔡丘与小蔡丘。因村南有个蔡王墓，遗址高出地面5米。民国初年该墓被盗，只留下一些石器和汉代砖瓦。经考察，该墓顶部为汉代建筑和古代墓葬，下层为新石器(商代)遗址。因此村庄得名大蔡丘，后来又有一部分村民迁出，另建新庄，取村名小蔡丘。

梅庄:该村位于梅花山前,故取村名梅花庄,简称梅庄。

檀山行政村 由檀山、楼顶、皇泉、店子、腰里、张家林等 6 个自然村组成。

檀山:在茅村镇北部 4 公里处,因树得名,传说孔子率弟子在山脚一檀树下习礼,当时宋国的司马桓魋对孔子的政治主张与其对自己造石椁之事激烈批评极为憎恶,欲杀孔子,指使人砍树,孔子及时离开。树去山在,后此村取名檀山。

丘湾古文化遗址

丘湾古文化遗址位于檀山村东,东西两山之间的平原地带上,东距燕子山不到 1 公里,南距不老河约 3 公里处出土了石灰层、龟纹陶片、三足器腿等七八种陶器。1956 年,当地群众在平田整地时,在遗址中发现了一处祭神的遗迹,经考察为新石器时代晚期(商代)的古文化遗址。

乾隆行宫

乾隆行宫建于乾隆四十年(1775 年),为乾隆下江南时修建的行宫。传说这里前有朱雀(梅花山),后有玄武(檀山),左有青龙(蔡丘山),北有白虎(广山),是一片风水宝地。因当时此地属于柳泉,《铜山县志》上称“柳泉行宫”。相传乾隆行宫是仿照北京故宫的样式建造,修建了三年,乾隆仅住了一晚。后村民从行宫取石盖房,行宫毁于咸丰七年(1857 年)。民国初年尚有青石的残墙、假山等,至今已荡然无存。门前的一对石狮子,在“文化大革命”中也被砸,现在仅剩下当做假山的一座土堆。

檀山娘娘墓

乾隆三下江南巡游,选择在茅村镇檀山村东南 2 公里处一片开阔地,建了座行宫。传说行宫修了 3 年,耗资白银几万两,修好后,乾隆皇帝只住了一晚,因此有“建三年,住一宿”的传说。

传说当年乾隆皇帝乘水路沿运河南下,路过茅村镇东北的梅花山下,便歇住在修建的行宫里。乾隆皇帝在行宫里心血来潮,便由文武百官相陪登檀山高处,观赏微山湖的湖光山色。

乾隆皇帝登上了檀山,顿感疲乏,便坐在一块大青石上休息,随意拔了一棵小草，就听小草发出“吱”的一声，乾隆皇帝一时忘了“吱”的写法，便问随从大臣“吱”的写法，这一问非同小可，文武大臣吓得都把这个“吱”字忘掉了，连问三声没有一人应声会写，皇帝很不高兴。这时纪晓岚奏道：“臣会写。”乾隆道：“写来朕看。”纪晓岚不慌不忙把“吱”字写成一个生造出来的字：左面提手旁，右面上部为草字头，中间是“水”，下面是“土”，递了上去。乾隆皇帝问道：“这个字连老佛爷的字典上也没有，怎么是这个写法呢？”纪晓岚答道：“万岁这个草应长在土中，所以有个土字，草生长靠的是水，故有水，只因为万岁爷用手一拔，才拔出‘吱’的声音，所以这‘吱’音便写成了这个样子。”乾隆听罢道：“妙哉！真不愧为大学士！”纪晓岚听皇帝如此之说慌忙跪拜道：“谢主隆恩！”

乾隆皇帝小歇一会，起身远望，忽然发现山间有一采茶女，乾隆皇帝便把目光集中在这采茶女身上。这一荆钗面裙的姑娘，身上散发着一种不加修饰的天然之美。纪晓岚看透了皇帝的心思，便问道：“臣曾听当地人传说，有一位风水先生说过，潭山三道谷不出娘娘就出珠。今圣上驾临，这娘娘莫非就在此女身上。”乾隆皇帝即命一武官追此采茶的姑娘。这姑娘进了潭山村，走进一家院门，这武官当即找来当地官员说明来意。地方官岂敢怠慢，便说：“军爷放心，天黑之前本官一定把该姑娘送到行宫之内。”果然未到天黑，地方官员便把此姑娘献给了乾隆皇帝。乾隆一见，龙颜大喜，赐白银五百两，又在行宫摆筵，百乐齐鸣，歌舞筵前。

后来，此姑娘因无意之失被赐死。乾隆皇帝赐白银千两，命地方官为其修建娘娘墓于行宫旁。

楼顶：很久以前，该村北有一富商，建一座小楼，取村名楼顶。楼顶村东南有一关公庙，相传是五百年前村民为了祈求五谷丰登、人丁兴旺而建造的。山门右侧有一古槐树，虽历经五百年仍然根深叶茂。现在庙宇已毁，古槐仍长青不衰，当地人经常在树下谈古论今。

皇泉：传说乾隆皇帝下江南，在茅村建行宫时，到此饮泉水，故取名皇到泉村，后简称皇泉村。今人多写成“黄全村”，实属笔误之故。

店子：传说乾隆皇帝六下江南时，在梅庄北建行宫休息，早上大臣们问乾隆，您看西边山林茂密中有一村庄，乾隆说那是望西店子吧，后称店子。

腰里：因该村位于檀山、店子两村中间，故取村名腰里。

张家林：该村张姓是清朝乾隆年间，山西泽州知府张广居的一支后人，从徐州东张楼（今张集镇）迁居于此。其子张际盛任河南上虞通判，在河南归德府（商丘）治理黄河水患有功。乾隆皇帝曾于乾隆二十一年（1756 年）降旨褒扬张广居、张际盛、广居夫人拾氏（拾氏为拾屯人氏），并御批林地 600 亩。张氏族人在林地建起了贞烈牌坊（“文化大革命”期间牌坊被破坏，残基仍在。墓碑、上马石、下马石立于驿道旁，御赐“文官下轿，武官下马”石碑），十分气派，此村因此被称为张家林。

梁山行政村　由梁山、内华、屯里、花马庄等 4 个自然村组成。

梁山：梁山处于古泗水之滨，相传城子湖原为潘仁美的运粮城，梁山为屯粮草之地，故名粮山，后改为梁山。

内华：以烧制土陶而远近闻名。鼎盛时期，土窑如连城。土陶制品堆积如山。白天浓烟滚滚，夜晚火光映天，原村名为内火。内华人由于土陶业发达，生活相对富裕；村民纯朴豪放，喜欢大块吃肉、大碗喝酒，体格健壮，抗病能力强；加上此地水质好，陶罐盛水不馊不坏，一切肉食村民不拒，故改村名内化。因此地方言“化”“华”发音相近，又称为内华。

内华的传说

说起内华的土陶还有一段传说：相传唐朝时期内华叫作燕门庄，因山形似燕子而得名。村北有荆山码头，商贾云集，相当繁华。风水先生说内华风水好，能出十八员大将。后来宋朝潘仁美在村北挖了一条运粮河，传说是把燕子头截断了，破了风水，结果只出了十八个窑匠。

还有一种传说是：从前村内有一座华佗庙，庙内有一口井，井内有华佗为治百病撒下的中草药，人们喝了井水，百病不生，故取村名内华。

屯里：原是大财主屯粮的地方，故取村名屯里。

花马庄：相传明朝有一位姓张的村民养了一匹神奇的花斑马，故取村名花马庄。

花马庄传说

传说，微山湖畔有一个小村庄，庄上住着一位忠厚老实的张姓村民，喂养了一匹老母花马，由于家境贫寒，花马瘦得皮包骨头。在生下了一头小花马后，便因身体虚弱而死。小花马虽没奶吃，但由于张家人的精心喂养，虽不是膘肥体壮，却也十分灵巧，人见人爱。一日，张老汉骑着小马去拜访亲戚，回来时天色已晚。张老汉踏着夜色上了路，一出村庄这小马便撒开了蹄子直奔湖面飞了起来。张老汉趴在马背上，只觉得耳后生风，如入云雾之中，眨眼的工夫便到家中，家人甚是奇怪，认为这是一匹宝马。

此事一传十、十传百，传到了皇帝的耳中，皇帝心中好奇，便下令张老汉献上此马。张老汉将宝马献于皇帝，皇帝大喜，便赐张老汉官职、金银、土地等。张老汉低头不语、皇帝大怒，问："你到底要什么？"张老汉跪谢说"小民清贫，无福消受这些大富大贵。只是所在小村偏僻，尚无村名，请皇上赐名！"皇帝听后大笑，因献马有功，赐庄名花马庄，并亲笔题于金匾之上，花马庄由此得名。

刘 鉴 墓

1994 年 2 月，在徐州市铜山县茅村乡花马庄村发现一座古墓，经考古专业人员鉴定，为隋朝开皇三年(583 年)所建的刘鉴墓。墓葬位于花马庄村南约 400 米处，其墓南为海拔 156 米的凤凰山。凤凰山与花马庄之间是一缓坡地带，由南向北逐渐降低。此处分布有南北朝至唐代的墓葬群，地表残存许多墓砖。

大庄行政村　下辖大庄、郑庄、前川、后川等 4 个自然村。

大庄：从前由于黄河经常决堤，泛滥成灾，不老河一年数次涨水，农田房屋被淹。一遇连阴雨季节，百姓都胆战心惊，纷纷传递水位大涨的消息，久而久之此村被称为大涨庄。由于岳姓迁居于此居住，人丁兴旺，村庄不断扩大，后来大涨庄改村名为大庄。

郑庄：传说利国附近有个岳庄，岳庄的岳姓人口不多，而郑庄的郑姓也是孤门独户。两户人家因在各自村庄势单力薄而经常受气，便商定互换住宅，结果岳庄的岳姓迁到郑庄，郑庄的郑姓迁到岳庄。从此，岳庄没有姓岳的，郑庄没有姓郑的村民，到现在依然如此。

前川：庄前有一片一马平川的平原，故取村名前川。

后川：位于前川之后，故取村名后川。

留武行政村　下辖前留武、后留武和草帽山 3 个自然村。

留武(前留武、后留武):原址在茅山口,名叫薛家湾。传说唐代尉迟敬德所建的兴福寺,香火旺盛,烧香拜佛者,川流不息。附近百姓聚居于此,土匪、地痞也常常滋事,搅得百姓不得安宁。一天,一位习武之人,高大强壮,手拿一口大刀,臂力过人,在此卖艺。此人姓薛,当地百姓将他挽留在此落户,教年轻人习武。从此,盗贼因畏惧其武艺,再也不敢来骚扰村民,留武村由此而得名。后来因村民人口太多,一部分人迁出居住。前面的村庄称为前留武,后面的村庄称为后留武。

如今,留武村徐香蜜葡萄因质优味美而名声在外。

草帽山:该村位于小山坡上,村前有一土丘,形似草帽,故取村名草帽山。

班山行政村 下辖班山、上洪里、下洪里、季山等 4 个自然村。

班山:村旁有一山,叫作班山,据《铜山地名志》记载,山上石头多有斑纹,故称斑山,后改称班山。因该村依山而建,所以取名班山村。

上洪里、下洪里:原名二仙庄,因村北吕祖庙供奉吕洞宾和杨二郎两位神仙而得村名。至于洪里这一村名的来历说法不一,一种传说是有位姓洪的人家在此落户,开染坊为生,取庄名洪里。后来因为生意惨淡,便迁居外地谋生去了。另一种传说是洪里地处微山湖,洪水出口蔺家坝东侧,每到黄河泛滥,洪水下泄时,洪里首当其冲,被滔滔洪水淹没,故称为洪里。山西边的村庄称为下洪里,东山西坡的村庄称为上洪里。

洪里白云洞

洪里白云洞位于洪里村北山腰上,是一个天然洞,洞内宽阔可容百人。洞内四周塑有了十八罗汉,神态各异,妙趣横生,千姿百态。洞顶巨石,最为奇观。1949 年前每逢战乱,洞内常常躲人;1949 年后,村人常在洞内开会,常有学生春游时到此观赏。“文化大革命”时,四周罗汉已被打碎。洞口三块大石,上刻“白云洞”三字,其中刻有“洞”字的那一块石碑,已被拖到洞外数米的桥下。洞旁有古寺一座,名启玄寺,至今香火不断。

季山:又名鸡宝山、吉宝山、季宝山、纪山、二峰山。传说穆桂英曾在此驻扎,季山戏楼北侧是穆桂英的点将台。自古有“在吉宝山前打一仗”之说。山上碧霞元君祠为宋代所建,屡毁屡建,香火旺盛。季山庙会名噪一时,至今每逢会日仍热闹非凡。明末,季姓一支从邳州季家洼迁来,季山村由此得名。

茅村行政村　下辖东茅村、西茅村、前官山、后官山等4个自然村。

茅村(东茅村、西茅村):关于茅村有一个传说,相传有个姓茅的人,在此地落户,在原凤凰眼井旁边摆了一个茶摊,过往的行人在此喝茶,他从来都不收茶钱。他死了以后,人们为了纪念他,就在他摆茶摊的地方立了一块石碑,碑上刻着他为行人奉茶不收分文的善举,1952年重修茅村桥时,石碑被推倒,用来修桥。后来村庄便取名茅村。后因茅村人口众多,故分为东、西茅村。东茅村发掘的汉代古墓,被列为国务院保护文物。

茅　村　桥

茅村桥亦名"犀牛望月桥",因桥面右侧有巨石,上刻牛头,呈翘首望月状,故得此名。此桥建于清朝,由铜山知县崔志元督造。原为木桥,后改为石桥,是南北传递信息的通道和驿路。原石桥为五孔马鞍状桥,又窄又陡,行人过桥,极为费力,故称累人桥。1971年,茅村大队拆桥,盖石桥。原老桥非常坚固,敲打不开,后从泥中挖出老木桩数百根,虽逾百年,沤而不腐,仍可用。

前官山,后官山:茅村镇政府所在地。关于村名的由来,一种传说是从前有官姓兄弟二人在此落户,哥哥住在官山前,称前官山;弟弟住在官山后,称后官山。另一种传说是因官山上建一座关帝庙而得名关山,村庄随山名又叫作关山。第三种说法是利国通往徐州府的古代驿道称为官路,又称官大道,而官大道从村中小山东侧穿过,因此得名官山。村名随山名而分别叫作前官山、后官山。现两个村子已连为一体。

茅村汉画像石墓

茅村汉画像石墓是一处景点,位于徐州市北约13公里茅村镇凤凰山的西麓,全部用奇石砌成,由大小8个墓室组成,全长8米,最宽处7米,建筑面积达70余平方米。因该墓有着独特的设计构想,精美的雕刻,故有重要的艺术价值和考古价值。

茅村汉画像石墓的设计构想,完全依照地面阳宅"前堂后室"的设计规则。门额和东西两室共有石像18幅,全为浅浮雕,刻有人物、珍禽异兽、车骑、出猎等图画。画像内容多表现神仙境界及墓主人生前奢华生活场景。所采用的雕刻技法都是减地浅浮雕,这是东汉时代徐州画像石最常见的一种雕刻技法，画像中的人物车马，形神兼备，反映出较高的艺术水平。经推断此墓建于东汉时期，距今已有1 800年，后被盗。目前，茅村汉画像古墓已被列为江苏省重点文物保护单位。

茅村汉画像石墓

小张家行政村　由小张家、大张家、李瓦房、陈周宅子、周周宅子、张周宅子、王周宅子等7个自然村组成。

小张家：位于茅村镇政府驻地西南3公里处，京杭运河东侧，茅夹铁路北侧。明朝初年，张姓兄弟从山西曲沃县迁来，老大在河西口上村落户，老二在此定居。有清末碑文记载："来吉宝山南五里许莫草湖"，据此可知该地原名莫草湖，因张姓定居后，且人口较少，故取村名小张家。

大张家：位于小张家南侧，现在两个村庄已经基本连为一体了。随着岁月更替，小张家的张姓人口越来越多，便有人迁移至村南居住。王姓等相继来此落户，也逐渐形成村庄，取名大张家。其实到现在还是"小张家大，大张家小"，于是民间流传着"大张家不大，小张家不小"的说法。

李瓦房：清朝时有状元李蟠在此居住，盖瓦屋数间，因此取村名李瓦房。

陈周宅子：该村有陈姓村民居住，故取村名陈周宅子。

周周宅子：该村有周姓村民居住，故取村名周周宅子。

张周宅子：因由张、周二姓祖居，故取村名张周宅子。

王周宅子：因由王、周二姓居住，故取村名王周宅子。

荆山桥

荆山桥位于徐州东北10公里处，横跨在荆山河上，实测桥长1 599米，有大小桥洞160余孔。1958年挖掘不老河时，用爆破的方法已将这座历时300多年的壮观石桥摧毁，现仅存北端的一段残桥和石牌坊柱。

荆山口河面宽广，乱石纵横，水流湍急。河两岸地势低洼，洪水奔注之际，便成泽国，所以没有桥梁南北通行实为不便。清康熙二十一年(1682年)，徐州人张胆父子捐资白银26 000两，历时数年方修成此桥，极大地方便了周围百姓的出行。清乾隆十一年(1746年)，两江总督尹继善又上奏朝廷，建议重新修缮此桥，此桥得以加长加宽。乾隆皇帝曾几次路过荆山桥，都留下了赞美此桥的诗句。

清末同治年间，江苏巡抚李鸿章也曾修缮过荆山桥，因为当时清军在荆山桥与捻军激战时，炮火曾损坏过此桥。当初张宗禹率领数万捻军与刘铭传的清军在荆山桥一带激战，刘铭传隔河发射克虏伯火炮，损坏了桥身。

现在荆山桥残存的一段桥身长约50米，宽约4米，略可窥见石桥当年的旧貌。牌坊北有“荆山桥”三个大字，石柱上的对联仍清晰可见。

姚老黑摆渡　张佰量修桥

从前，在徐州东北约10公里处，有一座108孔桥洞、近2公里长的大石桥横跨在不牢河的水面上。河上石碑很多，狮居龙盘，桥头石碑坊高耸，十分壮观，这就是我国古代石桥中名列第四位的荆山桥。荆山桥原属茅村镇，20世纪末划归徐州市金山桥开发区。

传说很久以前，这里有一个姓姚的小伙在河上摆渡。因他生得浓眉大眼、五大三粗、皮肤很黑，大家都叫他“姚老黑”。姚老黑长像很凶，却生着一副菩萨心肠。他摆渡有个规矩，只收富人的银子，不收穷人的钱。他总觉得摆渡不如造桥更方便百姓。他母亲暗示他，要想造桥，就得依靠徐州大户张佰量！一日，徐州城里的张佰量坐船过河去接闺女。等张佰量爷俩返回到河中间时，姚老黑便故意伸手要钱，而且要求张佰量必须如数付钱，否则就把他们爷俩赶到河中心的小岛上去。而且接连三年，价钱年年上涨。为此，激怒了张佰量，他发誓并扬言要修桥。张佰量一言九鼎，出资修好了大桥。姚老黑也说话算话，大桥完工后，他把船橹插在荆山下，把船拉到荆山顶晒了起来。现今，荆山坡上还留存着一个竖条状的印，那就是当年姚老黑拉船时留下的痕迹。荆山桥的传说是一个流传久远、家喻户晓的民间传说，已被《中国民间故事全书：江苏·徐州市区卷》收录在册。张佰量建造荆山桥确是事实，《徐州府志》就有记载。荆山桥历经三百多年的风雨，石桥除了毁于战火和人为破坏外，还有其他一些原因：现代铁路和公路的发展，大大降低了大运河的运输功能；道路的迁徙和转移，使徐州中心位置偏离该桥，造成该桥的交通功能降低；现代大运河改道，致使原有河道功能消失，使该桥逐渐荒废。现如今只剩运河北岸的牌坊和一段引桥，但荆山桥的传说却流传至今。

（撰稿：张家银）

柳 泉 镇

柳泉镇位于微山湖东岸，距徐州市主城区20公里，东邻徐州市贾汪区青山泉镇，西与铜山区马坡镇隔湖相望，面积105平方公里，镇政府驻地柳泉村。下辖柳泉、涝泉、前亭、前郁、八丁、西堡、官路、北村、大冯、铙山、套里、西马、西象、王林、前象、辛家、高皇、东蔡等18个行政村。

柳泉行政村 下辖柳泉、小柳泉、南唐寺、沟西等4个自然村和一个林场。

柳泉：该村是柳泉镇政府驻地村。元明年间，因村西北角有一柳姓人家，门前恰有一棵古柳，柳下巧有一口天然古泉，古柳配泉，故得村名柳泉。

涝泉行政村 位于镇政府西北方1.5公里处，下辖赵山头、涝泉、西山、北墩（别名二郎山口）等4个自然村。

涝泉：该村因有一泉，经常起涝，故名涝泉。

前亭行政村 位于镇政府正南方2.5公里处，下辖前亭、后亭、东南岗、西南岗等4个自然村。

据考，这里是秦朝时期南北运输通讯的重要通道。过去为计算里程，接待信差，监管民务，则十里建亭，并委亭长；同时酒肆客店，汇集此处。后因兵乱，当地人烟稀少。汉初，山西太原一带流民相继在此定居，便以秦亭取名。亭南为前亭，亭北为后亭。

前郁行政村 位于镇政府东南方3公里处，下辖前郁、后郁、石户城3个自然村。

前郁、后郁：汉刘邦兵败至微山湖时与戚夫人生一子取名刘如意，后封为赵王。赵王定居古汉城的石户城后，城周围有16平方公里，土地肥沃，百姓们经商务农，安居乐业。传说，慕名而来的山西郁老汉挑着5岁与2岁的两个男童，带着妻子来到此城，征得赵王许可后，便在石户城东安家定居，男耕女织，享受人间天伦之乐。

一年山洪暴发，因周围群山环抱，郁老汉一家如居海洋之中，无奈只得在鸡鸣山西北坡安家，躲避洪水。灾后10年，郁老汉两个儿子也已长大成人。于是郁老汉的大儿子就在前庄娶了个姓蒯的流浪女为妻，并在此定居。郁老汉又带着小儿子和妻子回到后庄。由于老汉姓郁，赵王刘如意便命名这两个村庄分别为前郁、后郁。

石户城（十户城）：刘邦当年趁项羽不备，率兵偷袭彭城，没想到兵败被项羽追杀。刘邦逃到彭城北20公里处微山湖南的小村庄中，遇到戚老汉并受到戚老汉的款待，戚老汉见刘邦一脸贵相，便将女儿许配给他。戚夫人日后生一子，取名如意。

石户城秦砖

汉朝建立后，刘邦到微山湖南去寻找戚夫人进宫伴驾，刘如意被封为赵王。君臣行至易守难攻、群山环抱、山叠路险的天然城池，丞相萧何建议在此建座城池。刘邦观后龙颜大悦，即命赵王立即动工。古汉城建成后，城北正门，东、西各一侧门。赵王刘如意留守在此，勤政爱民，方圆百里的百姓纷纷进城，经商务农。城东门外石墙下，住着十户人家，经常出入汉城经商。

赵王爱民如子，一日巡视至此，看到百姓安居乐业，好不开心。当赵王问起当地老汉及村庄的名字时，老汉摇头摆手，均称不知。故此，赵王命名本庄为石户城（十户城），百姓一律姓王。

八丁行政村　位于镇政府正东方3公里处，又名后八丁村，下辖八丁1个自然村。

传说有一女嫁入此村后生了八个儿子，古时“子”即为“丁”，故取村名八丁。

西堡行政村　位于镇政府东北方，下辖西堡、单庄、新庄3个自然村。

西堡：古时有几户姓胡的在村西开饭店，故名西堡。

新庄：位于镇政府东北方3公里处。因该村原址在山前，后迁此处，故名新庄。

官路行政村　位于镇政府北面5.5公里处，下辖东官路、西官路、三张茂

3个自然村。

东官路、西官路：因古时有一官道从中穿过，道东称东官路，道西称西官路。

三张茂：位于镇政府东北方5公里处，该村有三户姓张的人家，人丁兴旺、财源茂盛，故名三张茂。

北村行政村 位于镇政府西北方8公里处，下辖北村、塔山、西村3个自然村。

北村：该村东有汉高祖庙。因北村位于大冯村北，因此又称作小冯村。

大冯行政村 该村位于镇政府西北方6.5公里处，下辖上马、山西杨、大冯3个自然村。

大冯：过去该村因冯姓居多而得村名，现李姓居多。

大冯黑石旮

饶山行政村 位于镇政府西北方5公里处，下辖饶山1个自然村。

饶山：因该村位于形似古乐器"铙"的山下而得村名饶山。

套里行政村 位于镇政府西北方，距镇政府6.5公里，坐落在微山湖里，三面环水，东南方有一公路通往村里，下辖套里1个自然村。

套里：因该村为微山湖中一块陆地，四周为水所围，像网套一样严紧，故取村名套里。

套里美食

套里宝岛鱼馆是由上百条小艇簇拥着的十几条大船组成的。大船用于吃饭，小艇用于游览。尤其是夏天，荷花钻出水面，有人把饭桌搬到小艇上来，啤酒拿上，一边赏荷，一边欢饮。套里宝岛鱼馆的龙虾鲜辣可口，远近闻名。

油炸荷花的做法是：选用微山湖盛开而不凋的荷花瓣，清洗、挂糊，夹入热油锅，稍停即起。特点：或粉红或洁白，颜色鲜艳，呈半透明状，薄、脆、酥、香，齿碰即碎，舌粘即化，入喉如春雨润物，回味悠远。

醉青虾的做法是：整个的干红椒、鲜姜切片、整瓣大蒜，各适量，一同过油，稍后将油滤出。然后根据用虾量倒入二到四斤鲜啤酒，旺火烧开，起锅入盆，静置、凉后倒入洗净的鲜活青虾即可上桌。特点：上桌后虾还在汤盆中动弹腿脚，用筷子夹起一个，在汤里出入三次即可入口，其味极为鲜美。

西马行政村 位于镇政府西北方 4.5 公里处，下辖西马、南马、周山头、黄庄、石佛山等 5 个自然村。

西马：传说三国时曹兵牧马，设东、西、南、北 4 个养马场，此处为西马场，后人在此居住便取村名西马。

南马：位于镇政府西北方 3 公里处。传说此处为三国时曹操牧马的南马场，故得村名南马。

黄庄：该村过去黄姓居多，故取村名黄庄。

石佛山：三国时期，曹操有 4 个养马场。望马是看护养马场所在地。石佛山上的小型石佛庙，是清朝末年民国初年面南而建，山上有 3 个石佛，此山也因此得名，山下的村庄也就叫石佛山村。目前，3 个石佛保存基本完好，经常有人前来欣赏。

西象行政村 位于镇政府西方 6.5 公里处，下辖后楼、西相山、后张、宋店、小山子、王村等 6 个自然村。因该村位于象山西侧，故名西象山。

后楼：在柳泉西约 8 公里处的西象村境内，之所以取村名后楼，是因为它的东面还有一个叫前楼的庄院。现在前楼早已拆除，如今只剩下一堆碎瓦砾了，但人们仍称这个地方为前楼框子。提起前楼，还有一段传说故事呢。

前楼财主的传说

传说，明末清初，前楼住着一家财主。这家财主有万贯家产，并且拥有一座远近闻名的高楼。财主早年无子，年过半百，才得一子。财主视其子为掌上明珠，认为万贯家产终于后继有人了。孩子周岁生日时，亲邻都来贺喜，财主也摆酒设宴，饮酒之中，奶娘把孩子抱出来给亲邻看。可是这孩子自抱出来后，总是啼哭不止，不论怎样引逗，都哄不好。忽听“砰”的一声，丫鬟不小心把碗打碎了一只。说来也奇怪，这孩子听到此声音却不哭了，反而破涕为笑。财主虽然认为这是不吉之兆，但看到能哄好孩子也就作罢。从此家里人就用这个摔碎碗的办法哄孩子。不管孩子哭得怎样厉害，只要摔一只碗，马上就笑。

孩子长到十六岁，农历四月初八那天，正逢季山庙会，财主想试探一下儿子到底能否继承父业，把儿子叫到眼前，给他一锭银子，嘱咐说：“到会上逛逛去吧，买点东西吃。”这位浪荡公子平时不务正业，游手好闲，在会上看了一会儿狗咬架之后，想起爹叫自己买东西吃，就进到一家饭馆里，伙计问他想吃些什么。他看见店门口挂着一只鸟笼子，鸟笼里的画眉正叫得清脆悦耳。他说要吃那画眉的舌头。店中伙计以为他是在开玩笑，后来一看是真的，无法了，只好把掌柜的喊来。掌柜的有心要吓他一下，说：“要想吃画眉鸟的舌头，得花一锭银子。”他却果真把一锭银子递过去：“给你。”掌柜的喜出望外。这位公子哥，逛了一趟庙会花了一锭银子，只吃了一个画眉舌头。回来以后，财主问明情况，暗自思忖：将来家业难保。后来财主身染重疾，临终时对儿子说：“我死后，即使再难，这门口的地也不能卖，这些地都是‘伸勺子就挖饭吃’的好地，这个楼要等穷的一无所有的时候再卖，但要拆了卖，不能卖整的啊！”

财主死后，儿子不理家政，吃喝嫖赌。财主的儿媳妇也是生活奢侈，肆意挥霍，吃饺子是光吃馅不吃皮儿。家景日益衰落。没过几年，家产所剩无几，这时思量着卖地，想起爹爹临终之言，倒要看看这地到底能不能“伸勺子就挖饭吃”。于是拿着勺子到地里去了，挖一勺子是土，挖两勺还是土，一气之下，把地卖了。没过多久，又思量着卖楼，老财主临终时说要拆了卖，拆了卖那多费事，于是把整栋楼卖了。

后来家产挥霍一尽，丫鬟也放出嫁人，全家沦为乞丐。一次财主的儿媳妇讨饭来到丫鬟家，丫鬟盛情款待。财主的儿媳妇问丫鬟做的什么饭竟这样香甜。丫鬟回答：“这都是您以前吃饭时扔下的饺子皮儿，我捡起、晒干、收起来的。”她听罢悔恨不已。

若干年后，财主家的楼房也几经易主。后来买主拆楼时发现楼角的四块基石，原来是四块金砖，只可惜财主临终时没有说破。

王林行政村　位于镇政府西方8公里处，下辖城子、伊楼、王林、景山等4个自然村。

景山：位于柳泉镇西、微山湖南岸。传说微山湖是古十八座连城一带，后因地壳变动，大部分沉没，现仅存的南有垞城、北有薛城。因山名取村名，此村故名景山。

景　山

景山为岳城的所在地，当年水旱码头，人烟密集，十分繁华。当时流传"苏一千，杭一万，景山一天八万担"之说，多指粮食的出售量，可见当时富庶的繁荣景象。

景山有庙，叫"大云寺"。传说，该庙当初兴建时，木材缺乏，一时难以解决，有一和尚，成天烧火煮茶，行为无常。但他却自愿去外地化募木材。一日他去南方某山，向山主募化。山主见他只身一人，便想：一人能提多少？山主随意说道："随大师傅的意"。和尚便用袈裟一甩遮住了半面山，山主仰首看去，和尚已不知去向，疑是神仙下凡，即下跪叩头。和尚回到景山，众问木材何在，他说井里便有。众人观井，果有一木插在井里，众人伸手往上拔，拔上一棵又来一棵接连不断，取之不竭。大白云寺建成后，井里木头只上来半截，再也抽不出来了。数十年前，仍有人看见过半截木棒，今已腐朽不堪了。

大云寺建在景山山腰，大殿廊房数十间，庙院三进三出。正门面向西边是宽阔平坦的微山湖，与西天雷音寺隔水相望。大殿阶下有一水井，传说修建此庙时运送木材的出口就是这口井。寺前是旧运河的故道。此寺庙极盛时期，烟火不断，游客如云。

据碑文记载，此庙建于唐贞观三年(629年)，距今已有一千多年的历史了，庙宇虽被毁，但石狮、石碑、石香炉至今仍存。

在景山南坡，大云寺东约三百米处的长卧形的大石上刻有"淮海第一关"五个大字，字样清晰，浑厚有力，尾部没有落款，到底是何人何年何月所写，至今仍是未解之谜。还有的说是岳飞出师北征，路过此地，认为这里有山有水，地势十分重要，自认为是他出师北上的第一关口，故书"淮海第一关"。

前象行政村　位于镇政府西南方4.5公里处。因该村位于象山前面，故名前象村。

辛家行政村 位于镇政府西南方2.5公里处，下辖五珠泉、辛家、周庄、苇泉等4个自然村。

五珠泉：从柳泉西行2.5公里，来到了运粮山前，便见一泓清泉，泉水清冽，常年淙淙西流注入微山湖，这就是闻名遐迩的五珠泉。五珠泉村以泉得名，以泉分南北，泉南为辛家、周庄，泉北就是五珠泉。

五 珠 泉

五珠泉的古老之名叫和尚泉，传说宋朝时五珠泉村西500米处，有块方圆一百多亩的田地，名曰“马汀”。它背山面湖，宽阔平坦，景色宜人，实为一块风水宝地。有山有水才有庙，和尚之所以在马汀修寺建庙，还是看中了五珠泉之水，所以当地人称五珠泉为和尚泉。

而五珠泉这名字是从何时叫开的呢？传说是在朱元璋建立大明后，刀枪入库，马放南山，天下太平之际。他居安思危，想保住江山，让子孙万代永远做皇帝，便派他的得力谋士刘伯温斩断天下龙脉。一日，刘伯温经过运粮山前，细察一番心中吃惊不小：此地非凡，从运粮山上到白石港，一条白龙把头伸向山前。那和尚泉正是这白龙之口，喷珠吐玉，蒸腾着一派紫气。刘伯温暗自思忖，此龙脉若不斩断，将来这块地方要出七百二十个铁骑弓箭手。这对大明的江山可是大威胁啊！于是他召见庄主说道：你这白龙山岗好风脉，据我所观将来要出将相之才，如若将这泉再挖凿一口深二丈之井，这风脉则好上加好。”庄主把刘伯温的谎言当真，巴不得这地方人杰地灵，便兴师动众挖起井来，结果挖到两丈之深水更旺了，可龙口被凿穿，喷出的五颗珍珠被刘伯温得去。从此，五珠泉的名字便喊开了，此地，只剩一井清水流淌。

传说后来在五珠泉诸村，一代接一代便出现了七百二十位弹花高手。直到今天，这一带人来流传这一首民谣：“刘伯温闲扯淡，天下龙脉都斩断，想保朱皇万万代，到了崇祯完了蛋”。可是到头来刘伯温也没得好，朱元璋火焚庆功楼，他从朝中出走，从此飘零江湖成了风流鬼。

五珠泉豆腐用泉水所做，其特点是：洁白细腻，软而不散，凉拌滑润清鲜；炒油亮如玉，入口柔中带刚；炖体如肥脂，弹颤有力，入口绵柔，舌动即化，进喉如浓浆爽心，堪称一绝。

五珠泉青年渠

高皇行政村　原为高皇庙村，位于柳泉北7.5公里处，徐韩公路穿街而过，因村东有汉高祖庙宇而得村名，下辖高皇1个自然村。

据史书记载，汉惠帝二年（前193年）诏令全国各地，为其父皇筑台修庙，该庙建于土台之上，以表示比其他庙宇高上一等。土台面积十余亩，高数十米，全部用蒸烧过的熟土而筑成。七八十年前，土台之上还残存正殿和两廊，周围有合抱粗的松柏一百余棵。因清末兵乱，被后湾村圩董张殿拆除庙宇，砍伐树木，运到后湾村修了圩子。只留下一座光秃秃的土台，台上歪斜站立着两座元明时期重修庙宇的石碑。

高皇郑记羊肉馆

高皇郑记羊肉馆位于104国道柳泉段道旁，开创人外号“郑大炮”，其真实姓名知道的人却不多，他现已不在人世。现在的高皇郑记羊肉馆仍是他的后人在经营。

高皇郑记羊肉馆的羊肉汤特别出名，号称“苏北第一汤”。其汤汁呈乳白色，鲜洁爽口，不腥不膻，不黏不腻，辣而不呛。其羊肉汤有种越喝越上瘾的感觉。据说这个羊肉馆都是夜深人静时配料，秘方不为外人所知。

东蔡行政村　东蔡村位于铜山区柳泉镇西部，濒临著名的微山湖，距柳泉镇政府7公里。该行政村现有东蔡、后象、铁庄、前郑、杏花等5个自然村。

东蔡村因蔡姓居多，又位于著名的橡树东面而得村名。后象村因位于著名的橡树后面而得村名。铁庄因村内有山,山上富含铁石而得村名。前郑因郑姓居多,又在橡树和后象村的前面而得村名。杏花村为近年来逐渐形成的新村,因为山坡和农家庭院中种植很多杏树,每到春季杏花盛开时便成为东蔡村特有的景色而得村名。

后圩子春季庙会

东蔡行政村的后象村又叫后圩子,每年举行春季庙会,庙会文化成为柳泉人民备办农事、休闲购物的最佳场所。该镇充分挖掘庙会文化,打造柳泉积极向上、劳动为美、文明休闲、和谐热烈的新农村氛围,使之成为柳泉文化的重要组成部分。

蔡敦仁传略

蔡敦仁,1904 年生于江苏省铜山县柳泉乡东蔡村。1912 年,就读于象山初小,1916 年考入柳泉第五高小,1918 年考入铜山师范学校,学习一贯努力且成绩优秀。在铜山师范学习期间,国事日败,军阀混战,民不聊生,他立志改革,受到顾子扬先生的重视,后介绍他秘密加入国民党。1922 年,毕业后分配到徐州北茅村中学教书。1912 年春,顾子扬与蔡敦仁接触频繁,教诲他要有远大抱负,要有志于国家,并鼓励他投笔从戎。不久,黄埔军校创立。经顾子扬推荐,蔡敦仁、孙树成、郭剑鸣等人经南京、上海往广州,入黄埔军校学习。蔡敦仁被编在学生第一队。学习期间,他经常和同乡好友以及把兄弟郭剑鸣、孙树成等人畅谈远大理想和抱负,立志要精忠报国。他们也认识到,不经过武装斗争,革命难以成功,军阀难以消灭,洋人难以赶跑,百姓难以安居乐业。毕业后,他被分配到国民革命军教导第一团见习。

东征北伐　屡立战功　1925 年,孙中山先生在北京病逝。帝国主义、北洋军阀等反动势力乘机怂恿在广东惠州、潮州、汕头一带的军阀陈炯明叛变。国民革命军由广州出发进行东征,其主力为黄埔学生军,革命军教导第一团也参加了征讨。东征军纪律严明,作战勇敢,经过三个月的艰苦战斗,取得了决定性的胜利,平定了陈炯明的叛乱,随后又回师消灭了广州附近的滇桂军阀杨希闵部、刘震晨部。同年秋天,又进行了第二次东征。这时,蔡敦仁已升任连长,在战斗中,他指挥有方,勇敢顽强,为消灭叛军立下了战功。不幸的是,在战斗中蔡敦仁右腿负伤,住在汕头医院养伤,伤愈后,才给家里写了信并寄了照片。

1926年，蔡敦仁升任教导团第一团副团长。5月，国民革命军从广东出师北伐，蔡敦仁率部随大军北进。革命军经福建、浙江、南京，在安徽蚌埠一带打败北军（当地老百姓称国民革命军为南军，军阀部队为北军）并继续北上，与盘踞在徐州的褚玉璞军展开激战。这时，蔡敦仁升任国民革命军第九师二十五旅五十团团长。

在转战数千里的北伐岁月中，蔡敦仁身经百战，多次负伤，屡立战功。1928年春，他所在部队驻扎徐州北铜山县象山乡的前象山村，不久又迁至利国驿东南的独山圩子。

蔡敦仁领导的队伍军纪严明，所到之处秋毫无犯，他明令士兵不准欺压百姓，买卖要公平。为减轻百姓运送军需品的负担，部队专门喂养骡马小驴百余头，组成“小驴队”，以便调防时驮运辎重。由于队伍训练有素，军纪严明，加上蔡敦仁指挥有方，因此屡打胜仗，多次受到嘉奖。

冒险保护共产党员孙树成 1928年春夏之间，在独山时，孙树成（即孙庶澄，铜山县青山泉人，共产党员，叶挺独立团营长，曾参加南昌起义）从南方来找蔡敦仁，孙树成因参加过南昌起义，共产党员身份已经暴露。蒋介石叛变后，对共产党员追捕杀害，处境十分危险，两人商定，孙树成先去苏联，待北伐胜利后蔡敦仁再去。随后，蔡敦仁安排孙树成去青岛乘船去旅顺、大连，然后转赴苏联。孙树成走时，蔡敦仁给了他路费。

大力兴办文化教育事业 蔡敦仁在部队全体官兵中大力开展普及文化活动。其主要方法是：各连设文化教员，利用休息时间辅导士兵学习文化。士兵间识字多的教识字少的，识字少的教不识字的。要求全团士兵都要会写家信，进步快的给予奖励。由于方法得当，奖惩分明，因此，大家学习文化的劲头很足，效果也十分显著。蔡敦仁因此受到表彰，他的教育方法在全师推广。

对家乡的文化教育事业，蔡敦仁也极为关注。1928年春，他给二弟蔡敦义一笔钱，购买桌椅、黑板、课本等，在东蔡家华祖庙西厢房创办了东蔡初级小学。经茅村乡批准，蔡敦义、蔡敦银任校长。两年后，因学生人数增多，校舍不足，经铜山县批准，迁至后象山，为铜山县象山乡中心小学，由蔡敦仁的堂弟蔡广畴任校长，直至新中国成立。

沙场殉职 1930年1月28日，回师湖北途中，行至华园沙子冈，蔡敦仁乘坐的汽车突然起火，不幸遇难，年仅26岁。国民革命第九师师部为其开了追悼会，并签发证明和抚恤金千元大洋，由其堂弟蔡广畴等人护送灵柩回乡，于同年12月安葬。为表彰他的功绩，为蔡敦仁立烈士碑。此事由其二弟蔡敦义承办，同学、把兄弟郭剑鸣撰写碑文，书法家刘新源先生书写。此碑于1931年7月立于东蔡村东大路北侧，背北面南，两边立有石柱，并刻有对联。“文化大革命”期间碑被推倒，现已残缺不全，现主碑立于路南。

“五马”和“四象”

“五马”指柳泉镇的五个相连的村庄：南马、西马、东马、上马和望马等。传说，三国时曹操占领徐州后想寻一块战马训练场，后选中了这片环山靠湖的地方，于是在此设了东、西、南、北四个马圈，中设一台名曰望马台，站立台上可望四圈。后来这里成了村庄，就此取名五马。

“四象”指的是四个村，都是因象山而得名。柳泉西边有前象村、后象村、西象村，然而就是没有东象村，其实东蔡村就是东象村，因这村蔡家人众多，所以东象村就被东蔡村所取代了。蔡家来东蔡亦有三百多年的历史了。蔡家是“源发济阳，分支古沛”。济阳就是现在的山东菏泽市所在地，古沛就是现在的江苏沛县。后象、西象、东象（东蔡）的所在地，统称象山湾。

象 山

在微山湖南岸，向远处望去，好像一头巨大的象卧着休息，象鼻向东卷曲，故名象山。前象、后象均为周家大户。元朝时，周姓先祖从河南携眷来徐上任做官，生根落户，形成顺口溜：“象山周，磨山王，山西杨家也不穰（穰：方言，此指众多）”。

西象王家也是大户人家，他们的先祖可追溯到宋朝的宰相王旦，因门前植三棵槐树，故王家以三槐堂为号。宋代大文豪苏轼写了《三槐堂记》赞扬了王旦的清正廉洁、为人正直的高尚品格。

春 会

柳泉镇庙会原有四处，现保留两处，一处迁移，一处取消。柳泉庙会：农历四月初三；高皇庙会：农历四月初六；石户城庙会：农历四月初五（现已取消）；狼虎洞庙会：农历二月十五（现改为圩子庙会）。高皇庙会源于汉代，现在的高皇中学就是高皇庙的遗址。因为这座庙是汉惠帝为其父刘邦修建的，所以取名“高皇庙”，高皇村名也由此而来。可惜的是此庙于1966年“文化大革命”时期被毁坏，一座古建筑现已荡然无存。

糖醋四孔鲤鱼

糖醋四孔鲤鱼久负盛名，曾有人赋诗：“此鱼不是寻常鱼，前在天池后在徐，缘何鼻上多双孔，荷满微湖香满渠。”一般鲤鱼两个鼻孔，仅有铜山、沛县沿微山湖一带所产鲤鱼为四个鼻孔。1952年10月，毛泽东主席在罗瑞卿及徐州市市长张光中等人的陪同下登上云龙山谈及徐州风物时提到徐州的四孔鲤鱼天下驰名，就餐时厨师特制一道四孔鲤鱼，毛主席尝后赞不绝口。无独有偶，美国前总统尼克松访华来到南京专门提出要吃微山湖的四孔鲤鱼。徐州诗词协会一诗人尝后即席赋诗云：“鱼儿跃跃喜迎宾，四孔欣张来报春。春满彭城客欲醉，酸甜酥嫩总宜人。”道出了糖醋四孔鲤鱼酸甜适中、外酥里嫩的特点。不过要真正品尝地道的微山湖糖醋四孔鲤鱼，还是要到湖上的渔民船上去。

杂草丸子

杂草丸子的做法是：精选微山湖天然杂草，洗净，切成碎末，掺入淀粉、鸡蛋清、姜末、盐、味精，搅拌成糊状，用手握挤出一个个丸状，直接掉入热油锅内，用竹筷赶动，让其在锅内打几个滚，至表皮葱黄脆硬，即起锅装盘。特点：墨绿色乒乓球状，外酥里嫩，口感清新，味道鲜美。

楂　　糕

楂糕是柳泉镇的特产，如赤色水晶，酸甜可口，伴有淡淡的桂花清香，爽口且香味扑鼻。

楂糕以山楂为主要原料，配以蔗糖，桂花作为增加香味的辅助料。这里的楂糕色香味一等，誉满全国，几十年不衰。

楂糕

向阳渠

向阳渠建于20世纪70年代,该渠分地面和地下两部分,从望马村通过一级翻水站取微山湖水,流入地面明渠"三十八拱桥",经过二级翻水站,再向南、向东分流,向南流入三级翻水站;向东流过104国道后逐步进入地下,流至有名的红旗洞。该水利工程流经约15个自然村,灌溉面积70多平方公里,是柳泉镇重要的水利工程。

红旗洞

1970年11月6日,为贯彻"北方农业会议精神",解决该镇多年来严重缺水状况,组织了6 000多民工的水利大军,浩浩荡荡开进了向阳渠工地。他们顶风寒、踏冰地,宿露餐风。经过6个冬春的奋战,开山55座,先后完成了总长61.5公里的向阳渠的第一干渠和第二干渠。共兴建中型翻水站5座,大渡槽5座,桥涵闸369个,隧洞5个,架设高压线25公里,完成土石方2 245 000立方米,砌方72万立方米,今天需要数亿元的工程当时仅仅开支27万元,修渠工人几乎全为农民义务工。

在修渠凿洞过程中,涌现出许多可歌可泣的英雄故事。铜山县柳泉公社高皇大队团支部的铁姑娘战斗队、西堡的红色娘子军、不怕牺牲排除哑炮的孙文喜等团队和个人,在兴建向阳渠的战斗中,发扬"一不怕苦,二不怕死"的革命精神,冒严寒,踏冰雪,运沙石,打炮眼,同村民一起,经过6个冬春的战斗,胜利完成了开挖翻水站级塘和空凿红旗洞等凿洞砌渠的任务。

向阳渠水利工程于1976年竣工，与河南省林州红旗渠齐名于全国。该渠成为人们参观的热点，德国访问团也曾到此参观学习。省柳琴剧团还创作排演了柳琴戏《向阳渠》，在彭城剧场公演，场场爆满。

向阳渠

向阳渠的建成，是柳泉人民勤劳和智慧的结晶。30多年过去了，向阳渠水利工程因水电费极高、级塘翻水设施损坏、渠道失于维修、渗漏严重等原因早已废弃，但它恢宏的气势仍能见证柳泉人民震天撼地的伟大功绩。

向阳渠，它像一条巨龙盘卧在独松岭下，颌首深饮微山湖水，又将汩汩清流倾泻于青山绿田中，滋养着一方百姓，万代子孙，它是柳泉人民的骄傲。

（撰稿：付立东）

利 国 镇

利国镇位于徐州市铜山区北部，坐落在微山湖畔，面积 65 平方公里，距徐州城区 37 公里。地处苏鲁两省交界处，北扼齐鲁，南屏徐州，西连微山湖，东接山东省台儿庄，是历代兵家、商家必争之地。

早在殷代时期，这里便有了村落。青铜器的使用，是奴隶社会进入文明时代的重要标志。约 6 000 年前，这里的先民就开始开采铜山岛的铜矿了。

殷商时代交通事业日渐发展，驿传制度开始建立。那时利国就有传递信息的机构，到了前 221 年，利国便设立了驿站，直到隋朝(581～618 年)因三山不见，荒草萋萋，这个村才有了"秋丘"之名。汉代在小北山开采铁矿炼铁，唐代置"秋丘"冶。乾德元年(963 年)，宋太祖赵匡胤为了把铁矿及时通过微山湖运出，便下令开挖石龙河。太平兴国四年(979 年)，由于采炼业规模越来越大，成为全国四大冶铁基地之一，又晋升为利国监，从此，中国版图上就有了利国这个名字。元丰元年(1078 年)，为抵御侵略，朝廷便派大将狄青带领两万大军在利国安营扎寨，采矿炼铁。从东自西排设 60 盘溶铁炉，就地制造盔甲，铸造兵器等。炼铁厂逶迤 5 公里，处处炉火冲天，铁器铸造声、冶工喧杂声，声声震耳，气势恢宏，十分壮观。由于产量较大运输不便，又将石龙河从柳泉东官路马刨泉挖深加宽，蜿蜒北上，经高皇东到利国，曲折西注微山湖，长达 160 公里，又称运铁沟。运铁沟两岸，倾倒的炉渣形成了"铁岸铜崖"。

明永乐十三年(1415 年)官府又在此设驿站，故名利国驿。利国历史上建制多变，楚汉时期属楚国沛郡留城，三国时期属彭城国留城，隋唐属徐州彭城郡，北宋属东路，元属归德府，明属临濠府彭城县，清属江南布政司，新中国成立后的利国先属山东，后划归铜山区。

利国镇现下辖利国、林头、郝家、万庄、马园、西李、黄山、吴庄、墓山、寄堡、马山、厉湾、谭家等 13 个行政村，共计 48 个自然村。

利国行政村 下辖利国，王营，新庄，蔡山等 4 个自然村。

由于宋朝时在此设利国监，这里的村子故名利国村。由于历史悠久，名胜古迹到处都是。古语："山多、泉多、寺庙多、遍地是铁冶。"村内有汉墓、宋铁沟等古迹。村中有西大寺、东大寺、关帝庙、城隍庙、华佗庙、马神庙、人神庙、天齐庙、三关庙等共 12 座庙宇。还有树上树、楼上楼、珍珠泉、铁水牛、透亮碑、二桥头、"三山不见水倒流"等八大景观。斗转星移，岁月沧桑，几经战火，庙宇及八大景观惨遭破坏，所剩无几，只有从清朝状元李蟠的八景诗中流连忘返："自古留城水西流，铁岸铜崖引渡舟。朵朵青云拂银杏，粒粒珍珠泛铁牛。三山暗映微湖壁，二桥遥望反照收。更喜姜公残碑在，诗人写景杏花楼。"

楼上楼、树上树

利国的铁水牛

"珍珠泉河发现铁水牛了！"消息不胫而走，群众纷纷赶来观看。2014 年 2 月 26 上午 9 点开始，经过一天挖掘，利国镇内宋代运铁沟一头深埋千余年的古铁水牛"浮出"水面，并安置在沟岸，这是该镇宋代铸造物的代表，保存之好，大大出乎人们预料。

利国镇是千年冶铁重地，从秦汉时期就开始冶铁。素有"山满金、水满银，行人齐称聚宝盆"之美誉。微山湖连城有"六十年一现"的传说：届时可见

珍珠泉河(运铁沟)

湖面上，城墙人影晃动、旌旗飘摆；街道车水马龙、楼房林立，非常繁华热闹。传说，村内的铁水牛似有灵性感应，每到微山湖连城重现的头两天的夜里，幸运的人们都能听到，铁水牛围绕利国村一圈圈奔跑，哞哞大叫的声音，似在唤醒人们及时去看湖上的海市蜃楼奇观。据《铜山县志》记载，汉时利国冶铁发生事故：悬料不下，炉身嘣毁，铁水冷凝一体。这大抵就是铁水牛的来历。铁水牛见证了利国在很早就有了令人自豪的代表科学文明的炼铁历史。

铁水牛

白公子和白家桥

传说在五百多年以前，利国奉圣寺前的古槐内生出一颗白果树，天长日久，它通了灵气，变成一个白面书生。一天，他到徐州府闲游，遇见一位美貌的少女。二人一见钟情，姑娘向白公子微微一笑，退进家门。白公子鼓起勇气，登门求婚，他走到大堂，见了姑娘的父母，深施一礼，自称家住徐州北八十里的利国驿，姓白，自幼父母双亡。姑娘父母见公子品貌端庄、仪表堂堂、知书达礼，就成全了他俩的姻缘。婚后夫妻恩恩爱爱，情投意合。

过了一年多，白公子思念家乡，就向姑娘说出了自己的心事。老夫妻俩，苦苦挽留，白公子执意回乡探亲，并言百日内就回来，无奈姑娘全家只好同意。姑娘送公子到十里长亭，嘱咐早去早回。谁料公子一去多月不回，姑娘

白家桥

放心不下，告别父母，决心亲自去利国寻找夫君。那日，姑娘告别双亲，从日出走到日落才到达利国。她到处打听白公子的下落，村民们却都说不知道，姑娘不知留了多少伤心泪。她不知不觉走到石龙河上的一座桥头上，想寻死。因悲伤过度，便晕倒在桥头上。朦胧中她觉得白公子走到她的眼前，轻轻地把她扶起，连声赔不是，并指河南岸一处馆舍给姑娘说："那就是我的家。"姑娘刚要起身忽然又晕倒，睁眼一看，哪儿有公子，原来只是一梦。姑娘就向河南岸走去，走近前一看，原来是一座寺院，山门外有一颗大槐树。树中又生出一颗白果树，姑娘走到树下，一阵微风吹过，树上发出阵阵风声，好似白公子的声音。她抬头观望，微风吹过树上落下串串水珠，掉在她的脸上。姑娘恍然大悟，白公子原来就是这棵白果树。姑娘高声呼叫："白郎呀，白郎，我找你来了。"她哭得死去活来，倒在树下。姑娘在石桥上梦遇白公子，后人就把这座桥叫作白家桥。白家桥和树上树，均被后人列入利国八景。

蔡山村：宋太平兴国三年（978 年），一支蔡姓人家在小土山定居，取村名蔡家山，后改村名为蔡山，现被利国村合并。

清代煤矿遗址

江苏省第一口煤矿井——清代利国煤矿矿井位于蔡山村境内。

清朝鸦片战争失败后，洋务运动逐渐兴起。同治十三年（1874 年），两江总督、南洋通商大臣左宗棠上书朝廷："请开办江苏利国驿煤铁。"后来，左宗棠再次上书，经光绪皇帝钦批，于 1882 年 10 月 5 日，成立了徐州利国矿务总局，由胡思燮及其子胡碧办理。局址设在马山村小北山。依照西洋公司之法，采用官助民办，股份合作方式经营。从此，江苏第一家煤矿在利国蔡山诞生。

光绪十年（1884 年）正月初六，上海《申报》报道了利国产煤的消息。同年，该报又称利国之地铁石满山遍野，取之不尽，诚能用本地之煤炼本地之铁，其利可至数十倍。由于中法战争的影响，煤矿举步维艰，又因朝廷给利国的建矿费用挪用修建颐和园，致使利国煤矿没有发展起来。

后来，在贾汪发现了更大的煤田，便将煤矿的中心逐步转移到贾汪。

林头行政村 下辖林头、邵家两个自然村。

林头：南宋绍熙五年（1194 年），黄河在河南决口，黄河之水夺泗入海，留城被淹。有王姓、刘姓最早迁入此地定居。村西南角有一片林塘坟地，且坟头多，故名林头。小北山一口泉，据传最干旱年代，从未干涸过，清澈透明，水质甜蜜，又名“甜泉”（已毁）。村南山顶有一口清泉，一年四季流水不断，在干旱、暴雨季节，水位不增不减，后人称“奇泉”。

邵家：金国明昌五年（1194 年），由于留城被淹，微山湖即将形成，邵姓的一支人家迁此居住，起村名邵家。

郝家行政村 下辖郝家 1 个自然村。

金国大定六年（1166 年）因村中郝良、郝川兄弟俩忠厚善良、尊老爱幼，为民除害，故颇得民心。后人为纪念兄弟二人，起村名郝家。

宝　伞

在利国东部郝家一带，流传着这样一个关于宝伞的民间故事。此地有歌谣：“家住九十九顶铁塔山。打响场，炸响鞭，牛羊撵半山。”

传说，很久以前，郝家一带每年麦收季节，就阴雨不断，一下就是七七四十九天，麦子收不上来，都烂在地里，村里人都望天叹气。

村里住着郝良和郝川兄弟俩，父母早亡，兄弟俩相依为命。有一年除夕的早上，村里村外没有行人。兄弟俩把仅有的一点米，熬成一碗稀粥两人你推我，我推你，谁也不舍得喝。正推让间，忽然听到有敲门声，急忙开门，只见一位白发苍苍的老人卧倒在门前。他俩连忙把老人背回屋，把稀粥一口一口喂给老人。一碗稀粥喂完了，老人便慢慢苏醒过来。抬头望兄弟俩，慢慢站起来，便要离开。

兄弟俩不忍心让他走，老人却不肯住下。出门时，老人从怀里掏出一把小铁伞，送到他弟俩面前说：“我没有别的东西，这把小铁伞我随身带了几十年，今天才算找到伞的主人。孩子们，它会给你们带来好运的。”老人又嘱咐道：“这是把宝伞，下雨天把伞打开，就有三亩大的一片地方不下雨。平常不要轻易打开，如遇不测，就把伞打开，便可化险为夷。你们要好好保护它，千万不要落入坏人手中，切记！”说完老人就不见了，兄弟俩才知道遇到了神仙。

麦子成熟了，又逢阴雨天。兄弟俩把麦子割了，放到场里，怕地上湿，就从邻居家借来木板，铺在地上。邻居都说他弟俩疯了，便围着看热闹。郝良从怀里掏出宝伞，慢慢打开，宝伞渐渐变大，正好遮住三亩大的地方。再看宝伞正中处是一高大的铁塔,周围有九十八座小铁塔,总共九十九个铁塔。为显示一下宝伞,他俩在地板下,牲口脖子上挂上铃铛,炸着响鞭,打场时便发出叮叮当当的响声(这便是"打响场,炸响鞭"),这声音几里路外都能听到。他俩又乐于助人,七天后全村麦子都打完了,才收起宝伞。

这事一传十,十传百,不几天就传到县官的耳朵里。这县官原是本地一个恶霸,花了八千两银子才捐了个官。他一听这事,心想:如果把这宝伞夺过来,献给皇上,不正是升官发财的好机会吗?这县官越想越美,于是连夜带领衙役前去夺伞。这事正巧被送茶的仆人王新听到,他便趁慌乱之际,抄小路给郝良、郝川送信。兄弟俩一听,心急如火,一时拿不定主意,正犹豫时,一伙人打着灯笼火把直朝他们俩奔来。这时逃跑已来不及了,眼看宝伞就要落入坏人手里。郝川突然想起老人临别时的嘱咐,"如遇不测,就把伞打开,便可化险为夷。"这时,县官和衙役已到面前,吼叫着让兄弟俩交出宝伞。兄弟俩不慌不忙打开宝伞,刹那间,雷电交加,狂风突起,宝伞随风而起,直朝县官和衙役撞去。县官吓坏了,说时迟,那时快,宝伞卷起县官和衙役向南飞去,慢慢落在村南的山岗上。县官和衙役都被压在山底下,宝伞渐渐变成九十九顶山。

兄弟俩不愿意离开宝伞,就把家搬到山下,乡亲们自愿给兄弟俩送粮送饭。兄弟俩在这山岗下开荒种地,过着平静的生活。

从此,这一带麦收时,再也没有连阴雨天了。人们为纪念郝良和郝川兄弟,把村名改为郝家村,宝伞变的山,后人习惯称它为九十九顶铁塔山。

万庄行政村 下辖万庄1个自然村。

万庄:形成于明太祖洪武十年(1377年)。由于周围地势低洼,每到雨季,大田地里到处往上冒水,故起村名万泉庄。后来人们便把"泉"字省去,取名万庄,目前村民陆续从低洼地迁往山坡定居。

马园行政村 下辖马园和旗庄两个自然村。

马园:明英宗元年(1457年),明太祖九世孙鲁王在此设园屯马,故取村名马园。

旗庄:清康熙年间,厉姓从厉湾,高姓从山西省陆续迁来,居住在马园东大门立旗杆之地,故取村名旗庄。

西李行政村 下辖西李、石楼两个自然村。

西李：又叫苗庄。据传，明洪武初年(1368年)，因几户姓苗的人家居住在此山坡上而得名。留城被淹后，李姓、孙姓陆续迁来，苗家无后，李姓在小王家之西建庄，由于李姓人丁兴旺，故名西李家。孙姓多居住在庄东，取名东孙家。

石楼：据传，明朝洪武二年(1369年)，有郑、胡二姓人家从山西洪洞县喜鹊窝迁来，在此用石头建成楼房，取村名石楼，现属西李村。因胡姓居多，又名后胡家。之后，人口越来越多，在石楼前边又建了一个村庄叫前石楼，因郑姓村民居多又叫前郑家。这个村子是地方剧“丁丁腔”的发源地。

丁 丁 腔

“悠扬婉转数丁丁，十八九腔七二哼，泊孕明清漕运日，彭城利国亮童声。”这是民国初年，杜子平在《春草茸茸》里有对丁丁腔的描写。

丁丁腔，原名太平歌，有九腔十八调，七十二哼哼之说，是徐州特有的戏曲种类。1680年前后兴起于徐州北部微山湖畔的厉湾、季堡、西李一带，后在徐州广泛流行，距今已有300多年的历史了。《江苏戏剧志》中有关于丁丁腔的详细记载：明末清初地处大运河、微山湖一带的铜山利国、季堡、厉湾等经常停泊由南方往京城漕运粮食的船只，船上有很多会唱南方小调的人。当地农民耳濡目染渐渐地学会哼唱，久而久之形成这一样式。为了吸引观众，艺人在演唱时手持系有铜铃的花伞，摇晃着发出“叮叮咚咚”的声响，于是人们管这种曲叫作丁丁腔。

丁丁腔唱腔缠绵抒情，清新明快，颇具水乡特色。太平歌原是村民自娱自乐的歌谣，后在发展中不断完善，由独唱而对唱、合唱，发展为戏剧形式。主要伴奏乐器为月琴，以其声“叮叮咚咚”清脆悦耳，遂以丁丁腔名之。

目前，丁丁腔已被列入徐州市重点保护的艺术资源，现正积极申报市级、省级、国家级非物质文化遗产。

四孔鲤鱼

四孔鲤鱼即四个鼻孔的鲤鱼，是微山湖的一大特产。

传说商朝时，姜子牙在殷纣王驾下为官，见纣王好酒贪色，不理朝政，就直言规劝，得罪了妲己，惹恼了纣王。昏君想加害姜子牙，姜子牙便弃官出走。后来他去钓鱼，一连三天，一条鱼也没钓到。正在叹息时，鱼浮忽见下沉，钓竿也觉得晃动，急忙起钩一看，嗬！钓了一条头小、尾短、肚大的金鲤鱼。姜子牙发现鱼流着泪珠，心想：这鱼不是一般的鱼，很可能是龙王的龙子龙孙。便把鱼钩取下，把鱼放回河中说："去吧！去吧！回家去吧！"这条鲤鱼跳河里游了三圈，向姜子牙把头点了三点，然后游进水的深处不见了。

那条被放走的鱼的鼻孔因被鱼钩又刺了两个小孔，成了少见的四个鼻孔的鲤鱼。

姜子牙在微山湖东岸的石楼钓鱼一事至今还有物证：离石楼1公里的微山湖里仍留着长1.7米，宽0.45米的醉卧石（钓鱼石），并刻诗一首"隐士居林下，目睹石与泉，知音人未到，终日抱琴眠"。

"醉卧石"是明万历年间隐士文人徐松芳题写，左方落款为"贡紫隐君"徐松芳题。台西长条石上刻有"湖山胜景"等字，据考证亦为明清游人题写。

黄山行政村 下辖黄山、陈家、马家、厉家、李家、蒋家等6个自然村。

黄山在古留城旧址南，九顶凤凰山上。金代明昌五年（1194年）黄河再次改道，夺占泗水，留城被淹，逐渐形成微山湖，九顶凤凰山成为近岸小岛。之后，官府从山西平阳府移民来此定居，他们经此山简称凰山，后书写成黄山，沿用至今。

紧靠微山湖的黄山村拥有龟山、双石虎、庙台、九顶凤凰山、姜公台、圣泉、王母娘娘脚印、龟山岛陨石等旅游景点。

九顶凤凰山

九顶凤凰山，坐落在利国镇西的黄山村，位于风景秀丽的微山湖中。山有九个峰顶，型如一只凤凰卧在湖中，故名九顶凤凰山。

传说明代洪武二年（1369年），这一带的十八座连城一夜之间沉沦为微山湖时，当时还没有这座山，只是无边无际的一片水泊。一天夜里，渔民们正在撒网捕鱼，忽听风声呼呼，众人抬头一看，天空中一只凤凰飞来，遮天盖地，金光闪闪，影子映照在微山湖面，霞光万道，耀人双目。人们从未见过这样的庞然大物和怪离景象，吓得胆战心惊。加之生怕又要遭灾，互相呐喊，仓皇逃回岸边。喊声惊动正在飞翔的凤凰，它一慌张，一头栽进了茫茫的湖中。人们惊奇地看到这只凤凰扇动翅膀欲再次飞起来，却没有飞动，就变成了九个小山包，后人皆称九顶凤凰山。渔民们看到凤凰变成了山，见山上有水有草，土地肥沃，就在山上开垦田地，建房定居了。

龟 山

龟山又名龟山岛。登上微山岛，举目向东南望去，可看到烟波浩渺的湖面上，有一座小山酷似乌龟，正向这微山岛游来。这就是微山湖上的一大景观——“雾中望龟山”。

龟山很小，面积仅有十多亩，位置在微山岛与黄山湾之间偏南。后面是泼墨点染的黄山峭壁，前边是一望无际的微山湖。乌龟尾巴连接在黄山脚下，脑袋和身体却探进了湖里。透过微山湖缕缕飘忽的烟云，好像正在向着微山岛的方向移动。老年人说，微山岛有了它就整整达一百座山头了，这里便成天下无双的风水宝地了。

传说龟山是东海龙王的金龟太子。太子是一个聪明英俊、性格倔强而又富有同情心的青年。他喜欢人间的山山水水，也很关心人世间悲欢离合、喜悦和痛楚。为此，他经常独自到微山湖上来。看人们怎样劳动、怎样生活：看见勤劳善良的人家遇到了困难，总想方设法帮助；见到不平的事也会出面干涉。他的父亲东海龙王却反对他这样做，多次劝金龟太子不要去管人间的事情。可是他不听，龙王也没有办法，就只好随他去了。

一天，金龟太子又到微山湖上来玩，忽然听到一片震耳的哭声，不由大吃了一惊，不知道发生了什么事情。顺着哭声找去，出现在他面前的是一幅悲惨的景象。原来夜里微山湖刮起狂风，渔船被掀翻无数，人也被淹死许多。这微山湖实在是太辽阔了，方圆数百里，浩浩荡荡，无边无际，一有风浪就会船翻人亡。这时候金龟太子看着远处的群山，听着人们悲惨的哭声，心里痛苦极了。突然，他有了一个想法：如果把那逶迤的群山搬回来几座填在湖心，造出一个岛来，渔船不就有了个停泊避风的地方了吗？想到这里，他立即驾起云头，越过茫茫的湖面，来到了黄山套里，选中了相连的一百座山头，每天背起一座移到湖中。从此，微山湖中每天就高耸起一座山头来。

一转眼就过去了九十九天。微山湖中已有了九十九座山头。不料，金龟太子搬山填湖的事被玉皇大帝知道了，便派太白金星下凡来处理此事。这天夜里，月黑风高，金龟太子正背负青山，逆风踏浪向微山岛奋力游着，却被化装成渔民的太白金星迎头泼了一罐污物。金龟太子遇此大难，欲转身回岸，太白金星把手一招，湖面上顿时狂风大作，电闪雷鸣，雨雪交加。虽然才是九月的天气，微山湖却结了严实的冰。金龟太子欲进不能，欲退不得，身体化作了龟山，永栖此处。从此，龟山和微山岛只能隔湖相望，再难连到一起。

传说是美丽的，而现实中的龟山更为美丽。龟山坐落之处是微山湖较深的地方，身后有雄伟的苏北群山，前边是水阔天高、浩瀚如海的微山湖，岸边绿水澄碧、沙滩晶莹、卵石润滑。天空、浪花、水鸟、沙石，组成了质朴、粗犷、烂漫的湖内气象，保留了特殊的风光魅力。

由于这里远离陆地，且又面积太小，从前一直无人惊扰，因此就成了鸟类落脚和栖息之所。特别是秋冬，成群的野鸭、水鸡、天鹅、大雁之类的候鸟成群飞来微山湖过冬，这里更加热闹非常。它们在周围睡眠、飞翔、嬉戏、觅食，累了就飞到龟山上歇歇脚。

龟山岛陨石

在微山湖上有个美丽的岛屿，因岛的形状酷似乌龟，故曰“龟山岛”。龟山岛的西面有位“天外来客”——陨石。千百年来，关于这块陨石的种种传奇，吸引过许多过客。只要乘一叶小舟，穿过曲曲折折的苇荡水道，划过清香四溢的万亩荷池，就来到了龟山岛。

小岛不大，方圆不足1平方公里，却美得让人心醉，山间小路，野花遍地，悬崖峭壁，泉水叮咚。湖边有一些怪石，有的如少女望湖，含情脉脉；有的似水中鱼儿，结伙畅游；有的像饥渴的大象，探头饮水；有的若奔驰的骏马，腾空欲飞，形态各异，栩栩如生。

陨石，就坐落在岛屿西面，石呈褐色，高2米有余，重约5吨，若用铁器摩擦，顿时火花四溅。站在石顶，闻得阵阵荷香，听得悠扬的渔家歌声……传说很久以前，一个月明星稀的夜晚，岛上宁静得像是能听到月光洒下的声音。突然，天空亮如白昼，接着，就是一声轰响，陨石从天而降。

目前，龟山岛已是微山湖中一道美丽的风景线。

吴庄行政村 下辖苏庄、义和、刘庄、吴庄、殷庄、陈庄、孙庄、小韩庄、小楼子等9个自然村。

吴庄：明永乐八年（1410年）一支吴姓又从壕沟迁此落户，故取村名吴庄。

陡沟庙

据传陡沟庙修建于宋末元初。陡沟庙占地7 000平方米，有前后大殿，东西廊房，坐北朝南，三进院落，气势雄伟，在苏鲁交界比较知名。后大殿中有观音菩萨，一边有疹疹娘娘、痘痘哥哥，一边有催生娘娘、送生娘娘。前殿中有东岳天齐大帝，一边有火神，一边有落良神。东屋山墙有大郎神像，西屋山墙有韩琪像。西边配房有十殿阎君。陡沟庙内有两株松柏、一株古槐，有"九碑二松一棵槐，四道将差走上来"之说。

义虎桥

传说很久以前，一位商人夜间迷失道路，不慎跌入老虎洞里，商人以为必死无疑。然而，老虎并没有伤害他。白天老虎去密林猎食给他吃，夜里老虎与他同眠。尽管如此，可是商人仍然对家人牵肠挂肚，度日如年。一天晚上，商人对老虎说："虎君之恩我终生难忘。但家中还有年迈的老母、多病的妻子和幼小的孩子。他们盼我归家，如果你能把我送到阳关道上，我将不胜感激。"

听了商人的诉说，老虎点了点头，欣然应允，伏卧地上，示意商人骑在它的脊背上。然后，老虎一跃而起，窜出洞外，将商人送上阳关大道。皎皎月光下，商人与老虎挥泪告别。

几年之后，商人经商又经过利国驿。在一座小木桥上，碰到几个猎户抬着一只被捆的老虎，去县衙领赏。商人仔细查看，那被捆的虎正是救过他的老虎。这时，老虎也看到了商人，也禁不住地流着眼泪。众猎户正感到奇怪时，商人便一五一十地说出了老虎搭救他的经过。为了报恩，商人出了重金将虎赎回放归山林，后又出钱将这座木桥拆除，改建成石拱桥，取名为义虎桥。

墓山行政村 又名磨山，下辖磊庄自然村。传说大明嘉靖三十一年(1552年)夏，宦官玉侍郎告老还绍兴，途径利国驿，小女暴卒，按当时习俗，因是少亡鬼，不宜归祖茔。欲就地掩埋，恨盗贼四起，经深思熟虑，后设疑葬。当天在二郎山西修墓九座，夜间命亲戚埋葬，由此得名墓山。

九女和磨山

传说古时候，利国镇的镇主是海冥王。他有九个女儿，其中数九女长得最俊秀聪颖、心地善良。利国南边二郎山下有个小村庄，村庄里有个卖豆腐的青年，名叫王小磨。他虽然家境清贫，却长得英俊伶俐，为人忠厚。他的豆腐块薄，质地好，能用秤钩勾起来称。遛乡叫卖时既热情和气，又足斤足两，很受这一带人的欢迎。他常到利国卖豆腐。

海冥王九女的绣房在冥王府的后门，正对着大街，常常可以看见王小磨。她见王小磨相貌端正、为人朴实，顿生爱慕之心，常借买豆腐的机会主动与其搭讪。

一天，王小磨又来卖豆腐了，九女放下手中的绣花针，端起筐箩去买豆腐。在称豆腐时，她灵机一动。想试试王小磨的文才，顺口吟出一幅上联："木梳不长理万丝。"王小磨一听立即会意，忙对下联："秤砣虽小压千斤。"九女闻听，微微点头，又道一联："荷花待苞，知花知叶不知心。"王小磨一听，脸微微一红，又答道："小磨推粮，下豆下黍难下玉。"

九女听出话外音，更加佩服王小磨的为人，愈发执意追求。后来二人终于建立了感情，九女常偷偷到王小磨家，和他一起磨豆腐。

纸包不住火，久而久之，九女和王小磨的事情终于传到了海冥王耳中。海冥王气得暴跳如雷，认为穷卖豆腐的怎么配得上他的千金小姐！便指派手下把九女软禁起来，不许她走出闺阁一步。

海冥王觉得还未出够气，为了根除后患，他又把王小磨抓了起来，连同他的盘磨也一齐关押在二郎山的石穴中。因这磨盘放置的地方离二郎神的三尖两刃刀太近，年深日久，竟成了金磨。

自王小磨被关在山中，九女心里非常焦急，可又无可奈何，从此茶饭不思，忧郁成疾。在奄奄一息时，对海冥王讲：九女不孝，九女死后，别无所求，只求死后和王小磨葬在一块，说完便命丧黄泉了。九女死后，海冥王后悔莫及，只好把九女和王小磨一起葬在二郎山中。后来这座山便取名墓山，又因王小磨的缘故所以也称磨山。

金磨的故事

传说很久以前，不知从哪里来了一位年过古稀的云游老僧，他善看风水，好寻地下宝藏。一日他来到墓山脚下看了一会，又围山绕了三圈，看出山底下有一盘金磨，就想把磨盗走，但盗磨必须借助一头毛驴的力量，老僧就以募化为名，来到山脚下的一个村庄，就是现在的墓山村。看到一家门前拴着一头小白驴，全身无一根杂毛，四个蹄子也全是白的，他对毛驴说："借你一百天的力气，功满后，也不亏待你的东家。"然后在毛驴的背上拍了三下，只见毛驴精神抖擞。老僧点点头，高兴地走了。

当天夜里，老僧在山上施了法术，毛驴脱缰跃出院墙，来到老僧面前。老僧用手一指，毛驴急忙钻入山底拉磨去了。天天如此，有一天，毛驴的主人早上起来喂驴，发现驴身湿淋淋的，不知何故，便请兽医诊断，也没看出什么病来。主人为弄清毛驴流汗的原因，夜里住在驴棚。这天夜里，时至三更，主人忽听毛驴一声嚎叫，脱缰腾空而去。主人开门追赶，已不见毛驴的影子，到处寻找没有下落，找到天快要亮时回家一看，毛驴正在槽头，浑身汗水淋淋。主人更加疑虑，于是夜里便把驴的四蹄拴牢。这一夜光听毛驴嚎叫，再也跑不出去，天明起来一看，毛驴已经倒地死了。

再说这个老僧，各种法术都使尽了，这天整夜未见毛驴跑来拉磨，心中迷惑不解，天亮即跑到村里看个究竟。他来到这家门口，只见一家人围着死去的毛驴乱转。他一看驴的四个蹄子被拴住，便明白了一切，就说道"阿弥陀佛，真乃无福之人。"说完转身走了。毛驴已经拉了九十九天磨，还差一天没能把金磨拉出地面来，可惜那金磨慢慢又沉下去了。传说那段时间，夜静更深的时候，还能听见金磨的旋转声，后来就听不到了。

后来老僧走到山东峄县附近的一个村庄，借了一匹小马驹，来磨山推了一百天，推出这盘金磨。传说小马驹变成了可以拉出金银的金马驹，马驹的主人也发了大财，置地千顷。金马驹后来被官府发现，送进京城献给了皇上，这个村庄改名为金马驹村。

磊庄：始建于明成化元年(1465 年)，在卢家庄的旧址上重建，又因距山较近，村民多用石头砌墙建房，故名磊庄。旅游资源有风山庙、九节石塔、九女回间碑(均已毁)和三棵明古槐。

寄堡行政村 下辖前彭、寄堡、坡里 3 个自然村。

寄堡：传说唐贞观十八年(644 年)，京城一官员回乡探亲，由于天气炎热，口渴难忍，在寄堡村口歇息饮茶，后将随身携带包袱遗忘。一年之后，该官员又路过此地,询问一年前在此饮茶丢包袱一事。店主听后,随身到后屋取出包袱送还,京官一看,包袱原封未动,宝贝俱在,心中甚喜,为弘扬寄堡人的诚厚,他说:"这个庄就叫寄宝村吧。"这个村名一直沿用到明朝永乐年间,后因此地设堡,改名寄堡村至今。

坡里:元末明初,孙姓在白山西半坡建屋居住,到明永乐元年(1403 年),孙氏从半坡陆续迁至下坡定居,取村名坡里,后沿用至今。

马山行政村 下辖东垄子、西垄子、东马山、西马山、南局子、东楼、徐庄、胡庄等 8 个自然村。

《铜山县志》卷二载:"盘马山在城东北九十里,山顶平,数丈无草木,相传汉高祖曾盘马于此。宋陈师道有咏汉高祖盘马诗。其地产铁。"汉铁官、唐秋丘冶、宋利国监都置于山下。又传前 206 年刘邦称帝,首封盘马山。

1990 年,国务院批准在徐韩公路的基础上,拓宽 104 国道。在马山段施工时,挖出了两块"圣旨碑"。这两块圣旨碑,高 1.3 米,宽 1 米,厚 0.2 米,碑周围雕刻着"二龙戏珠"。据传这两块圣旨御碑,是乾隆三十年(1765 年)春,乾隆皇帝第 4 次从江南巡游归来,从微山湖乘船来到盘马山时因遭湖盗和土匪的袭击,有对中年夫妇挺身相救,献出宝贵的生命。乾隆皇帝感念这对夫妇的救命之恩,当即赐了两块圣旨御碑。由于该碑没有发现碑文,也不知这对夫妇姓名。这两块圣旨御碑,出土后一直被马山二组村民胡立学收藏,因没有采取保护措施,2003 年 1 月 3 日夜,两块圣旨碑惨遭劫难,至今下落不明。

在盘马山(马山村)下,微山湖边的沙滩上,20 世纪 60 年代曾挖出一个点将台(上马台),长、宽各 1 米,高 1.5 米,台正面镌刻着曹将台三个字。点将台于"文化大革命"期间丢失。传说该点将台是三国时曹操在攻打徐州时操练兵马留下的。

盘 马 山

据《明史·地理志》载:盘马山"在城东北九十里,山顶平,数丈无草木"。该山位于利国镇北 1.5 公里,原为平陆上的小山,后因留城塌陷,黄河在瓠子口溃堤,逐渐被微山湖水面环抱,山体似马头、马脖颈、马身。

盘马山海拔 80 多米,虽不算高,但是座宝山,因为产铁、产铜,汉铁官、唐铁冶、宋利国监俱置山下。汉铁官及其作坊,在所炼之铁器上均铸特殊标识

“吕”字。

盘马山，环山住着几十户人家。传说，有位老汉早晨起来打鱼，忽听阵阵马蹄声，清脆悦耳十分动听，便趁着朦胧的晨光寻声找去，他转到山北，声在山南；转到山南，声又在山北，很是奇怪。

有一天，老汉心生一计，找个小石洞躲了起来。他侧耳倾听，果然又有一阵马蹄声由远而近，“嘚！嘚！”传来，待到眼前，可把他吓得不轻：“啊，金马！”但见这匹金马，浑身金光闪烁，摇摆着小尾巴，正在调皮地一蹦一颠玩耍着呢！

老汉不动声色悄悄地走出洞来伸手抚摸了一下金马，金马也向他友善地眨了眨眼，摇摇尾巴就不见了。

于是，“盘马山有匹金马”便很快在民间传遍。

虽然如此，总还有人不甘心地问起老汉：“你为什么不把那金马逮住呢？”

老汉嗔怪道：“那金马是吉祥物，我怎么能随便逮呢？”

自那以后，盘马山人都为有金马的传闻而自乐，也为那位见到金马的老汉而自豪。盘马山因被微山湖环抱而山清水秀，因金马而得名，又因从春秋、汉、唐、宋、明、清一直在开矿，故驰名古今。

盘马山的确是块风水宝地，虽没挖出金马，但相继挖出来“矿石马”、“青石马”，这些“马”的挖出也使该山更加神秘。1965 年，利国铁矿工人在盘马山的石头缝里还挖出了 5 个重 480 克的元宝。丰富的资源以及独有的美丽姿容，引来许多古今官商士子与文人墨客。汉高祖刘邦在此重整旗鼓，建立大汉王朝，宋太祖赵匡胤被南唐李煜追赶而在盘马山得以避难，又被当地百姓掩护死里逃生后打败南唐。宋朝诗人陈师道游玩盘马山后便写下诗句：“耕桑战伐饱曾经，庙毁村荒不乞灵。尚有君王盘马迹，至今草木不能青。”

清高宗乾隆六下江南，六次均登上盘马山。清代名人常安也在《游微山湖登铜山远眺》把盘马山描述进去：“微山湖水连白云，漫吞田土为鱼宅。两度经过未得游，纷纷扰扰红尘迫。今日重来有余闲，烟消雨霁到铜山。一朵青莲插明镜，孤标铜柱耐跻攀。马山峙左龟山右，螺髻碧簪双竞秀。龙女天孙梳洗新，湖心倒影纤罗皱。皱影渐移夕阳斜，棹返南风破浪花。回望铜山渺不见，万顷光摇万缕霞。”

刘邦和盘马山

前206年，项羽经过数年浴血奋战，终于在彭城建都，自立为西楚霸王，封刘邦为“汉王”。刘邦并不甘心称臣，第二年（前205年）四月，基本稳定关中地区以后，引兵东进，攻打项羽。

此时，项羽为了扩大地盘，正出征齐地。刘邦趁项羽都城空虚之时，率领大军五十余万，一举攻取彭城。刘邦取得大捷以后，每天置酒高歌，庆贺胜利。他的父亲刘太公、妻子吕雉、儿子刘盈（即以后的惠帝）和女儿（即以后的鲁元公主）听说刘邦进入彭城，便从沛地出发，前来团聚。刘邦听说之后，忙派部将去沛地迎接。

项羽在齐地听国都彭城失守，立即把前线军事交给部将，自带三万精兵从鲁南进入萧县。行军途中，正碰上刘邦的父亲、妻子、儿子和女儿，便将他们一一俘获。这时，刘邦的部将也恰好赶到，经过激烈厮杀，只把刘邦的儿子和女儿救出，连夜赶往彭城。

此时，项羽指挥部下，从萧县东部猛攻彭城，把刘邦的汉军打得落花流水，十多万士卒被赶入泗水、睢水淹死。刘邦仅带领几十名骑兵逃出彭城，往东北方向急驰九十里，来到盘马山上。他眼看大势已去，父亲等人下落不明，心急如焚。他的坐骑看到主人心情焦急，就用四蹄猛踏岩石，刹那间，整个山头便被刘邦的坐骑夷为平地。接着，这匹跟随征战多年的战马便吐血而死，鲜血染红了山石。直到今天，这座山的山石仍是赤红色。

刘邦的部下将他的儿子、女儿带到九里山下，听说彭城已经失陷，又从一位汉军口中得知刘邦的去向，便马不停蹄地绕过彭城朝东北飞驰而去。不久，也来到这座山上。刘邦见到儿子与女儿后万分高兴，当他听说父亲、妻子被项羽捉去，生死不明的时候，不禁潸然泪下。

第二天，天刚蒙蒙亮，只听山下战鼓咚咚，杀声四起。项羽大军已把这座山围得水泄不通。然而，天无绝人之路，突然狂风大作，飞沙走石，只刮得项羽军队双目难睁。刘邦便带领他的儿子、女儿和几十名骑兵突围而去。

后来，项羽刘邦讲和，霸王项羽便把刘邦的父亲、妻子送还刘邦。前202年，项羽兵败自杀，刘邦登基称帝。他称帝后的第一件事就是封张良为留侯，辖管当年突围的那座盘马山。

自从盘马山的山头被刘邦的战马踏平之后，再也不长草木。宋朝鼓城著名诗人陈师道有诗为证:“耕桑战伐饱曾经,庙毁村荒不乞灵。尚有君王盘马迹,至今草木不能青。”

厉湾行政村 下辖厉湾、窑山、小厉家3个自然村。

厉湾村:原名苗家村、李家湾。明宣德年间,厉志刚、厉志化兄弟二人,因“炒铁造鼎”,从山西洪洞县喜鹊窝迁来,后由于厉姓人丁兴旺,遂改村名厉湾,并沿用至今。

谭家行政村 始建于清初顺治二年(1645年),以谭姓聚居取村名,下辖岳庄自然村。

岳庄:原名岳家庄。南宋绍兴九年(1139年),岳飞遭奸贼秦桧所害,岳姓受株连,一支姓岳的潜逃此地开荒务农,至今还有岳家坟墓。

《狄仁杰传世家谱》

2006年10月16日,一个热线电话打到《都市晨报》,谭家村狄传富家发现了唐朝狄仁杰一套传世家谱。

谭家村狄氏系乾隆十一年(1746年)由山西迁徙而来,至今已有23传世。狄传富为谭家世系狄氏家族第21世,根据《狄仁杰传世家谱》推算,谭家村从狄仁杰起已传74代,狄传富应为狄仁杰72世孙。

《狄仁杰传世家谱》规模非常庞大,目录后面就是现存山西太原狄公祠的狄仁杰彩色雕像,后附狄仁杰生平简介以及狄仁杰墓地及碑林等4幅图片。此家谱中狄仁杰事迹记载非常详细,包括唐高宗年间迁大理丞,后任宁州刺史时抚和戎夏。

《狄仁杰传世家谱》中第二个有名的人物是北宋时期的狄青。《狄仁杰传世家谱》介绍:“狄青生于山西汾阳,行伍出身,善骑射。宝元初任延州使,勇作战屡立战功,临阵披发,戴铜面具,所向披靡。为范仲淹挟用,由士兵累升为大将。1052年为枢密副史,后拜枢密史,治军严明,与士卒同甘共苦,故出战常有功。”据《史记》载:“大中祥符元年,为抵御外族侵略,派大将枢密史狄青率兵来到利国采矿,就地冶炼,投靠盔甲兵器,利国村西。”关帝庙前石碑有记述,但石碑于“文化大革命”期间被毁。另传说村西的“炉渣棚”为狄青冶炼旧址。

湖鲜味道美　万亩荷花香

紧靠利国的微山湖是中国著名的六大淡水湖泊之一，湖光山色，奇幻百出，朝晖夕阳，气象万千。碧波蓝天间白帆点点，鸥翔鱼跃，犹如一幅大写意的水墨画。

山、岛、林、湖，渔船、芦苇荡、荷花池，还有醉人的落日夕阳、炊烟袅袅，和谐统一，构成了微山湖独特的美丽画面，是天然的大公园。这些风物中，尤以有“花中仙子”之称的荷花最为耀眼，其美丽的身姿和出淤泥而不染的性格，全身都是宝，深受人们喜爱。荷花洋洋洒洒地铺到湖面上，有的多达数万亩，蔚为壮观，所以又有人把这里称作中国荷都。

微山湖

微山湖素有“日出斗金”之盛誉。湖内有鱼类约 78 种，水生经济植物约 74 种。尤以微山湖甲鱼、四孔鲤鱼、麻鸭及微山湖无铅松花蛋、灰蛋、荷香妙龄鸭、五香扒鸭等最负盛名。“微山鱼宴”名播大江南北，其中：吉祥长寿、漂汤鱼丸、八宝鼋鱼汤、麻鸭卧雪、南阳烧野鸭、筒子鱼、老鳖靠河沿、乾隆玉面等地方传统名吃，深受全国各地人士喜爱。

四孔鲤鱼是微山湖的特产，清朝时期因受到乾隆皇帝的赞誉而名扬天下。所以，四孔鲤鱼是湖区婚宴首选的菜品原料，也是婚宴中的一道特色菜。清蒸鲤鱼、红烧鲤鱼、糖醋鲤鱼、荷香鲤鱼已成为深受广大食客欢迎的名菜。

（撰稿：贺虎成）

铜山街道办事处

铜山街道办事处地处铜山主城区，于 2013 年 8 月铜山区区划调整时设立。以原铜山镇的焦山、樵村、同昌、学苑、文沃、无名山等 6 个居委会区域和桥上村委会区域及汉王镇的望城、葛楼、汉沟 3 个村委会组成。铜山街道办事处下辖 6 个居委会、4 个村委会，面积 52.6 平方公里，人口 7.2 万人，街道办事处暂驻北京北路 21 号。(注:编写本书时仍将望城、桥上、葛楼、汉沟划入汉王镇进行介绍。)

焦山社区居委会 焦山村位于铜山经济开发区南部的第二工业园区中，东临津浦铁路和 206 国道，南靠霍连高速公路，西与汉王乡接壤，北挨铜山区委、区政府，总面积约 4.5 平方公里，下辖焦山、围子、岗叉楼、小崔庄等 4 个自然村。焦山村于 1990 年前归属铜山县三堡乡，2002 年改为铜山县铜山镇焦山社区，2011 年下半年改为徐州市铜山区铜山镇焦山社区，2013 年划归铜山区铜山街道办事处管辖。

焦山:位于居委会西部焦山湖东岸的小山上。传说大约在明末清初，这个村居住着一些姓焦的大户人家，因此定村名为焦山村。当时焦家有能人在朝中做官，高官厚禄，钱多地也多，发了大财后，在小山南坡建了大庙(遗址已被建房利用)，在村西北角，凤凰山的南面平地建起了后花园，其园中建起了近 15 米高的石料宝塔、石猴等(“文化大革命”中已被破坏掉)。同时在村东头的小郭山下建造了岗叉楼一处大宅院。另外，焦家还在凤凰山南平地上用木桩木板建起了悬空的脱粒用打谷场，木板下面吊着很多的铜铃，收获脱粒时，用大骡子大马拉着石磙在木板上碾压，发出轰鸣的巨响。后来朝廷听说焦山的焦家打响场，接着又查出焦家在朝中做官的人贪赃枉法，触犯了朝纲，结果抄家灭族，幸存者都逃往东北各省。焦家人走后，焦山村名未改，一直沿用至今，那块建塔的土地至今被称为后塔子地。

围子：与西焦山毗邻，是个不大的村寨式小村，相传在兵荒马乱的时期，盗匪侵扰，为保村民平安当地百姓出钱捐物，出人出力采石砌墙，建起了包围整个村庄的三米多高石墙村寨，只留一个南大门。围墙周边设有炮楼、枪眼，保家护村，故称围子。1959 年抗旱打井，砌井用石，将寨墙拆除。

岗叉楼：位于围子村东 100 米，小郭山脚下。传说是明末清初焦家的官宦人家在此建起的一处豪宅大院，其中建楼一座，长宽各 10 米，高约 17.5 米，四面墙的上口为 V 形，像是叉子，又在山岗下，故称岗叉楼。楼院前也是一个村寨式庄子，中间是孙家大院，周围由民房包围，只留一个南大门，门内设护卫房。原建的岗叉楼已于 1966 年被拆除。

小崔庄：位于岗叉楼村南 100 米处。据说是清朝后期，光绪年间，徐州市姓崔的人家在此建起的一个很小的村子，故称崔庄。村子中间是崔家仓屋和堂屋小院，村子周围由民房包围，只留一个北大门。村中住着一家姓邢的村民，为崔家看护两个墓地。

娇 山 湖

娇山湖，东岸距西焦山村 30 多米，三面环山，南靠小南山、大银山，西面是磨石山、大猴山，北面是大焦山、小焦山和凤凰山。该湖是由铜山区政府投资 5 亿元平地开挖、建造的人工湖，湖水面积 4 万平方米。

娇山湖

宽敞的大道环绕湖岸四周，垂柳夹道，湖岸绿草成茵，绿树成林。晚上平静的湖水边荧光灯镶嵌，草地上、花丛中、大树上各色彩灯光照耀眼，湖边设有人行小道、休闲亭、靠背椅，造型奇特的餐厅、茶舍、观光台一应俱全。引拔剑泉之水入湖的引水渠拦水大坝，采用大型奇石叠砌，十分壮观。夏天的夜晚周围十里八村的百姓来湖观光休闲，双休日外来的车辆停满了车场、挤满了路边道旁，树荫下、草坪上开始野炊，男女老少在此欢聚。婚纱摄影的，骑马的，放风筝的，消暑乘凉的，早晚锻炼身体的，比比皆是。娇山湖已成为铜山城区一处重要的休闲娱乐场所。

樵村社区居委会　由东樵、西樵、腰庄、朱新庄、文新庄等5个自然村组成。

东樵、西樵：樵村历史悠久，确切的立村年份记载在“文化大革命”中付之一炬。传说在汉高祖斩蛇起事后，与霸王争天下，因寻找什么东西，南望望、北望望，西瞧瞧、东瞧瞧，所以以此命名南望村、北望村（均属于汉王镇），东樵村、西樵村。又传说王莽篡朝赶刘秀，刘秀慌乱之中南望望、北望望，西瞧瞧、东瞧瞧，寻找避难之所，而后依此命名村名为东樵、西樵。如今，因人口繁衍增多，西樵村向南扩展而形成腰庄。

朱新庄、文新庄：大地主朱某、文某在樵村买地立庄，以仓房住房为中心，四面低矮的土墙草屋由佃户居住而成圩子，命名为朱新庄、文新庄。

张果老的传说

传说，张果老是东樵村大庙跟随主持和尚的小弥沙。主持和尚经常与庙山头的主持和尚有交往。一日，庙山头主持和尚得到一棵大山参，赠予了他。他便命张果老把山参煮了食用，张果老依命而行。正在此时，庙山头主持和尚又命人来请他前往山上品茶，据说又得到一棵野生的好茶树。该主持和尚很兴奋，即刻前往，同时吩咐张果老好生照看山参，不得私自食用。

主持和尚走了不多时，山参也熟了，阵阵香味袭来，他心想尝一尝又何妨。谁知一发不可收拾，竟然不知不觉吃完了，随即刷锅灭渍，琢磨对策。山参水又香又甜，喝了两碗无奈肚子无处盛下，扔了实在可惜，正好主持走时没有骑驴就给驴喝了下去。驴喝完，锅刷好（刷锅水也给了驴），三十六计走为上计。为防人追，倒骑驴逃跑，谁知毛驴四蹄蹬空，竟把张果老带到了仙界，位列八仙之一。

张果老留下了饮驴的张果老泉，庙头山的和尚们饮用着张果老泉的水。由张果老泉蜿蜒直上，当年上山进庙的路形仍依稀可见。东樵村大庙年久失修，毁于火灾。

状元林和李蟠的传说

凤凰山东麓是清朝状元李蟠的墓地，因此又名状元林。状元林气势恢宏，后毁于“文化大革命”，而后经有关单位考察为衣冠冢。

关于李蟠樵村有这样一个传说：李蟠与西樵的经某是姑舅表兄弟关系，李蟠从小被寄养在经家，到焦山私塾去求学，经常早出晚归。又传说李蟠是文曲星转世，时时有两位神仙保护着他。天晚了，两个神人张灯给李蟠照路。可是，有一天，李母发现怎么平时有两盏灯给李蟠照路，今天突然少了一盏，必有蹊跷。李母随即喊来李蟠问道：今天你做了什么事没有？李蟠回答：儿子一贯遵循母命，精心求学，没做过什么坏事。今天我还做了一件大好事呢！李母问：什么好事？李蟠答道：我替人写了一道休书。李母说：逆子啊，宁拆十座庙，不破一个媒，你怎么能替人写休书拆散人家庭呢？赶快把休书索回，以后不能再干这等事情！

第二天，李蟠以更正休书为由撕掉了他的代笔休书，从此以后仍有两盏灯给他照路。

神　仙　洞

龙腰山向北绵延数里是风景秀丽的洞山，因有一个神仙洞而得名。神仙洞洞口所刻年月为明代成化年间，神仙洞当年香火旺盛。传说，洞神叫“红袄绿袖子”，在他的庇佑下，樵村从未经过战乱的洗礼，所以有“红袄绿袖子，单管樵村一溜子”之说。洞山庙会兴旺多年，据说当年是骡马大会，引来了南北商贾，热闹非凡。

文沃社区居委会　即文沃村，下辖文沃、龟山、南翟山 3 个自然村，2002 年 12 月由铜山镇政府批准改为文沃社区。文沃社区距铜山街道办事处 8 公里，位于铜山经济开发区的起步区，辖区面积 2.1 平方公里，北邻徐州市郊，是徐州市新城区的南大门。同时，206 国道贯穿区内，连霍高速的入口在此。文沃社区内有 5 所大中专院校，18 个居民小区。西有自然优美的大牛山、龟山，北有双山，东侧为陇海铁路。

传说三四千年前，古彭城南有座横山，也称双山，即南北二京闻名的横山口，是南北二京的狭窄要道，因此这横山口便成了古彭城南唯一的商埠。路西山坡有蔡家为主经营的过客店、酱菜园、小饭铺等，路东是荒芜茂密的山枣、刺槐等杂树林。又传说，300 年前，文氏家族中的一功臣人物被奸臣陷害，贬到横山南坡垦荒。此人勤劳垦荒，在此开拓田地，建设家园。后引来刘、吕、王、杨等多户移居农民辛勤劳作，形成了初具规模的小山村，被命名为文家窝。因文家对相亲友邻放粮济贫，帮助开办私塾学堂，深受百姓尊重，后被提拔，全家迁进彭城居住，还在横山口的交通要道旁立起文家牌坊。

文家窝自古就有肥沃的土地，横山坡的玫瑰花誉满江淮，横山口的红薯很有名，徐州人最爱吃。文家窝还是文化的沃土。民间流传着："过了横山坡秀才比牛多""人人会唱柳琴戏，用拉魂腔打喝啰！"的说法。

无名山公园

沿湖农场

沿湖农场位于铜山北部风景秀丽的微山湖西畔，境内沟渠纵横，河网密布，生态环境优良，土质肥沃，是国家级万亩小麦高产示范区，同时又是淮海经济区著名的优质小麦、水稻良种繁育基地。农场总面积 130 平方公里，下辖 1 个种牛场和 4 个农业分场，27 个自然村，总人口 1.3 万人，耕地 3 万亩。

沿湖农场

种牛场 位于农场东微山湖西岸，为铜山区事业自收自支单位，下辖闫大庄、新生队、先锋队、畜牧队等 4 个自然村，4 个自然村由南向北整齐排列。

闫大庄：最初几户姓闫的人家落户微山湖边以种地、捕鱼谋生，后来随着人口增多，再加上投亲靠友落户的大多为闫姓，故名闫大庄。

新生队、先锋队:20世纪70年代初一批知识青年响应号召,上山下乡到农村去。当年,沿湖农场在场以东顺河堤以西建成两个南北学生居住区,即南学生队、北学生队,房屋成排,规划整齐。1975年成立种牛场,又从农场迁入部分职工,知青陆续返城后,南学生队即更名为新生队,北学生队更名为先锋队。

畜牧队:1978年种牛场扩大了大黄牛养殖规模,建成养殖基地。职工居住场区外,逐渐形成村落,起村名为畜牧队。

一分场 下辖柳庄、王店、程楼、周楼、新庄等5个自然村。

柳庄:最初和马坡镇王楼村是一个庄,后开挖郑集河把王楼村分割两半。郑集河之北仍叫王楼村,郑集河之南则改村名为柳庄村。

王店:因王氏在此居住并开店而得村名。村庄位置在沿湖农场中心,后来居住人员越来越多,主要有王姓、张姓、宋姓组成,大约有1 600人。1960年建场时,分为东王店村、前王店村和后王店村。

程楼:程姓早在清朝中晚期因生活的需要就从睢宁县涧塘营迁至现铜山区柳泉镇王林村城子居住。清朝末年,为了更好地生活,又从城子迁至原程楼村址与杨姓为邻,同种湖地为生,后杨姓迁走后,此地便只有程姓居住,周围的人因此地居住着程姓人便起村名为程楼,沿用至今。1978年农场驻军离场后,农场党委决定将程楼队南迁1.5公里至驻军之地,村名仍称程楼队。

周楼:传说最初是南方姓于的举人的亲戚在此种地,后来回南方老家看病,将房子和地交给姓周的村民管理,一直没有回来,故姓周的村民把村名改为周楼。

新庄:原在场部东500米处,和马坡秦坑相连,后来郑集河开宽迁移,后改称为新庄。

二分场 下辖王场、姚楼、大黄家、杨楼、单楼、毛六等6个自然村。

王场:传说很久以前,有一个庄主来此种地,庄主名为王相,后来村名也称王相。村庄前有一片地,没有种庄稼,村民常年在那里晒粮食,时间久了,庄主将村名改为王场。

姚楼:很久以前,在现在的姚楼村东有一座土楼庙,后来有几户人家迁到此地种地,时间一长在此建房居住。村庄前建有一座土窑,后来改庄名为姚楼。

大黄家:黄姓先祖为山西洪洞县喜鹊窝人,明朝迁来徐州,后讨饭到现马坡镇东十段一带居住种地，取村名大黄楼。后因微山湖发大水，此黄姓人家迁到此地居住，取村名大黄家。

杨楼：很久以前，有一次发大水，水落完后，来了一户姓杨的村民到此处种地居住。后来又有很多人为他种地，姓杨的村民有钱后，在此地建两间小土楼，后取村名为杨楼。

单楼：1720 年，姓杜的兄弟俩人来此居住，在此建一座土楼，取村名为单楼。

毛六：传说，此村原为康熙初年，毛、查、陈三姓武林高手开创的三义村。因民女杀了清廷钦差，招致灭门横祸，遂更名毛溜，后改称为毛六，并沿用至今。

三分场 下辖郭楼、高滩、东王庄、西王庄等自然村。

郭楼：民国年间郭姓人家从徐州迁到此处定居，由于当时贫穷，梦想着住上楼房，取村名郭楼。1960 年成立沿湖农场时，分为前郭楼与后郭楼。

高滩：传说很久以前，姓高的亲兄弟俩人在微山湖以打鱼为生。由于当时人烟稀少，生活比较困难，打的鱼卖不出去，兄弟俩商量，打鱼不能满足生活，要另找谋生之路，于是俩人一起划船，划到湖西时，离很远就看到一片高地，于是兄弟俩人决定在此定居，以种田为主，捕鱼为辅，以后此地就取名高滩。1960 年成立沿湖农场时，划分为东高滩、西高滩、后高滩。

东王庄：清末，王姓人家从山西迁来定居此处，取村名王庄。1960 年成立沿湖农场时，取村名东王庄。

西王庄：1960 年成立沿湖农场时，由于东王庄宅基地不够，搬迁一部分农户安置到现在居住地，由于新建一个村庄在原庄体西部，故取村名西王庄。

拾屯街道办事处

拾屯街道办事处位于徐州市三环北路，于2000年4月经区划调整隶属徐州市九里区，又于2009年8月经区划调整隶属铜山区人民政府。

拾屯街道办事处东临大运河，北接四环路，茅夹铁路线、万寨港专线贯穿东西，华润路纵贯南北，距市中心仅8公里，具有得天独厚的水路、铁路、公路交通优势。辖区内有薛桥、杨西、杨东、周屯、吴屯等5个行政村，12个自然村。

薛桥行政村 地处拾屯办事处东北部，下辖薛桥1个自然村。

传说，清朝康熙年间，在现在村东北角，有宽阔的溪流阻挡了人们的正常出行，给生产、生活带来极大不便。当地政府因为经济条件和运输方面的诸多困难，一直未能修起桥梁，致使当地群众怨声载道，人们只能望“溪”兴叹。当地有一位薛姓年轻人看在眼里，急在心中，他不顾经济拮据和其他困难，毅然决定出钱、出力建桥。于是他不间断地从南边山上用手推车运来石料，日复一日，坚持不懈，后在众人的协助下，终于铺设了一座简陋小石桥，方便了人们的出行。后来人们为了纪念他，就把原村庄改名为薛桥。

学者王开孚

清朝末年薛桥出了一位出类拔萃的学者——王开孚。王开孚是位秀才，自幼勤奋好学、废寝忘食，深受所读私塾庵先生的赏识。青年时期即成为众秀才中的佼佼者，被人们尊称为“宝秀才”。民国二十五年(1936年)主编《铜山县志》并撰写“跋文”，其文采飞扬，内容翔实，阐述精辟，是一篇难得的妙文。20世纪40年代为其父撰写的祭文，文章隽永、深邃、情感真挚动人，使其蜚声文坛。其为父所写祭文后由著名书法家张伯英书写，书法神采飞动，大气磅礴，力透石背，与祭文相得益彰，熠熠生辉。现此石碑、拓片保存完好。

薛桥草编

薛桥村的草编工艺起源于清朝中期。原料为红白高粱秸、麦秸和麻绳。工具仅一把篾刀和一把铁锥足已。本村男女老少皆谙熟此工艺。裁好的篾片和潮湿的麦秸在他们手中上下翻飞，立马变成缸盖、馍篓、馍筐和馍盘等产品。草编产品大都销往城市和周边农村，是保洁、保温的理想产品。工艺也由粗到精，不少人能编织出各种花式图案和花纹。目前随着科技的发展，草编产品的替代品层出不穷，现濒临绝迹的边缘。

黄家第一镰

徐州城北“黄家第一镰”使黄氏家族十分骄傲。他们选用的优质钢锭和铁锭原料搭配合理，锻造工艺精熟，淬火技艺精湛，所生产的镰刀锋利耐用。目前，镰刀已逐渐被大型收割机器代替，销货量逐年下降，现只生产少量镰刀和菜刀等产品。

杨西行政村 下辖杨西、大周屯两个自然村。

杨　屯

“逢屯皆卫不纳粮”是民间长期流传的说法。据史料记载，明朝在南京建都后，又经历二十年征战，戡定群雄。长江流域固若金汤，天下太平。没有战争如何安顿庞大军队，以削减军费开支？于是朱元璋就采纳谋臣刘基（刘伯温）的建议，决定在军事上实行卫所制，即把军队基层组织分为卫、所两级。一卫约五千余人，下辖五个千户所；每个所千余人，一千户所下辖十个百户所，每个所百余人；每个百户下辖总旗两个，小旗十个（总旗约五十余人，小旗约十余人）。卫所的军官与士兵居住于指定的地区以内称为卫户，以区别于民户。

卫所实行屯田制。军士分为守城与屯田两部分。守城者专务防守操练，保卫国家安全；屯田者专事农垦，不交纳田赋。所生产粮食供应军队或漕运到京城备用。卫户除农垦外，他们战时打仗，还需要有时负责漕运、长期维护地方治安等。明朝初期，军费开支基本能够靠屯田自给。徐州地处南北二京中心位置，交通十分便利，军事地位显要，自古以来，就是兵家必争之地。明朝皇帝选择在徐州驻扎重兵，建屯田耕垦，是一种明智选择。

杨氏始迁祖与罗氏、周氏始迁祖，同时来九里山阴落户，因杨氏始迁祖杨德为百户所官员，职务高于罗、周二姓始迁祖，故立为杨家屯。直至清朝道光年间仍用此村名，后改称杨屯。因村庄很大现在划为两个行政村。杨、周二姓住村西部，今称杨西村；罗姓住村东部，今称杨东村。

周氏家族初居杨家屯，后来大部分迁往凤凰山，尚有部分留居。清朝末年，周氏家族出现了一位文化名人周兰香。周兰香由秀才晋为廪膳生员，立即风光起来，“秀才晋了廪，乌纱头上滚”，晋为廪膳生员后，即能如期领到府后于州、县里发的银子和粮食补助生活。周兰香于光绪元年曾任江苏督学使者，后于20世纪40年代去世，其子为其立碑纪念，碑文由著名书法家张伯英先生书写，此石碑今尚在。

清朝晚期，在杨屯村西边建有观音庙一座。其规模虽不算宏大，但却古朴典雅。殿内塑有观音佛像，慈眉善目，造型逼真。此庙今已不复存在。

大周屯：周氏始迁祖周昕于明朝洪武年间与同伍亲族一起，开始都居住在杨家屯。后来太高祖周鹤亭有六个儿子，长子仍居住杨家屯，二子、三子、五子、六子这四个儿子外迁至凤凰山，周四公（周维凝）于清朝康熙年间把卜居地立为周屯。周维凝曾诰封武德将军，其子周锡祉被钦授金山卫守备，光宗耀祖，为周氏家族赢得崇高声誉。

杨东行政村　下辖杨东、罗台子、庞庄3个自然村

杨东：长期以来，杨东村罗氏族人均以明代卫户的后裔自称。

关　帝　庙

明朝时期在杨东村南建有关帝庙一座。关帝庙于清康熙年间重修。重修的庙宇高大、庄严、辉煌，大雄宝殿内有关公、周仓、关平塑像，形象逼真，栩栩如生，终日香火缭绕，钟磬声、木鱼声悠扬动听。院内有石碑两座，分别刻写重修庙宇缘由和捐款人的名字。院内有一铁铸大钟高约1.7米，直径约90厘米，该钟外围铸有图案文字。该钟为镇寺之宝，随着时代变迁，大钟、石碑均已不复存在。该庙在20世纪四五十年代曾作为小学校使用，1971年被全部拆除。

罗台子：位于杨东村东500米处，北与庞庄村接壤，地理位置优越，交通发达。村民大都姓罗，少数异姓也都是罗姓居民的亲戚和挚友。罗氏村民原为杨东村罗氏后裔。乾隆年间由于杨东村居地狭小，于是迁居杨东村北1公里处建村居住，后因处地偏僻人烟稀少，致使“梁上君子”（小偷）频频光顾，迫于无奈，族人才于乾隆末年迁至杨东村东500米处定居，村名仍沿用罗台子。

庞庄：地处杨东村东北500米处。雍正年间，这里是拾屯村一财主的寄庄子。相传山东一庞姓壮汉来此租地置业，后来人们就把庞姓居住的地方称为庞庄。咸丰年间，太平天国内乱和英法联军入侵，致使国内大乱，庞氏只好变卖田产，匆忙返回原籍山东。现该村无一户庞姓人家，现在所住居民大都是从外地搬迁过来的。

周屯行政村　下辖小周屯、东邓庄两个自然村。

小周屯：村民大都姓周且是高祖周维凝的后裔。高祖从杨西村迁居今大周屯，随着日月流逝，人口逐年增多，居住面积日渐狭小，于是出现周姓分支，部分分支自东向西迁约1公里处定居，立村名为小周屯。后因煤矿塌陷，现此村的村民又迁至村南1公里处居住，村名仍称小周屯。

东邓庄：地处拾屯村东500米处，拾新公路（拾屯至鼓楼区新台子）南侧，杨屯河流经村北，村河之间有大面积无公害葡萄园，这里交通方便，风景宜人。

据同治《徐州府志》记载，邓氏祖先邓焜、邓茭兄弟二人于乾隆十四年（1749年）从丰县范楼迁居拾屯村东西两侧。时称前邓庄、后邓庄，即今东邓庄、西邓庄（西邓庄现隶属徐州市泉山区）。邓氏宗族在清朝中后期是九里山阴名门望族，官宦、学者众多。据《江苏艺文志》记载，邓茭，字蕴甲，乾隆年间贡生，即是在科举制度下，由府、州、县三级共同推荐到京师国子监学习的人。以岁贡选宿州训导洁以自好，凡馈遗皆不收，是位清正廉洁官员。邓鸣韶清道光年间廪生，曾在邳州任督学使者，据清末《邳州志》记载其诗文以笔锋犀利、清新、隽永而著称。

在九里山北麓，清代曾建有娘娘庙一座，下面有邓氏林地，功名之士大都在此安葬，墓碑如林。娘娘庙早已坍塌，墓碑现已荡然无存。

吴屯行政村　下辖吴屯、后吴屯、蔡屯、王庄等4个自然村。

吴屯：位于拾屯办事处东北部。东邻华润路，北靠王庄煤矿，茅夹线铁路从村中贯穿而过。

据史料记载，吴姓亦为卫户家族，明代赐田建屯，后因人丁不旺，陆续迁出。新中国成立前，该村只剩一户吴姓人家，以打铁为生。新中国成立后，此吴性人家也搬到徐州城里去了，至今多年音信全无。现吴屯村所住居民大都是从外面搬来的。

祖祥兴糕点

吴屯村的祖祥兴糕点店是新中国成立前后驰名几十里的糕点店，是创始人祖永治先生于1938年在吴屯集市上兴办的。由于此店所制作的糕点技艺精湛，所以其生产的酥糖、麻片、蜜三刀等糕点几十种，均深受顾客喜爱。尤以酥糖最负盛名，被列为徐州名特产之一，向来供不应求。老先生去世后留下部分糕点配方和工艺流程一份。这也是留给后人的一份宝贵遗产，2009年被徐州市原九里区编写的《江苏省非物质文化遗产调查》一书收录其中。

后吴屯：后吴屯与吴屯原为一村，吴屯在南，后吴屯在北，过去两地之间有一条宽阔土路。后吴屯吴氏是吴屯的后裔，人们习惯把居北的村庄称为后吴屯。

蔡屯：传说从前，蔡姓始迁祖是一名马夫。因饲马精细，驯马有方，加之人品好，深受皇帝朱元璋赏识，授以官职。蔡姓始迁祖被赐田并落户徐州。在徐州城南居住，因在住地周围习惯种植蔬菜，人们把“蔡”与“菜”同音字混淆，误将此村庄称为南菜园（今徐州市王陵路一带）。后由于城市扩大，耕种面积日益减少，为了生存，于是蔡姓就搬迁至徐州城北马场湖小朱庄居住。因为住地周围朱姓较多，蔡姓家族人丁不旺，传统观念和迷信邪说使他们无端迁怨于朱姓人家，认为是“猪”（朱）拱“菜”（蔡）造成的后果，族人众说纷纭，族长最后决定搬迁，所以于明末迁至九里山居住。因祖先为卫户，所以立村名为蔡家屯，后称为蔡屯。

海 会 庵

蔡屯村北有明末清初建造的一座庙——海会庵，是徐州地区著名的古刹之一。整个建筑廊庑殿阁计百余间，兴盛时僧侣近百名，庙地千余亩。随着时间推移，日渐衰败。据资料记载，到乾隆三十二年（1767年）间尚有庙地几百亩，庙宇六十间，僧侣近二十名。后来仅遗留莲花石座两座、石碣一块（石碣上有文字说明)。现石碣不知去向,莲花石座仅剩一座,现放在本村小学校南门西首。

王庄:传说,雍正年间,丰县富户王云来徐州发展,在此置地建房,立村为王庄村,村周围挖有沟壕俗称园海子,主人家住在园海子内,佃户、长短工住在园海子外,土地收入颇丰,后因年年遭受自然灾害,生活日益衰败,最后田地物产均被徐州富户张大烈收买。民国初年军阀混战,土匪猖獗,形势急转直下,张家变卖财产回城。现所居住村民大都是外来人口,最早来此居住的一户张姓人家也在此居住仅有 200 年左右。

(撰稿:罗脉远)

新区街道办事处

新区街道办事处地处铜山主城区，2013 年 8 月铜山区区划调整时设立。以原铜山镇的二堡居委会和滕寨、驿城、新庄 3 个村委会区域，原三堡镇的台上、麦楼、龙亭 3 个居委会区域，榆庄、梁庄、徐村 3 个村委会区域，以及棠张镇的晁湖村委会区域合并，设立新区街道办事处。办事处下辖 4 个居委会、7 个村委会，面积 64.5 平方公里，人口 3.91 万人，街道办事处暂驻北京北路 21 号。（注：编写本书时仍将台上、麦楼、龙亭、榆庄、梁庄、徐村划入三堡进行介绍。）

二堡社区居委会 下辖前二堡、后二堡两个自然村，位于徐州市南郊，铜山城区中心地带，辖区东临京沪铁路国家粮棉库和第三工业园区，西倚铜山区委、区政府驻地和无名山公园及风景秀丽的塞纳河景区，南靠连霍高速公路，第二工业园区，北接中国矿业大学、江苏师范大学，206 国道穿境而过。

传说在明朝洪武年间，当时交通不便，为保持南北信息沟通，确保南北各省的朝政、军事等情况及时报知朝廷，在全国各地设立驿站，即五里一铺、十里一堡、三百六十里一府。当时二堡村离徐州府二十里，故起名二堡村。二堡村北有十里铺，南有三堡。二堡村有古庙一座，方圆几十里的香客前来烧香、念佛，游客川流不息，十分繁荣。1931 年，为反抗日本帝国主义的侵略，二堡村成立中共地下党支部，领导铜山、萧县、沛县等地的人们，开展游击战争。解放战争中震惊中外的淮海战役二堡阻击战在此展开，解放军营长孔洋坦及 100 多名战士长眠于二堡村。

滕寨村：位于徐州高新区中心地带，西侧紧靠京沪铁路，连霍高速公路东西穿境而过，下辖两个自然村，即东滕寨和西滕寨，总面积 3.6 平方公里，辖区南部共有 8 个山头。

据《滕氏家谱》记载：宋代辽金作乱，宋朝一部分迁自南阳，另一部分南迁徐州建南宋，当时有滕姓顺兴公（滕氏先祖）即由山东滕县迁自徐州南许家庄，当时滕伯辉、滕起番在朝内辅政，以后人丁兴旺，建庙立碑，并改名为滕家寨，后来简称为滕寨至今。随着人口增多，村落逐步扩大，自然形成了两个寨落，分别为东寨和西寨，各寨修建高大宏伟的建筑围墙，墙高约 5 米、宽 1.5 米，并建有宽 7 米、高 8 米的高大寨门，并配有双扇木大门，每扇门重约 2 000 斤。

洞　山

传说，很早以前，有一位道人路过滕家寨，瞭望南山说此山有仙人洞。村上的人不相信，老者便用手指指半山处说“此洞就在山腰处”，说罢，便扬长而去。第二天，有人上山去查看，发现道人所指处，有一块巨石，从巨石向上百米处，真的发现一个洞。又传说由于这个道人道破了天机，惊动了神仙，神仙一怒之下，一脚将堵洞口的巨石踢开，神仙走了，只剩下空空的山洞，后来人们将此山命名为洞山。

古　树

泉山脚下，有一棵枝繁叶茂的古树。此古树为枳（臭橘树），树龄已有 500 余年，树高约 6 米，占地约 10 平方米。2012 年，村委会将此树作为古迹保护起来，并为其修建了围墙。

大泉山

大泉山因山脚下有自然形成的宽 2 米、长 4 米、深 1 米的泉水塘而得名。泉山塘内泉水清澈见底，常年流水不断，甘甜可口，含多种人体需要的矿物质。1958 年后，村里组织人力对泉水塘扩大整修，用炸药爆破，破坏了水系结构，使泉水水量不但没有增多，反而减少，至今泉水仍在流淌，但已不能满足人畜用水和灌溉用水的需求。

小泉山

小泉山，因山脚下自然形成的圆形的泉塘（俗称筛子泉），常年流水不断，相对于大泉山取名小泉山。现由于采石放炮开凿，造成小泉山水量锐减。

滕寨村淮海战役烈士陵园

淮海战役中，一场惨烈的战斗在滕寨村打响，村里两名少年滕绍坤和曹开业无意中将国民党杨山头指挥所通往前线西南山阵地的通信线路，用石头砸断约200余米，中断了国民党的通信指挥，为解决战斗争取了时间，减少了战斗伤亡。战后，当地村民自发组织起来，将牺牲的解放军战士暂时掩埋在西滕寨村西头南面和东滕寨南边的排洪大沟内。后来，村民又将埋在排洪沟内的大约300名烈士运到大泉山下，即形成了现存的滕寨村淮海战役烈士陵园。

驿城行政村 现辖高营、袁楼、洞山口、史庄、王庄、翟井、邓庄、汪庄、闫山、徐楼、毕庄等11个自然村。位于徐州高新区第三工业园内。2003年由邓庄、袁楼、高营3个行政村合并而成。这里东靠京沪高铁、观音机场，西连津浦铁路，南接连霍高速，北通陇海铁路及古运河，形成了立体化的交通网络，村域面积为16.8平方公里。

新庄行政村 下辖新庄、吴楼、小新庄3个自然村，位于新区街道办事处驻地西南方向2公里处，京沪铁路、连霍高速从村东穿越，总面积2 600亩。

晁湖行政村 下辖前晁湖、后晁湖、张庄3个自然村。东靠棠张镇夏湖村，西与三堡办事处石桥村为临，南与三堡办事处胜阳村接壤，北接新区办事处徐村，三堡公路穿村北侧而过，奎河和中沟河水在村中流淌，面积约2.8平方公里。晁湖有蔬菜种植传统，所产无公害瓜果蔬菜，远销各地。2013年8月铜山区划调整，晁湖村从棠张镇划入新区街道办事处。

后　　记

有些事情必须有人去做，尽管过程曲折、繁复，但只要有意义，收获之时自有甘甜。

“乡愁”两个字如此拨动心弦，“乡村”两个字如此凭系牵念，如水岁月，沉淀的是浓得化不开的眷恋。数年间，我们一直为深爱的这片土地做一件事——为村庄建谱立传。这实在是一项浩大的工程，筹划、采集、撰稿、修改、编排、出版，事无巨细，一步一难。尽管如此，因人力、物力、笔力所限，书稿的整体面貌只是预想中的冰山一角，引以为憾。但此书终归即将付梓，一个小小愿望的达成让我们在这个春天悲欣交集。在此，我们谨以最庄重的敬意，向那些对此书的编撰、出版给予支持和帮助的人们表示由衷感谢！

需要补充说明的是，书中多有民间传说记载，因口口相传，与史实难免有出入，或有神幻色彩，为尊重村俗，也悉数罗列。读史时，应遵循历史唯物主义观点，有所辨别。

本书的作者，多数我们已取得联系，少数作者信息不详，暂时未能联系上。敬请这些作者与我们联系。

期盼广大读者提出宝贵意见。

编　者

2018年春

汉王镇

生态颐养地　徐州后花园

汉王镇位于徐州西南苏皖交界的群山之中，境内山脉连绵、河流纵横、郁郁葱葱，有拔剑泉、渡江战役总前委旧址、张竹坡墓、月亮湾、纳帕溪谷、郡岭庄园等诸多自然和人文景观，是著名的“花果之乡”“中国红玫瑰之乡”“民间石刻艺术之乡”“汉文化之乡”，曾获联合国环境署颁发的“全球生态500佳”提名奖。汉王镇被评为徐州市首批中心镇、江苏省百家名镇、国家级生态镇，先后荣获“中国最具特色旅游名镇”“中国绿色名镇”“江苏最具魅力休闲乡村”“全国文明镇”等称号，被徐州市确立为生态颐养特色小镇。

棠张镇

解忧故里　丝绸之乡

棠张镇地处苏皖两省交界处，区位优越、交通便利。纵贯镇区南北的琅溪河，常年水清林荫，美如画卷。棠张镇人杰地灵，走出了解忧公主、郭影秋、喻继高等著名人物。棠张物产丰饶，蚕桑、无公害蔬菜、谷堆水果萝卜等远近闻名。棠张素有“蔬菜之乡”“酿造之乡”“纺织之乡”“丝绸之乡”“工笔画之乡”之美誉，先后获得“国家级生态镇”“中国美丽乡村建设示范镇”“中国最美生态旅游名镇”等荣誉称号。

神马桥

大彭镇

彭祖故里　养生之源

大彭镇历史文化源远流长，底蕴深厚，突出表现在“一人、一山、一寺”上。一人即彭祖，一山即楚王山，一寺即千佛寺，分别是彭祖文化、汉文化和佛教文化的代表。楚王山周围还分布着汉墓群、古唐槐等众多历史文化遗迹。全镇机械工业集聚区经过数年的发展已初具规模，目前正在启动徐州循环经济产业园项目。大彭镇传统农业和现代农业蓬勃发展，王门的西瓜、义安的石榴、沙塘的韭黄以及生绿友等家庭农场加快转型升级。大彭镇实现了农业休闲化、工业新型化、旅游特色化，已获得“国家级生态镇”“徐州市管理示范镇”等荣誉称号。

利国镇

经济重镇　文化名镇　生态美镇

利国镇位于苏鲁两省交界处，北扼齐鲁，南屏徐州，西连微山湖，区位优越，交通便利，山水一色，民丰物阜，省级经济开发区铜山经济开发区坐落于此。悠久的历史，兴盛的铁业，雄健的民风，使利国镇形成了深厚的冶炼文化、古驿文化等。利国镇荣获“中国绿色名镇”“中国苏轼文化名镇”等称号，是中国乡镇综合实力500强、全国乡镇投资潜力500强乡镇，并入选全国重点镇。目前，利国镇着力打造功能齐全、特色显著的滨湖生态新市镇。

苏轼
字子瞻 号东坡居士